JN218024

法政大学イノベーション・マネジメント研究センター叢書 | 15

統合思考とESG投資

長期的な企業価値創出メカニズムを求めて

長谷川直哉【編著】

宮崎正浩　村井秀樹
環境経営学会 統合思考・ESG投資研究会
【著】

文眞堂

目　　次

序　章

本書刊行の意図と経緯

第1節　社会変革の鍵を握る企業の社会戦略と事業戦略の統合

　ビジネスの多くが，社会課題の解決というプロセスから生まれている。社会課題とは，ルールや秩序が未整備なケースや，社会的システムは存在するものの機能不全に陥ったまま放置されているケースである。こうした社会課題の中から潜在的なビジネスオポチュニティを見出し，課題解決に向けて一見不可能と思われる挑戦を試みることによって，新たなビジネスが生まれる。社会価値を高めようとする企業の姿勢が求心力となって，顧客やステークホルダーの共感が呼び起こされるのである。

　社会課題を解決するには，新たなルール作りが求められる。新たな秩序やルールを生み出す行為の総称として，イノベーションという言葉が使われる。わが国ではイノベーションを技術革新と訳すことから，イノベーションにはハイスペックな技術が欠かせないという認識が蔓延している。一方，欧州では，イノベーションは必ずしもハイスペックな技術を伴うものではないと受けとめられている。

　持続可能な社会の実現に向けたパラダイム変革が求められている現代社会では，企業や市民を取り巻く状況は大きく変わりつつある。マイケル・ポーターが提唱した共通価値の創造（Creating Shared Value：CSV）によれば，社会課題に対するソリューションをビジネスとして提供することによって，企業と社会のサステナビリティは実現できるという。しかしながら，企業セクターの取組みだけでは新たな価値を創り出すことは難しい。

　サステナビリティとはサバイバビリティでもある。企業を中心とする社会経

済メカニズムへの依存から脱却し，多様な価値観を有する主体によるクロスカルチュラルなパートナーシップこそが，社会のサバイバビリティにつながる途ではないだろうか。

第2節　社会戦略の情報開示を巡る世界的潮流

2006 年に発効した責任投資原則（Principles for Responsible Investment：PRI），2010 年に制定された英国のスチュワートシップ・コード（Stewardship code），2014 年に制定されたわが国の「責任ある機関投資家の諸原則」（日本版スチュワードシップ・コード）等は，機関投資家の行動規範を定めたものである。

これらの諸原則は，機関投資家に対して，短期主義（ショートターミズム）[1]からの脱却を促し，建設的な「目的を持った対話」（エンゲージメント）などを通じて，投資先企業の持続的成長を促すことを求めている。昨今，注目を集めている ESG 投資[2]も，短期主義に傾斜した機関投資家の投資行動の変革を意図したものである。

機関投資家は，財務データに代表される定量情報と CSR 報告書等で開示される非財務情報（定性情報）に基づいて投資を行う。非財務情報とは，中長期的視点で，企業価値の創造プロセス，ビジネスオポチュニティ，リスクを投資家に伝える情報である[3]。

長期投資では非財務情報のウエイトが高まると言われている。向こう 3 年程度であれば，過去の財務データに基づくシミュレーションによって，企業業績の予想は可能であろう。こうしたシミュレーション結果に基づき，その発生確率を予想しながら企業業績の方向性を分析するのが，投資手法のメインストリームとなっている。

一方，未来における企業と社会の関係性を予想しつつ，投資先企業の 10 年後，20 年後の姿を構想して投資することが求められる ESG 投資では，CSR 報告書等で開示される長期的な社会戦略に関する情報に依拠する割合が高まっている。さらに，欧米を中心とした統合報告を巡る動きが，社会戦略を重視する

流れを加速している。

統合報告とは，財務情報に加え非財務情報を統合したディスクロージャーである。統合報告の基盤となる統合思考について，国際統合報告評議会（International Integrated Reporting Council：IIRC）は「統合思考は，組織内の様々な事業単位及び機能単位と，組織が利用し影響を与える資本との間の関係について，組織が能動的に考えることである。統合思考は短・中・長期の価値創造を考慮した，統合的な意思決定と行動につながる」と述べている。

企業を取り巻く社会課題や環境課題は，これまで経営上のリスクとして認識されてきた。しかし，社会価値の拡大と経済成果の両立こそが，企業の生き残りにとって不可欠な戦略であると指摘した CSV が提唱されたことによって，CSR 的な要素が強かった社会戦略を事業戦略の中に組み込む動きが加速している。こうした背景から，従来の事業報告に非財務情報を取り入れた統合報告書を発行する企業が拡大しており，社会戦略に関する情報の重要性が増している。

PRI によって，事業戦略のみならず社会戦略を企業価値評価の対象とする ESG 投資が世界的な潮流となりつつあり，非財務情報の開示は企業価値を左右する要素として存在価値を高めている。E（環境），S（社会），G（ガバナンス）等で表現される企業の社会戦略を，中長期的な視点で事業戦略やビジネスモデルと統合していくことが，社会と経済の持続的な成長へ向けた確かな道筋ではなかろうか。

最近，日本では生産性革命が注目されている。グローバル市場での存在感が希薄化している日本企業に対して，収益性を高める経営への変革が強く求められている。確かに，気候変動に起因する物理リスクや政策（移行）リスクは，既存のビジネスモデルに固執していては対応できないのであろう。

今こそ，企業はアウトサイド・インの視点を持つべきだろう。企業には自らの価値創造モデルを問い直し，幅広い視点から効果的な資源配分を行い，事業戦略を再構築することが求められている。サステナブル社会における生産性の定義は，これまでのように企業の財務価値の向上のみを意味するものではない。社会価値と経済価値の向上を同時に実現することが企業に求められる生産性革命といえよう。

スクデフ（2013）[4] は，従来の企業を 1920 年型企業と位置づけた。1920 年型企業は，規模の拡大，イノベーション，低コストの実現で財務価値を向上させたと指摘する。一方，サステナビリティを実現するには，自然資本を中心とする経営スタイルに変革しなければならないとし，自然資本を中心とする新しい DNA をもった経営スタイルを「2020 年型企業」と位置づけた。

2020 年型企業とは，自然資本を適切に管理し育てながら，金銭的な資本を作っていくビジネスモデルである。国連環境計画・金融イニシアティブ（UNEP FI）は自然資本宣言（Natural Capital Declaration）[5] を提唱し，欧米を中心に広がりをみせている。自然資本とは，森林，土壌，水，大気，生物資源など，自然によって形成される資本（ストック）を指し，この自然資本を市民生活や企業活動を支える重要な資本の一つとして捉える考え方である。

財務資本や製造資本のみならず，自然資本，知的資本，人的資本，社会・関係資本を含めた多様な資本を活用しつつ，価値創造（社会価値と経済価値）を実現するための経営に求められるのが統合思考である。一方，このような長期スパンで持続的な価値創造に取り組む企業を的確に評価していくことが，ESG 投資には求められているといえよう。

第 3 節　環境経営学会「統合思考と長期的価値創造に関する研究委員会」

特定非営利活動法人環境経営学会では，2015 年 1 月に「統合思考と長期的価値創造に関する研究委員会」（以下，統合思考研究会）を発足させ，わが国企業社会における統合思考／統合報告と責任投資（ESG 投資）に関する実証研究を行っている。研究会の発足に際し，われわれは以下のような問題認識を抱いていた。

1.　研究会設立趣旨

近年，企業は，経済的な価値創造だけでなく，環境や社会の課題解決を通じ

て持続可能な発展に貢献することが求められている。また，短期的な経済的利益を追求するのではなく，中長期の価値創造に取り組むことも期待されている。そのための手法の一つとして，従来の財務報告と非財務情報を統合した「統合思考」の重要性が指摘さている。政策面でも，2013 年度以降に大きな動きがみられた。

- ・GRI ガイドライン第 4 版発行（2013 年 5 月）[6]
- ・EU 非財務情報開示（NFR）指令（2014 年 9 月）[7]
- ・国際統合報告評議会（IIRC）「国際統合報告フレームワーク」（2013 年 12 月）[8]
- ・日本版スチュワードシップ・コード（2014 年 4 月）
- ・コーポレートガバナンス・コード（2015 年 6 月）

「日本版スチュワードシップ・コード」（2014 年）と「コーポレートガバナンス・コード」（2015 年）は，わが国企業と機関投資家に大きなインパクトを与えた。スチュワードシップ責任とは，機関投資家が，投資先企業やその事業環境等に関する深い理解に基づく建設的な「目的を持った対話」（エンゲージメント）などを通じて，当該企業の企業価値の向上や持続的成長を促すことにより，「顧客・受益者」（最終受益者を含む）の中長期的な投資リターンの拡大を図る責任を意味している。

　長期的価値創造のためには，主として過去情報である財務要素だけでは不十分で，E（環境）・S（社会）・G（ガバナンス）などの非財務要素との統合，即ち統合思考の重要性が指摘される所以である。

　しかしながら，「言うは易い」が具体的にどのように統合するかは明らかではなく，多くの企業が最適な手法を求めて模索を始めている。機関投資家が投資先企業と建設的な対話（エンゲージメント）を実施するにも，何を論点にしてよいのかが明確ではなく，事業会社にとっても統合思考に基づく長期的価値創造を投資家に理解させることは容易ではない。

　以上の問題認識を踏まえ，環境経営学会として「統合思考と長期的価値創造に関する研究委員会」を設置し，実務家と研究者が協働して研究を推進していくこととした。

2.　研究テーマ

　統合思考研究会では具体的な研究課題として，次のようなテーマを設定した。本研究の成果は，事業会社には長期的価値創造のため欠かすことのできない統合思考に関する指針を，機関投資家には統合報告に基づき長期的価値創造の実像を読み解くための考え方を提供する。なお，下記の研究においては，中小・中堅企業における実施，海外を含めたサプライチェーンでの価値創造も含めた検討を行う。

【研究テーマ】

①スチュワードシップ・コードに署名した175の機関投資家の具体的方策を分析し，課題を抽出する。

②統合報告書を発行している約130社の日本企業の報告書を分析し，課題を抽出する。

③本分野の先行研究を調査し，研究課題を明らかにする。

④統合思考の論点や課題を明らかにし，標準的な統合思考プロセスを開発する。

⑤機関投資家が投資先企業と建設的な対話（エンゲージメント）を行う場合の主要な論点（チェックポイント）を明らかにする。

第4節　統合思考と長期的価値創造に関する提言

　企業は経済的な価値だけでなく，社会的・環境的価値を創造し，持続可能な発展に貢献することが期待されている。また，気候変動による自然災害など含む環境変化，格差の広がりによる社会の変化など，社会・経済のサステナビリティ（持続可能性）を脅かす課題がビジネスに大きな影響を与えるようになっている。

　最近では，企業が統合思考に基づいた経営を行い，この方向性を確認するために，投資家などのステークホルダーとの建設的な目的をもった対話（エン

ゲージメント）を実施することの重要性が広く認識されるようになった。

　このことは，金融安定理事会（FSB：Financial Stability Board）の気候関連財務情報開示タスクフォース（TCFD：Task Force on Climate-related Financial Disclosure）の最終報告書が 2017 年 6 月に公表され，同年 7 月の G20 サミットに提出されたことでさらにその重要性が高まったといってよい。

　統合思考研究会は，約 2 年半に及ぶ研究成果をもとに，日本企業の経営者に対して「統合思考と長期的価値創造に関する提言」を取り纏めた。本提言は，企業が自社の競争力を高め，中長期的な経済価値を創出するためには，経営者自身が統合思考による経営を目指し，自らがこの実施にコミットすることが不可欠であるとの認識に基づいている。提言内容の詳細については，次章をご覧頂きたい。なお，環境経営学会会長後藤敏彦が日本経済新聞紙上（2017 年 11 月 2 日朝刊「私見卓見」欄）で，本提言の骨子について紹介している。

　経営者が統合思考の本質を理解し，統合的意思決定を実践しているかを振り返り，自らが取り組むべき課題に気づく契機となることを期待したい。この気づきが，統合思考の実践を通じて，企業経営者を中長期的価値創造のための戦略の策定とビジネスモデルの構築に向かわせる原動力となるであろう

　この提言は，ESG 投資において，企業の経営観や長期戦略の方向性を読み解くことにも役立つのではないだろうか。機関投資家は，企業を取り巻く環境の変化を踏まえながら，その持続的な成長に向けて，経営戦略を含む諸課題について，深度ある「建設的な対話」（エンゲージメント）を行っていくことを求められている。上記の問いに基づき，中長期的視点に立った対話を通じて，企業の長期戦略への理解を深めることが，機関投資家にとってスチュワードシップ責任を果たすことになるといえよう。

　わが国の企業経営者と機関投資家が，統合思考による経営の実践を通じて，中長期的価値創造を実現し，世界の持続可能な発展に貢献することを強く期待したい。本書が，企業人や投資家など多くの読者を得て，統合思考に基づくサステナブル経営と ESG 投資の研究と学習に資することができれば望外の喜びである。

　最後に，編集にあたりご尽力いただいた文眞堂・前野弘太氏にお礼を申し上げるとともに，法政大学イノベーション・マネジメント研究センターより刊行

助成を受けたことを記しておく。

（執筆者を代表して　長谷川直哉）

注

1　短い投資期間で投資収益率の最大化を図る機関投資家の投資行動が，企業を収益至上主義に駆り立てていると批判されている。

2　投資プロセスにおいて，環境（Environment），社会（Social），企業統治（Governance）を重視して企業選別を行う投資手法。環境では温暖化対策，社会では人権や地域社会での活動，企業統治では社外取締役の独立性，情報開示のあり方等を企業評価の基準として重視する。責任投資原則（PRI）が機関投資家に対して，ESG の観点から投資するよう提唱したため，欧米の機関投資家を中心に企業の評価基準として関心を集めるようになった。

3　藤井智朗，笹本和彦（監修）・ニッセイアセットマネジメント編（2014）『スチュワードシップ・コード時代の企業価値を高める経営戦略』ダイヤモンド社，20 頁。
　同書は，投資家が必要とする非財務情報として，以下の3点を挙げている。① 企業として目指す方針（経営理念），② ビジネスモデル（企業価値創出の仕組み／優位性，経営環境の変化が与える影響／その対応方針），③ コーポレート・ガバナンス（資本効率への意識／的確な事業戦略／執行能力）。

4　P. スクデフ（2013）［月沢李歌子訳］『「企業2020」の世界—未来をつくるリーダーシップ』日本経済新聞出版社。

5　自然資本宣言に署名した国内企業は，三井住友トラスト・ホールディングス株式会社とMS&AD インシュアランス グループ ホールディングスの2社である。

6　報告企業は，自社の活動にとってより重要（Materiality）と考えられる分野を特定して，その特定項目を深く報告すること，また，何故当該分野を特定項目として定めたのかの理由を開示することが求められている。

7　従業員数500名以上の公益性の高い EU 企業（主に上場企業及び金融機関）に対して，環境問題，社会や従業員に関する問題，人権尊重，腐敗防止や贈賄，取締役会の多様性に関する企業の方針，リスク，実績についての情報開示が義務づけられ，2017年度から適用が開始された。

8　IIRC は統合報告フレームワークを組織に組み込むことによって，社会の変化に対応できない専門分化した組織の縦割りの弊害を取り除き，「統合思考」「統合的意思決定」が実現できると指摘している。

第Ⅰ部

統合思考・統合報告 編

第1章

統合思考とは何か

第1節　IIRC フレームワークに示された統合報告の意義と位置づけ

1. IIRC の統合思考の背景

　これまで多くの企業は，財務情報の開示とは別に，社会と環境への影響やその保護のための取組について情報開示する独立の CSR 報告書やサステナビリティ報告書を公表してきた。しかし，国際統合報告評議会（IIRC）が 2013 年に国際統合報告フレームワーク（以下，IIRC フレームワーク）を公表したことを契機に，多くの世界的な企業が財務報告と CSR 報告書やサステナビリティ報告書を統合した「統合報告書」を発行しはじめている。

　このように統合報告書が求められている背景には大きく 2 つある。

　第一には，経済的な背景である。近年のグローバリゼーション，IT などの急速な技術進歩，2008 年に起きた国際的金融危機（リーマン・ショック）を背景に，企業報告は財務報告，CSR/ サステナビリティ報告，ガバナンス報告等多様になり，量的にも膨大となっている。それゆえ，投資家やその他のステークホルダーにとって簡潔でわかりやすい新たな企業報告が求められるようになった。また，企業価値における非財務資産のウエイトが 80％以上にまで高まっている（Ocean Tomo, 2015）。このため，財務情報だけでなく，マテリアル（重要）な非財務情報を財務情報と関連づけて開示することが求められている。

　一方，社会的価値と経済的価値を創出する CSV（共通価値の創造）への取り組みが企業の競争力に繋がること（ポーター＆クラマー，2011）が広く認識

されるようになっている。これに加えて，日本では過去20年間の経済的停滞の原因の一つが資本市場のショートターミズムであり，これを克服するために，企業が中長期的な価値創造に取り組めるようコーポレートガバナンスを改善し，投資家との建設的な目的をもった対話（エンゲージメント）を行う必要性が認識され，そのためのツールとして統合報告への期待が高まっている。

　第二には，企業のサステナビリティ（持続可能性）への取組に対する要請からである。地球環境の有限性の認識と気候変動などの地球環境問題の深刻化を背景として，企業はその社会的責任（CSR）として社会と環境に配慮することが求められている。企業では，国連グローバルコンパクトへの参加やGRIガイドラインに基づく情報開示が行われている。また，組織の社会的責任に関する国際規格ISO26000が2010年に発行された。

　しかし，サステナビリティに関する企業報告は，企業の財務報告とは別の独立したCSR/サステナビリティ報告書として発行されている場合がほとんどであるため，企業のサステナビリティへの取り組みと経営戦略との関係が不明瞭であった。このため，統合報告によって経営者がサステナビリティを経営戦略の中に組み入れることが期待されている。

　統合報告が最初に制度化されたのは南アフリカ共和国である。ヨハネスバーグ証券取引所に上場する企業は統合報告を採用するか，採用しない場合はその理由を説明すること（comply or explain）が2010年から義務化された。この統合報告の指針となったのがKing Ⅲレポート（2009）であり，その哲学は，（よいガバナンスのための）リーダーシップ，サステナビリティ及び企業市民であった[1]。

　しかし，IIRCフレームワークでは，後述するように，統合報告書の読者は投資家等の財務資本提供者とされており，サステナビリティに関する記述はほとんどない。また，IIRCフレームワークでは，外部環境の中で，様々な資本を用いて短・中・長期の価値を創造するためのガバナンス，戦略，ビジネスモデルなどを説明することを求めており，その前提として「統合思考」を行うこととされている。しかし，統合思考をどのように行ったらよいかについての具体的な説明はほとんどない。

2. 統合報告における「統合思考」の定義

　IIRC フレームワークでは，統合報告は，「統合思考を基礎とし，組織の，長期にわたる価値創造に関する定期的な統合報告書と，これに関連する価値創造の側面についてのコミュニケーションにつながるプロセス」[2] と定義されている。このように統合思考は，統合報告の基礎となるものである。

　また，統合思考は「組織内の様々な事業単位及び機能単位と，組織が利用し影響を与える資本との間の関係について，組織が能動的に考えることである。統合思考は短，中，長期の価値創造を考慮した，統合的な意思決定と行動につながる」[3] と定義されている。この中の資本とは，財務資本，製造資本，人的資本，知的資本，社会・関係資本及び自然資本の6つの資本を指す[4]。

　IIRC フレームワークでは，統合思考の対象については，下記のように説明している。

　「統合思考は，次のような，組織の長期にわたる価値創造能力に影響を与える要素間の結合性と相互関係を考慮するものである。

　・組織が利用し，影響を与える資本や（トレードオフなどを含む）資本間の相互関係
　・組織の主要なステークホルダーの正当なニーズと関心に対応する能力
　・組織の外部環境，組織が直面するリスクと機会に対応するために，組織がどのようにビジネスモデル及び戦略を組み立てるか
　・過去，現在，将来における，資本に関する組織の活動，実績（財務及びその他）並びにアウトカム

　統合思考が組織活動に浸透することによって，より自然な形で，マネジメントにおける報告，分析及び意思決定において，情報の結合性が実現されることになる。さらに，統合報告書の作成も含め，内部及び外部に対する報告やコミュニケーションに資する，情報システムのより良い統合にもつながる」[5]。

　以上のことから，統合思考は，統合報告書の作成以前のすべてのプロセスを対象とする思考であると解釈できる[6]。

3. IIRC フレームワークの概要

　IIRC フレームワークの内容を概説する。全体は2つのパートに分かれており，パート1はイントロダクションであり，フレームワークの利用と基礎概念が説明され，パート2は統合報告書であり，指導原則と内容要素がそれぞれ説明されている。

(1)　フレームワークの利用

　パート1「イントロダクション」のフレームワークの利用では，以下の7点が説明されている。A 統合報告書の定義，B フレームワークの目的，C 統合報告書の目的と利用者，D 原則主義アプローチ，E 報告書の形式及び他の情報との関係性，F フレームワークの適用，G 統合報告書に対する責任である。

　図表1-1は，この7点をまとめたものである（各項目の文末の数字は，IIRC フレームワークのパラグラフナンバーであり，太字は強調のために筆者が加筆。以下の図表1-2，1-4，1-5 も同様）。

(2)　基礎概念

　基礎概念では，以下の4点が説明されている。

　A イントロダクション，B 組織に対する価値創造と他者に対する価値創造，C 資本，D 価値創造プロセスである（図表1-2）。

　上記の基礎概念をまとめたものが，図表1-3の価値創造プロセスであり，通称オクトパスモデルと呼ばれている。

(3)　指導原理

　パート2の「統合報告書」の指導原理では，以下の7点が説明されている。

　A 戦略的焦点と将来志向，B 情報の結合性，C ステークホルダーとの関係性，D 重要性，E 簡潔性，F 信頼性と完全性，G 首尾一貫性と比較可能性である（図表1-4）。

図表 1-1　IIRC フレームワークの利用

A 統合報告書の定義	統合報告書は，組織の外部環境を背景として，組織の戦略，ガバナンス，実績，及び見通しが，どのように短，中，長期の価値創造を導くかについての簡潔なコミュニケーションである。(1.1)
B フレームワークの目的	統合報告書の全般的な内容を統括する指導原則及び内容要素を規定し，それらの基礎となる概念を説明すること。(1.3)
C 統合報告書の目的と利用者	**財務資本の提供者に対し，組織が長期にわたりどのように価値を創造するかについて説明すること。**(1.7)
D 原則主義アプローチ	原則主義アプローチは，組織それぞれの状況に大きな違いがあることを認めつつ，情報ニーズを満たす上で十分な比較可能性を確保するよう，**柔軟性と規範性との間で適切なバランスを取ることを目的**とする。フレームワークは，特定の主要業績指標（KPI）や測定方法，個々の課題の開示を規定するものではない。(1.9，1.10)
E 報告書の形式及び 他の情報との関係性	報告組織は，特定のコミュニケーションを統合報告書として指定し，識別可能なものとする。統合報告書は，他のコミュニケーション（例えば，財務諸表，サステナビリティ報告書，アナリストコール，又は Web サイト）の要約にとどまらないものとして，意図されている。むしろ，統合報告書は，**組織がどのように長期にわたり価値を創造するかを伝達するために，情報の結合性を明確**にするものである。(1.12，1.13)
F フレームワークの適用	統合報告書である旨を主張し，このフレームワークを参照するあらゆるコミュニケーションは，全ての要求事項を適用する。ただし，**次の場合を除く（◆信頼性のある情報を利用することができない状況や，特定の法的禁止事項が存在することによって重要性のある情報を開示することができない場合◆重要性のある情報を開示することによって重大な競争上の障害が生じる場合）。** 信頼性のある情報を利用することができない状況や，特定の法的禁止事項が存在する場合，統合報告書は，◆省略された情報の性質を示し，◆情報が省略された理由を説明し，◆データが利用できない場合は，情報を取得するためにとられる手順やそのために必要と予想される時間軸を特定する。(1.17，1.18)
G 統合報告書に対する責任	統合報告書は，次の3つの内容を含む，ガバナンス責任者からの表明を含む。◆統合報告書の誠実性を確保する責任に関する同意◆ガバナンス責任者の集団的思考に基づき，統合報告書が作成，表示されたことに関する同意◆報告書がフレームワークに準拠して表示されたものかどうかについての意見又は結論。 または，上記の表明を含まない場合，次の3つの内容について説明する。**◆ガバナンス責任者が，統合報告書の作成と表示においてどのような役割を果たしたか。◆将来，上記の表明を報告書に含むためにどのような手順**がとられているか。**◆表明が含められるまでに必要とされる時間軸。**組織が，フレームワークを参照して作成する3度目の統合報告書までに，表明を含める。(1.20)

（出所）IIRC（2013a）より筆者（村井）作成。

図表 1-2　基礎概念

A イントロダクション	統合報告書は，**組織がどのように長期にわたり価値を創造するかについて**説明する。価値は組織単独で，組織の中だけで創造されるものではなく，外部環境の影響を受け，ステークホルダーとの関係性を通じて創造され，多様な資源に支えられている。(2.2)
B 組織に対する価値創造と他者に対する価値創造	組織が長期にわたり創造する価値は，**組織の事業活動とアウトプットによって資本が増加，減少，又は変換された形で現れる。** この価値には相互に関係し合う次の2つの側面がある。一つは組織自身に対して創造される価値であり，財務資本提供者への財務リターンにつながるものであり，もう一つは他者に対して創造される価値（すなわち，ステークホルダー及び社会全体に対する価値）である。(2.4)
C 資本	あらゆる**組織の成功は，多様な形態の「資本」に支えられている。**フレームワークでは，資本は，財務資本，製造資本，知的資本，人的資本，社会・関係資本，自然資本から構成される。 **資本は価値の蓄積であり，組織の活動とアウトプットを通じて増減し，又は変換される。**(2.10,2.11)
D 価値創造プロセス	**組織の中核はビジネスモデルにある。**ビジネスモデルにおいて，様々な資本はインプットとして利用され，事業活動を通してアウトプット（製品，サービス，副産物及び廃棄物）に変換される。組織の活動及びアウトプットは，資本への影響としてのアウトカムをもたらす。ビジネスモデルが変化（例えば，インプットの利用可能性，質，経済性に関して）への適応力を有することは，組織の長期的な継続性に影響を与え得る。(2.23)

（出所）IIRC（2013a）より筆者（村井）作成。

図表 1-3　価値創造プロセス

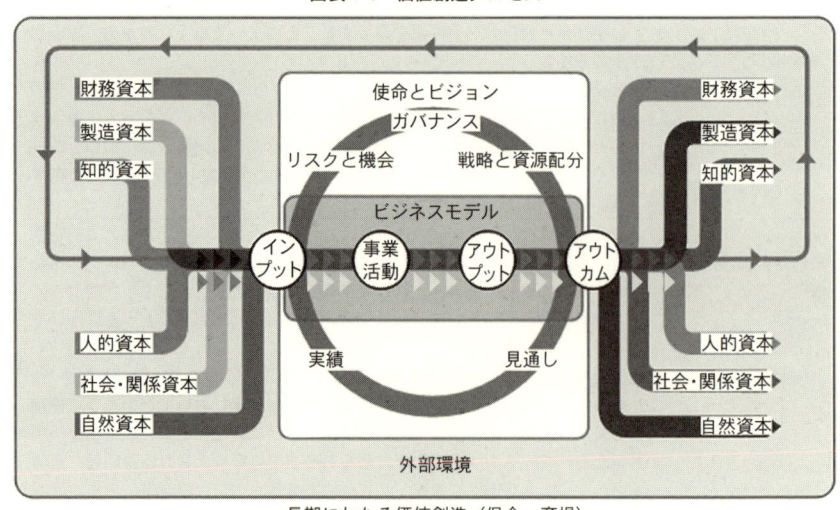

（出所）IIRC（2013a）

図表1-4　指導原理

A 戦略的焦点と将来志向	統合報告書は，組織の戦略，及びその戦略がどのように**組織の短，中，長期の価値創造能力や資本の利用及び資本への影響に関連するか**についての洞察を提供する。(3.3)
B 情報の結合性	統合報告書は，**組織の長期にわたる価値創造能力に影響を与える要因の組合せ，相互関連性，及び相互関係の全体像**を示す。(3.6)
C ステークホルダーとの関係性	統合報告書は，組織と主要なステークホルダーとの関係性について，その性格及び質に関する洞察を提供すると同時に，**組織がステークホルダーの正当なニーズと関心をどのように，どの程度理解し，考慮し，対応しているか**についての洞察を提供する。(3.10)
D 重要性	統合報告書は，**組織の短，中，長期の価値創造能力に実質的な影響を与える事象**に関する情報を開示する。(3.17)
E 簡潔性	統合報告書は，**簡潔なもの**とする。(3.36)
F 信頼性と完全性	統合報告書は，重要性のあるすべての事象について，正と負の両面につき**バランスのとれた方法**によって，かつ重要な誤りがない形で含む。(3.39)
G 首尾一貫性と比較可能性	統合報告書の情報は，期間を超えて首尾一貫し，**組織の長期にわたる価値創造能力にとって重要性のある範囲**において，他の組織との比較を可能にする方法によって表示する。(3.54)

（出所）IIRC（2013a）より筆者（村井）作成。

(4)　内容要素

内容要素では，以下の9点について説明している。

A 組織概要と外部環境，B ガバナンス，C ビジネスモデル，D リスクと機会，E 戦略と資源配分，F 実績，G 見通し，H 作成と表示の基礎，I 一般報告ガイダンスである（図表1-5）。

4.　統合思考の意義

「統合思考」という用語はIIRCによる生産物と見なされているが，企業経営者は，その操業が環境や社会に与える影響に対して無知ではないため，過去において統合思考を行っていなかった訳ではない（Oliver et al., 2016）。

IIRCフレームワークでは，「IIRCの長期的なビジョンは，統合報告が企業報告の規範となり，統合思考が公的セクター及び民間セクターの主活動に組み

図表 1-5　内容要素

A 組織概要と外部環境	統合報告書は，**組織が何を行うか，組織がどのような環境において事業を営むのかの問い**に対する答えを提供する。 外部環境に影響を与える重大な要因には，組織の短，中，長期の価値創造能力に影響を与える法的，商業的，社会的，環境的，政治的背景に関するものがある。これらは組織に対し，直接又は間接的に影響を与え得る。(4.4, 4.6)
B ガバナンス	統合報告書は，**組織のガバナンス構造が，どのように組織の短，中，長期の価値創造能力を支えるのかの問い**に対する答えを提供する。(4.8)
C ビジネスモデル	統合報告書は，**組織のビジネスモデルは何かの問い**に対する答えを提供する。(4.10)
D リスクと機会	統合報告書は，**組織の短，中，長期の価値創造能力に影響を及ぼす具体的なリスクと機会は何か，また，組織はそれらに対しどのような取組を行っているか**の問いに対する答えを提供する。(4.23)
E 戦略と資源配分	統合報告書は，**組織がどこを目指すのか，また，どのようにそこに辿り着くのか**の問いに対する答えを提供する。(4.27)
F 実績	統合報告書は，**組織が，当該期間における戦略目標をどの程度達成したか，また，資本への影響に関するアウトカムは何か**の問いに対する答えを提供する。(4.30)
G 見通し	統合報告書は，**組織がその戦略を遂行するに当たり，どのような課題及び不確実性に直面する可能性が高いか，そして，結果として生ずるビジネスモデル及び将来の実績への潜在的な影響はどのようなものか**の問いに対する答えを提供する。(4.34)
H 作成と表示の基礎	統合報告書は，**組織がどのように統合報告書に含む事象を決定するか，また，それらの事象はどのように定量化又は評価されるか**の問いに対する答えを提供する。(4.40)
I 一般報告ガイダンス	報告上の一般事項は，**重要性のある事象の開示，資本に関する開示，短，中，長期の時間軸，集約と細分化内容要素**と関連している。(4.49)

（出所）IIRC（2013a）より筆者（村井）作成。

込まれた世界が実現されることにある。統合思考と統合報告の循環によって，効率的かつ生産的な資本の配分がもたらされ，それによって金融安定化とサステナビリティにつながる」[7]とされ，IIRCの究極の目的にはサステナビリティが含まれている。この考え方は，企業の目的は株主価値の最大化であり，自由競争によって効率的な資源配分が実現される，という新古典派経済学の考え方が反映されていると考えられる[8]。

　ここで統合思考における「価値」について考える。価値は本来主観的なもの

である。IIRC フレームワークでは，価値創造を「組織の事業活動とアウトプットによって資本の増加，減少，変換をもたらすプロセス」[9] と定義しており，価値とは資本の変化を意味している。また，「この価値には，次のとおり，相互に関係し合う 2 つの側面がある」とし，「組織自身に対して創造される価値であり，財務資本提供者への財務リターンにつながるもの」と「他者に対して創造される価値（すなわち，ステークホルダー及び社会全体に対する価値）」に分けられるとしている [10]。後者は，慈善活動などを指すと考えられる。IIRC フレームワークでは，この 2 つの価値は相互に関連性があり，財務資本提供者は，前者の価値だけでなく，前者の価値を創造する能力に影響を与える後者の価値等にも関心をもつと解説している。

　しかし，IIRC フレームワークでは，組織自身のための価値の創造が，他者にとっての価値の棄損を伴う場合（トレードオフ）があることについての言及はない。特に，社会・関係資本と自然資本は，公共財であり，その保全は社会的価値となるが，これは企業の経済的利益とはトレードオフの関係になる場合が多い。例えば，事業活動の結果 CO_2 を排出することは組織の経済的な利益を増やすが，大気という自然資本を棄損している。企業が慈善活動を行うと社会的な価値は増加するが，そのために企業が負担した費用は財務資本の減少となる。

　以上のように，IIRC フレームワークでは統合思考が何かは定義されているが，どのような統合思考をすれば価値を創造することができるかについては，明らかではない。これまで，企業の価値創造の方法は，経営戦略論，マーケティング論，イノベーション論などで研究されてきたが，今後はこのような分野の研究と統合思考との関係を明らかにすることが研究課題となるであろう。

　IIRC フレームワークでは，統合報告の意義を以下のとおり 4 点で説明している。

　第一に，「より効率的で生産的な資本の配分を可能とするために，財務資本提供者が利用可能な情報の質を改善する」[11]。これは，事業会社の情報開示が進むことによって，財務資本提供者がより高いリターンを得る投資を行うために必要な情報を得ることを意味している。ただし，事業会社が非財務情報を財務情報に関連付けて開示するか，財務資本提供者が事業会社の開示する非財務

情報を財務情報と関連付けて理解できるようになる必要がある。

　第二には「複数の異なる報告を基礎に，組織の長期にわたる価値創造能力に強く影響するあらゆる要因を伝達する企業報告に関して，よりまとまりのある効率的なアプローチを促す」[12]。これは，従来は財務報告と独立した CSR／サステナビリティ報告が発行されていたものが，これが一つになれば，財務資本提供者が利用できる情報が増すことを示しているようだ。しかし，統合報告は財務資本提供者が読者であるため，それ以外のステークホルダーのためには従来のような独立した CSR／サステナビリティ報告が必要である（Web 上での公開という選択肢はあるが）。

　第三には，「広範な資本（財務，製造，知的，人的，社会・関係及び自然資本）に関する説明責任及びスチュワードシップを向上させるとともに，資本間の相互関係について理解を深める」[13]。IIRC フレームワークでは読者が財務資本提供者であるため，既述のとおり，組織が創造する経済的価値にインプットとして用いる資本については関心を持つであろう。しかし，社会・関係資本や自然資本のように外部経済である資本に対しては説明責任及びスチュワードシップ責任を感じるであろうか。統合報告によって，資本提供者がこのような外部経済である資本に対しても責任を自覚するようになるのであれば，統合報告は意義のあるものと言えるであろう。

　資本間の相互関係については，資本間のトレードオフを理解することは極めて重要である。事業活動によって財務的価値を創出することが，同時に汚染物質を排出することによって自然資本を棄損する場合があり，これを回避又は軽減することが企業としての責任と考えるべきであろう。

　第四には，「短，中，長期の価値創造に焦点を当てた統合思考，意思決定及び行動に資する」[14]。これは，統合報告を行うことが，その前提となる統合思考を促進することを意味していると考えられる。

　また，IIRC フレームワークは統合思考が組織の活動にどのような影響を与えるかについて「統合思考が組織活動に浸透することによって，より自然な形で，マネジメントにおける報告，分析及び意思決定において，情報の結合性が実現されることになる。さらに，統合報告書の作成も含め，内部及び外部に対する報告やコミュニケーションに資する，情報システムのより良い統合にもつ

ながる」[15] としている。このことは，統合思考が組織のマネジメントにプラスの影響を与える可能性があることを示唆している。今後は，この点に関する実証研究が必要である。

　以上のように「統合思考」は従来の企業の思考や意思決定のあり方に大きな修正を求めるものであるが，IIRC の統合報告は，あくまでも財務資本提供者とのコミュニケーションが目的であり，サステナビリティに関するステークホルダーではないことに留意する必要がある。このことは，サステナビリティを企業経営に組み込むためには，サステナビリティと企業の事業との関連を明確化するためのステークホルダーとの対話が必要であり，そのような対話がない場合は，サステナビリティへの責任は無視される可能性があることを示唆している。

　森（2014）は，「このフレームワーク策定の背景には，金融市場ひいては経済全体のショートターミズム（短期主義）と持続可能性課題というグローバル課題に対処し，また，制度及び投資家要請に対応する形で増加し続ける開示要求を重要性・結合性の観点から整理することを通じて企業報告の簡潔性を高めることにあった」[16] と指摘し，伊藤（2014）は，「統合報告は組織変革の契機となったり，情報の一貫性に導くことで管理会計に影響を及ぼすことがわかる」[17] としており，いずれも統合報告は企業経営によい影響を与える可能性を示唆した。しかし，一方で，大西（2014）は，「現場でばらばらなものを全体的にまとめ理解しやすいようにしようという事止まりでは拙く，統合報告を企業戦略報告と言い換えることができるためには，非財務情報の企業価値への影響度の計測指数，比較手法が確立しなければ，統合報告の体はなさず，市場に与える説得力は低いままだと考えるべき」[18] と述べ，統合報告においては非財務情報と財務情報との関係を明確化することが不可欠な課題であるとしている。

　また，窪田（2012）は，「統合報告書において投資家が期待するのは，非財務情報の開示拡充であり，すべての投資家が強い興味を示すのは，近い将来，財務に影響を与える非財務情報（例：係争案件で敗訴した場合に必要な金銭的支出や国際的なカルテルの疑いで調べられている企業においてクロとなった場合の課徴金）である。次に関心が高い非財務情報は，遠い将来，財務に重大な

影響を与える非財務情報である（例：研究開発，知的財産，コーポレートガバナンスなど）。また，特に，議決権行使に役立つコーポレートガバナンス情報への期待は高い」[19] としており，地球環境や社会問題などサステナビリティに関する非財務情報は現時点では重要度が低いことを示唆した。

第2節　統合思考の論点：先行研究のレビュー

1.　統合報告とサステナビリティとはどのような関係か

　本節では，主要な既存研究のレビューによって統合思考の論点を整理し，今後の研究課題を明らかにする。Churet & Eccles（2014）は，統合報告は，サステナビリティレポートと財務レポートが合体し，企業のトップが主に投資家に対し，サステナビリティ課題とその取り組みが企業の長期的な成長戦略にどのように寄与するかを伝えるためのレポートであると主張した[20]。

　しかし，2013年に公表された IIRC フレームワークでは，サステナビリティについての言及はほとんどない。IIRC（2013 a）には「統合報告書の主たる目的は，財務資本提供者に対し，組織がどのように長期にわたり価値を創造するかを説明することである。統合報告書は，従業員，顧客，サプライヤー，事業パートナー，地域社会，立法者，規制当局，及び政策立案者を含む，組織の長期にわたる価値創造能力に関心を持つすべてのステークホルダーにとって有益である」[21] と記述されている。

　統合報告の対象（読者）を投資家等の財務資本提供者とした理由としては，「財務資本提供者は，どの組織に投資するかを決定することにより，すべての種類の資本の配分に重大な影響を与えることができる。統合報告が地球の持続可能性に対してなし得る貢献について強い関心を持っている人々にとってさえ，財務資本がどこに向けられるかは重要事項の一つである。そのため，統合報告はこの重要事項に焦点をあてている。統合報告は財務資本が持続可能なビジネスに向かうのを促進する。それは，持続可能な地球や安定した経済のためには，地球資源の制約や社会的期待の中で，短，中期的な価値創造だけでなく

長期的な価値創造を行うことによって，より広範な社会の利益を維持する持続可能なビジネスが必要とされるからである」[22] と説明されている。

　このような IIRC フレームワークの考え方に対しては，サステナビリティの視点からは以下のような根本的な批判がされている。

　Flower（2015）は，「IIRC の主要な目的はサステナビリティのための会計を促進することだが，2013 年のフレームワークはこれを放棄した。その理由は，IIRC の価値概念は投資家の価値であって，社会の価値ではないこと，IIRC は企業が外部に対して与える害であっても当該企業に影響がない限り報告することを義務化していないことが挙げられる」[23] と批判した。

　Brown & Dillard（2014）は，「IIRC による統合報告は，サステナビリティに関する課題の評価と報告に関しては非常に限定的で一方的なアプローチをとっており，通常のビジネス（business as usual）の実践を批判的に捉えておらず，むしろそれを強化する閉鎖的なアプローチである」[24] と断じた。

　一方，Oliver et al.（2016）は，「統合報告にはサステナビリティが直接的に言及されていないが，統合報告がサステナビリティと直接関係があることは，最近増加しつつある文献では明瞭である」と指摘し，「統合報告と統合思考をサステナビリティに関連づけるためには，経営層が財務的な意思決定と戦略に多様な要素を認識し，組み入れることにコミットすることを示す必要があり，サステナビリティに関するパフォーマンスと多様な資本との因果関係を明らかにする主要パフォーマンス指標（KPI）の開発が推奨される」[25] と主張した。

　また，加賀谷（2012）は，「企業が地域社会や地球環境に与える影響をきちんと企業経営に取り込んでいるかが，現在の開示情報では投資家が十分評価できず，結果として ESG 投資や SRI などが投資コミュニティの間で十分に広がっていかない可能性がある。こういうコミュニケーション・ギャップを克服するための制度的基盤の一つとして，統合報告に対する期待が高まっている」[26] と述べている。

　統合報告書では，マテリアルな非財務情報を財務情報との関連性を明確にして情報開示することが求められているが，具体的にどうすればこれが実現するかは明らかではない。これが明らかにならないと，読者である財務資本提供者が投資対象企業のサステナビリティへの取り組みがどのように財務情報に関連

するかを理解できない。また，企業経営者はサステナビリティに関する非財務情報を財務情報に関連つけて情報開示することができない。企業のサステナビリティに関する非財務情報と財務情報との関連性を明らかにするための研究が急務である。

2.　統合思考は価値創造につながるのか

　統合報告は，財務情報と非財務情報との関連性を考えて戦略やビジネスモデルを構築し，投資家とのエンゲージメントを行うことで安定的な資金を調達し，戦略の実施によって競争力を強化し，企業業績にプラスの影響を与えると主張されている。しかし，実際には統合思考は企業業績を高めるのであろうか？

　木村・大森（2016）は，日経225採用銘柄（金融業を除く）の2009-2014年のデータ（平均値）をもとに統合報告の有無と企業の収益性，成長性，リスクの関係を分析したところ，売上高成長率が高い企業，企業規模の大きい企業，簿価時価比率が高い企業（株価が割安となっている企業）が統合報告を導入する傾向が高いことを明らかにした。しかし，この逆の因果関係（統合報告書を発表することが企業業績を高める）を検証した実証研究はまだない。

　統合報告はまだ歴史が浅いため，統合報告と企業業績との関係に関する実証的な研究はほとんどない。しかし，統合思考は，サステナビリティを企業経営に統合することであり，これを評価して投資することはESG投資と重なることから，これまでのESGと企業業績との関係やESG投資の財務業績についての実証研究をレビューすることによって洞察を得ることができるであろう。

(1)　理論

　これまでESGと財務業績との関係については様々な理論が提案されている。それらを整理すると下記のとおりである。

① 　トレードオフ理論：ESGと財務業績は負の関係にあるとする理論である。これは，社会と環境は公共財であるために，社会と環境保全のために自主的に取り組むこと（例：慈善事業に寄付すること）はコストになるが，その結

果として（世評が高まるという効果はあるかもしれないが）経済的な利益を企業が直接受ける訳ではないので，財務業績には負の影響を与える（すなわちトレードオフの関係）という考え方である。この考えの基礎になっているのは，新古典派経済学による企業の目的は株主に対する利益を最大化することであり，利益に結び付かない社会や環境への貢献は株主の利益に反するという考え方による。

② 良いマネジメント理論（good management theory）：ESG パフォーマンスは良いマネジメントを示す指標であると考え，これが財務業績を高めるという仮説である（Waddock and Graves, 1997）。この因果関係の理論的根拠としては，下記の2つの理論がある（Endrikat et al., 2014）[27]。

(ア) 資源ベースト理論（natural-resource based view）：天然資源の枯渇化に伴ってこれら資源を効率的に使用するために努力する中で他者がまねできない組織の資源や能力が形成され，その結果財務業績が高まるとする。

(イ) ステークホルダー理論（instrumental stakeholder theory）：責任ある企業はステークホルダーからの期待に応じることで評判を高め，サプライヤーや顧客との長期的に良好な関係を築くことができ財務業績につながるとする。

ポーター＆クラマー（2011）の共有価値の創造（CSV）は，イノベーションによって社会的価値と経済的価値を創造するものであり，良いマネジメント理論の一つと考えることができる。

③ 余剰資源理論（slack resource theory）：財務的に余裕がある企業がより積極的に ESG に取り組むとの考え方である。

良いマネジメント理論と余剰資源理論によれば，企業の ESG と財務業績は正の相関関係となるが，因果関係の方向は逆となる。

④ 好循環論（virtuous circle）：余剰資源を有する企業が ESG により積極的に取組み（余剰資源理論），その結果財務業績を高める（良いマネジメント理論）という考え方である（Hart & Ahuja, 1996）。

以上の理論を検討すると，統合思考は，非財務情報と財務情報を統合する思考を行うことで中長期的な価値創造を目指すものであるから，良いマネジメン

ト理論を基礎としている，ということができるであろう。

　ESG 情報によって投資先企業を選択する社会的責任投資（SRI）の財務業績については，Revelli & Viviani（2015）によると，以下の3つの理論がある。

　第一は，SR 株式の期待収益率は伝統的な株式と同じであり，影響を与えないという理論である。

　第二は，SRI は選択する企業の範囲が狭くなるために財務業績が低くなる（SRI 非効率論），または経営者のイニシアティブで慈善事業に利益を犠牲にして取り組むことによって，利益に負の影響を与えるという理論である。前者は，株式市場は自由競争によって効率性が最大となるとの考え方による。後者は，トレードオフ理論である。

　第三は，SR によってガバナンスが改善されること，企業市民としての価値を表現することで，正の影響を与えるという理論である。これは，良いマネジメント理論と同じである。

(2)　実証研究

　企業の ESG と財務業績が両立するかという問題は，過去 40 年間の実務家とアカデミックな研究者の中心的な議論のテーマである（Friede et al., 2015）。ESG パフォーマンスと財務業績との関係について 2000 以上の実証研究をもとにして行った Friede et al.（2015）によると，両者の関係を正としたものが 62.6％，負としたものが 8.0％，中立が 29.4％であった。

　Orlinzky et al.（2003）は，企業の社会・環境パフォーマンス（CSP）と財務業績（CFP）との関係について 52 の既存研究をもとにメタ分析した結果，CSP と CFP は正の相関があるとし，CSP と CFP がトレードオフとする新古典派経済学の主張を否定した。また，その両者間の因果関係は双方向であることを見出し，好循環論を支持した。なお，CSP を社会と環境に分けた場合には，社会の方が環境よりも CFP と強い相関関係があることを明らかにした。

　Endrikat et al.（2014）は企業の環境パフォーマンス（CEP）（内部プロセスベースの CEP と，定量的な結果ベースの CEP に分けて）と財務業績（CFP）（会計ベースの CFP と，市場ベースの CFP に分けて）との関係について過去の 149 の研究をもとにメタ分析したところ，全体としては正の相関関係にあっ

た。時系列データを用い分析したところ，定量的な結果をベースとした CEP は次期の市場ベースと会計ベースの CFP と正の相関関係にあることを確認した。このことは，定量的な環境パフォーマンスの改善は企業内部の効率を高めて会計上の利益増に貢献し，また，レピュテーション（世評）を高めることで市場ベースでの CFP の向上にも貢献したことを示したことになる。これは良いマネジメント理論を支持するものである。他方，内部プロセスベースの CEP は前期の会計ベースの CFP と正の相関関係にあることを確認した。これは，企業の会計上の利益が次期の内部プロセスベースの環境パフォーマンスに正の影響を与えたことを示し，余剰資源理論を支持したことになる。

Dalton et al. (1998) は，取締役会の構成（社外取締役の比率など）や取締役会のリーダーシップ（CEO が取締役会会長を兼務するかしないか）と企業の財務業績との関係について過去の 54 の既存研究をもとにメタ分析を行ったが，その相関関係はほとんどなかった。

Post & Byron（2014）は，女性の取締役と企業業績との関係を調べるため，140 の既存研究のメタ分析を行ったところ，取締役会における女性取締役の比率の高さは，企業の会計上の利益（ROA，ROE，ROIC 等）と正の相関があることがわかった。一方，市場での財務的パフォーマンス（簿価対時価比率，トービンの Q，株価のパフォーマンス，株主配当等）との相関はなかった。

SRI については，ポートフォリオ型の投資（投資信託）の財務業績についての 155 の既存研究をもとに行った Friede et al, (2015) によると，論文数でカウントして正が 15.5%，負が 11.0%，中立が 36.1%，正負混合が 37.4%という結果であった。

また，Revelli & Viviani（2015）は SRI の財務業績について 85 の既存研究をもとにメタ分析を行ったところ，SRI は，通常の伝統的な投資のパフォーマンスと比較して良いとも悪いとも言えなかった[28]。この結果は SRI 非効率理論を否定するものである。

以上のように，実証研究では，ESG と財務業績との関係は不明瞭である。その理由としては以下の 3 つが考えられる。

一つ目は，企業の ESG を評価する場合には，ESG 評価専門機関が出す企業別評価点を用いる場合が多い。そのような ESG 評価専門機関では，各企業に

質問表を送って集めたデータや公開データをもとに評価しているようだが，その評価基準はほとんど公表されていないし，データの検証をどの程度行っているかは明らかではない。このため，そのようなデータの信頼性は疑問である。

　二つ目は，ESG 情報の中には，企業の財務業績に影響を与えるものと，そうでないものが混在しているためと考えられる。例えば，Sustainability Accounting Standards Board が作成した業種別マテリアル情報のリストを用いて ESG 情報をマテリアルな情報とそうでない情報に分けて企業の財務業績（市場価値）との相関関係を調べた Khan et al.(2016) によると，企業の市場価値はマテリアルとされる ESG 情報とは正の相関があるが，マテリアルではない ESG 情報とは相関関係がなかった。

　三つ目は，社会的パフォーマンスと財務業績との因果関係は，直接的ではないことである。例えば，Mefford（2011）は，バリューチェーンでのサステナビリティへの取組は，ブランド価値の創造→販売増→利益増→株価上昇，という経路で財務業績に影響を与えるという理論モデルを提案している。また，ポーター＆クラマー（2011）は，社会的価値を企業戦略の中で位置づけ，CSV を実現するためにはイノベーションが必要であると主張した。また，エクレス＆セラフェイム（2013）は，ESG と財務業績の間にはトレードオフが存在することから，重要な ESG 要因を重視し，製品やプロセスにイノベーションを実現する戦略を実施すればその結果として財務業績がよくなると主張した。このように ESG はブランド価値の創造又はイノベーションの成功を介して財務業績に正の影響を与えるという因果関係が想定されるが，ESG と企業業績との関係の実証分析ではこれらの要素は考慮されていない。

　このため，今後は，統合思考はブランド価値の創造又はイノベーションにつながるかについての研究が課題となるであろう。

3.　統合報告によって資本市場のショートターミズムは克服できるか

　日本経済が過去 20 年間低迷してきた理由の一つが株式市場のショートターミズムと言われている。それを解決するための方策を提案した「持続的成長への競争力とインセンティブ〜企業と投資家の望ましい関係構築」プロジェクト

（伊藤レポート）は，企業と株主の「協創」による持続的価値創造と資本効率を意識した企業価値経営への転換を推奨した。その中では，「投資家側は本当に知りたい中長期的な非財務情報とは何かを企業に伝え，企業側は企業戦略やリスク情報，ガバナンス等 ESG 情報を資本コストや投資収益率等の財務経営指標と関連づけて伝えることで，企業側の経営リテラシーを練磨することが重要な課題となる。その中で「統合報告」に向けた取り組みはそのための有効な手段の一つになり得る」[29] と述べ，統合報告は，資本市場のショートターミズムの解消に役立つとしている。

　2015 年に公表された日本版スチュワードシップ・コードは，機関投資家のスチュワードシップ責任を明らかにし，投資先企業の中長期的な成長を促すために建設的な目的をもった対話（エンゲージメント）等を実施することを推奨している[30]。また，2016 年に公表されたコーポレートガバナンス・コードは，事業会社が取締役会のガバナンスを高め，投資家とエンゲージメントすることを推奨している。これらの 2 つのコードが実施されることによって，投資市場のショートターミズムが克服されることが期待されている。

　しかし，宮武（2014）は，「統合報告書によって，投資家や金融機関を短期的な思考から開放し，中長期的なビジョンによって実際の投資行動に変化を促すという試みは，統合報告書がそのための重要なツールであるとしても，その働きのみでは難しい」[31] と統合報告書の効果が限定的であると指摘した。

　今後は，統合報告が実際の投資行動の変化につながるためには，どのような制度改善が必要かについての研究が期待される。

4.　企業はサステナビリティをどのように経営に組み込んだらよいか

　企業の中長期的価値創造のためには非財務情報が重要であるということで非財務情報の開示が進んだとしても，財務情報との関連性が不明確であれば，企業価値の評価にとって有益な情報とはならない。

　2006 年に発足した責任投資原則（PRI）では，6 つのコミットメントの最初に「投資分析と意思決定のプロセスに ESG の課題を組み込む」ことを含んでおり，多くの投資機関がこれに署名している。PRI（2013）は，ESG 要因が企

業の正確なバリュエーション（企業価値評価）にどれほど寄与するかについて5段階による評価ツールを提供し，また，PRI（2016）はESGを株式投資の分析に組み込むためのガイドを提供しているが，考え方が提示されているだけで，具体的にどのように実施するかは明らかではない。

　竹原ら（2016）は，サステナビリティを経営に組み込むツールとして，ISO14000（環境マネジメントシステム規格），ISO26000（組織の社会的責任に関する手引き），CSRスコアカード，バランスト・スコアカードと戦略マップ，持続可能な開発目標（SDGs）を挙げている。

　バランスト・スコアカード（BSC）は，戦略の失敗の理由が戦略の実施の失敗による場合が多いことから，戦略を実施するためのツールとして開発されたものである（キャプランら，2001；2014）。戦略を実施する方法を具体的に記述する戦略マップを用いることにより，戦略の実施がどこまで進展したのかをチェックすることができる。BSCでは長期の株主価値が目的となっているため，統合報告との親和性は高い。このため，BSCは統合報告を行うための有益なツールとなる可能性がある。しかし，現状のBSCでは，社会・関係資本や自然資本などの公共財は，資本として込みこんでいないため，これらの資本を組み入れたBSCの開発が今後の研究課題である。

　また，Thomas & McElroy（2016）は，サステナビリティを経営に統合するツールのとして「マルチ資本スコアカード」（MultiCapital Scorecard）を提案した。このMCSでは「文脈に基づくサステナビリティ」（Context-Based Sustainability）という考え方により[32]，組織のパフォーマンスを評価する際に科学と倫理に基づく世界の社会と環境の限度（組織が使用・影響を与える資源の十分さや，そのような資源に生活を依存する人々の福祉に危険をもたらさない限度）を考慮する測定と報告の新しいアプローチを提案している。

　このMCSにおける重要な資本は，①社会的ボトムライン（人的資本，社会・関係資本，建設資本），②経済的ボトムライン（内部資本と外部資本；それぞれ非財務資本を含む）及び③環境的ボトムライン（自然資本と生態系サービス）で構成され，各資本の（サステナビリティ目標に対する）進捗度（7段階）とウエイト（5段階）をかけ合わせて合計することで組織全体の評価点（サステナビリティの目標と比較した％）を計算するものである。

　このような MCS は，すべての重要な資本に対するすべてのマテリアルな影響に対して「組織がどの程度持続可能なのか？」という問に対して答える唯一のプロセスであり，統合報告を作成する上で最も意味のある基礎となると主張されている[33]。MSC の試験的な導入は Ben ＆ Jerry's などが取り組んでいる[34]。

　2017 年に公表された「気候関連財務情報開示タスクフォース」（TCFD）の最終報告書は，今後の気候変動シナリオに基づくリスクと機会に対し，企業として対応するためのガバナンス，戦略，リスクマネジメント，リスクと機会を評価する指標と目標を公開することを推奨している。その想定する気候変動シナリオとしてはパリ協定で合意された 2℃ 目標が含まれており，これを実現しようとすると 2050 年には先進国は GHG 排出の 80％ 削減が求められている。このため，すでに世界的な企業が「科学に基礎を置く目標」（Science based targets）として GHG 排出削減計画を掲げている[35]。

　以上のようなツールや長期目標が，統合思考においてサステナビリティを経営に組み込む方法のヒントになるものであり，今後の研究が期待される。

5. 企業は自然資本と社会・関係資本とどのような関係性を構築すればよいのか

　IIRC フレームワークでの統合思考とは，既述の通り「組織が，その事業単位及び機能単位と組織が利用し影響を与える資本との関係について，能動的に考えることである」（IIRC, 2013a）。IIRC フレームワークでは，6 つの資本を挙げており，中長期的な価値創造のために十分な資本を維持することが経営上の課題となる。しかし，自然資本と社会・関係資本は公共財であることから，企業のコントロールが及ばない。では，企業はこのような資本とはどのような関係性を構築すればよいのか。

　自然資本については，自然資本をインプットとして利用する企業にとっては自然資本の減少は企業の価値創造にはマイナスとなることから，それらを保全することは企業にとって極めて重要である。一方，事業活動のアウトプットとして自然に汚染物質を排出する行動は，公共財である自然資本を毀損し，それ

らを利用する他の企業の事業活動や人々の生活にマイナスの影響を与えることになる。このように企業活動と自然資本との関係を明らかにすることによって，企業が自然資本を保全しているか棄損しているかを明確とする「自然資本会計」の考えが生まれてくる。

Millennium Ecosystem Assessment（2005）は，「生態系を持続的に管理するための選択肢の一つとして，革新的な自然保護のための金融メカニズムである『生態系勘定』がある。これは，開発が生物多様性に及ぼす不可避の損害に対する代償として，開発者が，自然保護に対して対価を払う仕組みである」[36]として，生態系勘定（自然資本会計）の必要性を指摘した。

生物多様性と生態系の経済学［TEEB］（2010）では，「生物多様性と生態系サービスと財務情報を関連付けるための意欲的な努力をさらに進めるためには，生物多様性と生態系サービスの変化によるリスクとチャンスという視点で環境のインプットとアウトプットを考慮する必要がある。そのための情報としては，種のリスト，それらの保全の状況，保護区とその程度，水や土壌の環境的な質の指標などが含まれる。しかし，生態系サービスの会計と報告を行うための障害として，一貫性のある単一の評価・測定基準（いわゆる「通貨」）がないこと，企業にとっての生態系サービスの重要性が明らかでないこと，生物多様性の理解の欠如，企業の生物多様性に対する責任が明らかでないこと，投資家からの生態系サービスに関する情報の要求がないこと，生態系サービスを加算することが難しい」[37]ことを挙げている。

Natural Capital Coalition が自然資本についての定量評価を行うツールの開発に取り組んでおり，2017年に「自然資本プロトコル」を公表した。これは，経営判断に自然資本を含めるために，「自然資本への影響と依存度を特定，計測，価値評価するための標準化された枠組み」を示すものである[38]。また，Accounting for Sustainability（A4S）は，企業が自然・社会資本を理解し，それによって意思決定を改善し，報告し，それによって商業的・社会的価値を高めるための「自然・社会資本会計」のガイドを2016年に公表した。

今後は，自然資本と社会・関係資本の定量評価をどのように行い，それを企業の戦略と意思決定にどのように組み込むのかが研究課題であろう。

6.　政府の役割は何か

　統合思考においては，企業が統合思考を通じて6つの資本を利用・保全し戦略・ビジネスモデルを構築し，中長期的な企業価値を創造していくことが想定されている。しかし，このような企業の取組のみで望ましいサステナビリティは実現するのであろうか。

　機関投資家が長期的な視点で自然や社会などで生じる外部不経済を減らす投資行動を行うという理論的根拠として，ユニバーサル・オーナー仮説がある。これは，環境汚染など外部不経済をもたらす企業が仮に経済的な利益を得ても，それによって被害を受ける企業があり，その両方を投資ユニバースの対象としていれば，前者の企業投資を対象から外すこと（ダイベストメント）が合理的な行動となる。これによって，環境や社会に外部不経済をもたらす企業は投資対象から除外されることとなって株価が下がり，資金調達に困ることになる。この結果，企業は外部不経済を自主的に減らす努力を行うことが期待される。しかしながら，このような自主的な行動によって，社会的に望ましい水準まで外部不経済を減らすことができるであろうか。

　企業は，自社の事業によるステークホルダーに対する影響については責任を持つことができるであろうが，自然資本などの公共財全体に対する責任はもてない。それは，政府の責任である。今後は，企業が外部不経済を減らすための自主的取組では対応できない公共財の保全のためには，政府がどのような役割を果たすべきかについての研究が望まれる。

7.　おわりに

　本節では，先行研究のレビューに基づき，統合思考の論点を6つ挙げ，今後の研究課題を明らかにした。

　統合思考については，IIRCのフレームワークにおいて定義されているが，その最大の問題点は具体的にどのように統合思考を行ったらよいかは明らかではないことである。このため，統合思考はどのように実施すればよいのか，と

いう課題を明らかにするための研究が最も優先度が高いと考えられる。

　今後，企業が中長期的な価値創造を実現するためには，経営にサステナビリティを組み込んだ戦略とビジネスモデルを確立し，イノベーションを起こしていくための統合思考を実施する必要があるであろう。これを実施するためには，ステークホルダーの理解と良好な協力関係の構築は欠かせない。統合報告はこのような協力関係を構築するための投資家を含めたステークホルダーとのエンゲージメントのツールとしての活用が期待される。しかし，統合思考を具体的にどのように行ったらよいかは明らかではない。では，企業は何から手をつけるべきであろうか？

　筆者が所属する環境経営学会では，企業が統合思考に取り組むためには，企業経営者自身が統合思考の意義を理解し，その実施に対してコミットすることが不可欠である，と考え，それを促進するために，企業経営者向けの提言を2017年10月に発表したところである（コラム参照）。今後多くの企業がこの提言を参考に統合思考に取り組み，中長期的価値の創造を通じて，持続可能な発展に貢献することを期待したい。

（宮崎正浩／村井秀樹）

【コラム】
統合思考と長期的価値創造に関する提言

2017年10月
認定特定非営利活動法人　環境経営学会

　企業は経済的な価値だけでなく，社会的・環境的価値を創造し，持続可能な発展に貢献することが期待されている。また，気候変動による自然災害など含む環境変化，格差の広がりによる社会の変化など社会・経済のサステナビリティ（持続可能性）を脅かす課題がビジネスに大きな影響を与えるようになっている。

　企業がこのようなサステナビリティ課題を経営に取り込む統合思考は，自社の中長期的な経済価値の創出に繋がる可能性がある。なお，この統合思考とは，国際統合報告評議会（IIRC）が2013年に提唱したフレームワークによるものである。

　最近では，企業が統合思考に基づいた経営を行い，この方向性を確認するため

に投資家などのステークホルダーとの建設的な目的をもった対話（エンゲージメント）を実施することの重要性が広く認識されるようになった。

このことは金融安定理事会（FSB）の気候関連財務情報開示タスクフォース（TCFD；Task Force on Climate-related Financial Disclosure）の最終報告書が2017年6月に公表され，7月のG20サミットに提出されたことでさらにその重要性が高まったといってよい。

しかしながら，統合思考をどのように実施していくかについては，その実施主体である企業にとって明確とはいえない。日本ではESG投資の動きが本格化したのは最近であり，機関投資家にとってもESGテーマに関し何を論点として企業とエンゲージメントを実施するかについては手探り状態にある。

環境経営学会は，このような現状を踏まえて，企業が統合思考による経営を行い，投資家とのエンゲージメントを実施するための課題とその解決方法を明らかにすることを目的として「統合思考と長期的価値創造に関する研究委員会」を2015年1月に設置した。

本提言は，当研究会のこれまでの研究成果をもとに，日本企業の経営者に対して行うものである。

本提言では，企業が自社の競争力を高め，中長期的な経済価値を創出するためには，経営者自身が統合思考による経営を目指し，自らがこの実施にコミットすることが不可欠であると考える。そのため，企業経営者が自ら問うべきこととして，下記の問を提起したい。

問①　自社の事業が中長期的に経済・環境・社会にどのようなインパクトを与えるか，また，ステークホルダーの意思決定に対しどのような影響を与えるか，について評価することによって，マテリアル（重要）な情報を特定し，開示しているか？

問②　自社のミッション，ビジョンの中で社会と環境のサステナビリティへのコミットメントを含めているか？

問③　自社の中長期目標が持続可能な開発目標（SDGs）や気候変動枠組条約パリ協定などの目標とどのように関係するのかを明らかにしているか？

問④　社会的課題解決に取り組むことにコミットし，この実現のためにイノベーションを起こすことがビジネス機会の拡大につながることを認識し，そのための具体的な計画を立てているか？

問⑤　社会・経済の変化を見通し，バリューチェーン全体におけるサステナブルな競争力のあるビジネスモデルへの変革を行う具体的な計画を立てている

か？

問⑥　サステナビリティの執行に責任を持つ役員（CSO；Chief Sustainability Officer）を配置し，そのリスクと機会について議論をしているか？また，取締役会には，サステナビリティへの取り組みを監督するために，その分野の見識を持つ取締役がいるか？

問⑦　自社のミッション，ビジョン，経営戦略とサステナビリティとの関係についての「誰もがなるほどと思えるような説明」をステートメント（宣言）や報告書として公表しているか？

問⑧　自社のミッションとビジョン，中長期的な価値創造のための戦略について，経営者自ら自信と誇りを持ってストーリー性のある説明を行い，多様なステークホルダーとの建設的なエンゲージメントを実施しているか？

　企業経営者が，これら8つの問に対する答えを考えることは，自らが統合思考をどの程度理解し，実践しているかを把握し，今後取り組むべき課題に気づく契機となる。この気づきにより企業経営者が統合思考を実践することで，中長期的価値創造のための戦略とビジネスモデルが明確となる。

　また，企業がこのような統合思考の結果を統合報告として開示することによって，投資家・金融機関・評価機関は当該企業の長期的な経済価値を評価することが可能となる。

　一方，機関投資家は，上記8つの問を企業経営者に発することで内容の濃いエンゲージメントを始めることができる。

　このように企業経営者が本提言の問の答えを考えること，すなわち統合思考は，コーポレートレートガバナンス・コードの原則2-3（社会・環境問題をはじめとするサステナビリティを巡る課題）及び基本原則5（株主との対話）（基本原則5）を実施することでもある。

　日本の企業が本提言を参考として統合思考による経営を実施し，中長期的価値創造を実現し，世界の持続可能な発展に貢献することを強く期待したい。

　　統合思考と長期的価値創造に関する研究委員会委員
　　　共同委員長：宮崎正浩，村井秀樹
　　　委員：大塚生美，伊藤由宣，川村雅彦，熊沢拓，黒田邦夫，後藤大介，
　　　　　　後藤敏彦，竹原正篤，田中信康，鶴田佳史，中村晴永，長谷川浩司，
　　　　　　長谷川直哉
※本提言及び本提言の8つの問に関する説明は，環境経営学会のHPに掲示されてい

る[39]。

注

1 King III (2009) は，（King Ⅰ及び King Ⅱと同様に）コーポレートガバナンスモデルとして，会社のすべてのステークホルダーの利害を考慮し，促進することによって会社が持続可能な成功のために依存するすべてのステークホルダーの協力と支持を保証する，包含的なステークホルダーモデルを採用している。取締役会は，会社の財務的なボトムラインだけでなく，経済的，社会的，環境的な3つの文脈でのパフォーマンスに責任を負っており，経済・社会・環境パフォーマンスに関する統合報告書を発行すべき，としている。
2 IIRC (2013a) 37 頁。
3 同上。
4 IIRC フレームワークでは，6つの資本のすべてを採用することを要求してはおらず，企業の判断で変更可能であるとしている。
5 IIRC (2013a) 2 頁。
6 統合報告のガイドを提供する Adams (2015) では統合報告の 10 ステップを以下のとおり提案している：① サステナビリティ報告書の作成，② 統合報告を作成するためのステークホルダーとのエンゲージメントプロセスを十分有していることの確認，③ 統合報告に取り掛かることに対する経営層の了解，④ 取締役会の了解，⑤ 統合報告の範囲の確認，⑥ マテリアルな課題の選別，⑦ ビジネスモデルとその6つの資本との関係についての意見の一致，⑧ 価値創造ストーリーの作成，⑨ 経営戦略の作成，⑩ 情報の結合性の確認。このうち，① 〜② を準備，③ 〜⑤ を了解，⑥ 以降を統合思考の実施としており，経営戦略の決定も含めている。
7 IIRC (2013a) 2 頁。
8 このような自由競争による効率的な資源配分の実現は，外部経済が存在しないことを前提としている。実際には，企業活動による社会・関係資本や自然資本など公共財の利用と影響は外部経済となっている。環境経済学では，理論的には外部経済を内部化すれば企業を含む社会全体としての効率的な資源配分が可能となるとされているが，企業の統合思考によって外部経済が内部化されるかどうかは議論が分かれる。
9 IIRC (2013a) 38 頁。
10 IIRC (2013a) 11 頁。
11 IIRC (2013a) 2 頁。
12 同上。
13 同上。
14 同上。
15 同上。
16 森 (2014) 4 頁。
17 伊藤 (2014) 84 頁。
18 大西 (2014) 184 頁。
19 窪田 (2012) 69 頁。
20 Churet & Eccles (2014) 8 頁。
21 IIRC (2013a) 4 頁。
22 IIRC (2013b) 6 頁。
23 Flower (2015) 1 頁。

24 Brown & Dillard（2014）1120 頁。

25 Oliver et al.（2016）230 頁。

26 加賀谷（2014）39 頁。

27 Endrikat et al.（2014）738 頁。

28 仮に SRI の財務業績が従来の投資よりも最初は高かったとしたら，資金が SRI に集まり資本コ
    ストが低下する。そうすると，ESG にこれまで取り組んでこなかった企業が（ESG に取り組むコ
    ストが期待される便益と同じレベルになるまで）ESG に取り組むようになり，SRI の財務業績は
    従来型の投資と平準化する（Revelli & Viviani, 2015, 160 頁）との説明が当てはまるかもしれない。

29 経済産業省（2014）20 頁。

30 機関投資家は中長期的な視点で投資を決定すべきとの考え方は，「長期的な視野に立って幅広い
    アセットクラス（資産の種類），セクター，地理的に分散した投資を行う大規模な機関投資家は，
    私企業の永久的なユニバーサル・オーナーであり，ユニバーサル・オーナー仮説は，大規模で分散
    した投資のポートフォリオのパフォーマンスは経済全体と明瞭な関係がある」という考え方に基づ
    いている（UNEP-FI & PRI，2011）。

31 宮武（2014）176 頁。

32 GRI ガイドライン第4版には「報告に際して，サステナビリティという広い文脈の中で組織のパ
    フォーマンスを提示すべきである」という原則（サステナビリティの文脈）があり，これは，「セ
    クター，地域，グローバルといった様々なレベルで環境資源や社会資源の限界および需要をとら
    え，その文脈の中で組織のパフォーマンスを考えることも意味する。例えば環境効率の動向を報告
    するだけでなく，地域の生態系の汚染物質吸収能力に関連付けて汚染負荷の絶対値を示すこともそ
    の一例になろう」と説明している。

33 Thomas & McElroy（2016）71 頁。

34 http://www.sustainablebrands.com/news_and_views/new_metrics/mark_mcelroy/ben_jerrys_
    pilots_multicapital_scorecard_method（2018 年 2 月 13 日確認）。

35 例えば，ソニーは，2020 年までに GHG 排出量を 2000 年基準で 42％削減し，2050 年までに
    GHG 排出量は 2008 年基準で 2050 年までに 90％の削減を行い，環境フットプリントをゼロとする
    長期ビジョンを掲げている。

36 Millennium Ecosystem Assessment（2005）165 頁。

37 生物多様性と生態系の経済学（TEEB）（2010）119・120 頁。

38 自然資本会計についての詳細は，宮崎（2015）を参照していただきたい。

39 環境経営学会HP http://www.smf.gr.jp/data/pdf/SMFteigen201710.pdf（2018年2月13日確認）。

参考文献

Adams, C.（2015）*Understanding Integrated Reporting: The Concise Guide to Integrated Thinking and the Future of Corporate Reporting*, Routledge.

Accounting for Sustainability（2016）*Natural and Social Accounting*.

Brown, J., & Dillard, J,（2014）Integrated reporting: On the need for broadening out and opening up. *Accounting, Auditing & Accountability Journal*, 27（7）.

Churet, C. & Eccles, R. G.（2014）Integrated reporting, quality of management, and financial performance, *Journal of Applied Corporate Finance*, Vol. 26 No. 1.

Dalton, D. R., Daily, C. M., Ellstrand, A. E., & Johnson, J. L.（1998）. Meta-analytic reviews of board composition, leadership structure, and financial performance. *Strategic management journal*, 19（3）.

Endrikat, J., Guenther, E., & Hoppe, H, (2014) Making sense of conflicting empirical findings: A meta-analytic review of the relationship between corporate environmental and financial performance. *European Management Journal,* 32 (5).

エクレス, R. G. & クルス, M, P, (2010) (花堂靖仁監訳, ワンレポート日本語版委員会訳)『ワンレポート：統合報告が開く持続可能な社会と企業』東洋経済新報社.

エクレス, R. G. & セラフェイム, G. (2013)「ESG パフォーマンス：『持続可能』な指標」『DIAMOND ハーバード・ビジネス・レビュー』ダイヤモンド社.

Flower, J. (2015) The international integrated reporting council: a story of failure. *Critical Perspectives on Accounting,* 27.

Friede, G., Busch, T., & Bassen, A, (2015) ESG and financial performance: aggregated evidence from more than 2000 empirical studies. *Journal of Sustainable Finance & Investment,* 5 (4).

Hart, S. L., & Ahuja, G. (1996). Does it pay to be green? An empirical examination of the relationship between emission reduction and firm performance. *Business Strategy and the Environment,* 5 (1).

IIRC (2013a)『国際統合報告フレームワーク 日本語訳』。

IIRC (2013b)『国際統合報告〈IR〉フレームワーク：結論の基礎』。

Institute of Directors in Southern Africa (2009) *King Report on Governance for South Africa 2009* (King III Report)

伊藤和憲 (2014)「管理会計の視点からみた統合報告」『企業会計』2014 VOl.66, No.5, 中央経済社。

加賀谷哲之 (2012)「持続的な企業価値創造のための非財務情報開示」『企業会計』, Vol.64 No.6, 中央経済社。

経済産業省 (2014)『持続的成長への競争力とインセンティブ〜企業と投資家の望ましい関係構築プロジェクト (伊藤レポート) 最終報告書』。

Khan, M., Serafeim, G., & Yoon, A. (2016) Corporate sustainability: First evidence on materiality. *The Accounting Review,* 91 (6).

木村晃久・大森明 (2016)「〈論説〉統合報告導入の決定要因分析―日経 225 採用銘柄を対象としたパイロット・テスト―」『横浜経営研究』37 (2), 横浜経営学会。

キャプラン, S・ロバート, デビッド・P・ノートン (櫻井通晴・伊藤和憲・長谷川惠一監訳) (2014)『戦略マップ：バランスト・スコアカードによる戦略策定・実行フレームワーク』東洋経済新報社。

キャプラン, S・ロバート, デビッド・P・ノートン (櫻井通晴監訳) (2001)『キャプランとノートンの戦略バランスト・スコアカード』東洋経済新報社。

窪田真之 (2012)「投資家から見た統合報告書の利用価値」『企業会計』Vol.64 No.6, 中央経済社。

Mefford, R. N. (2011) The Economic Value of a Sustainable Supply Chain, *Business and Society Review* 116:1 pp.109-143.

宮崎正浩 (2015)「統合報告における自然資本会計に関する考察」『跡見学園女子大学マネジメント学部紀要』19, 跡見学園女子大学。

宮武記章 (2014)「環境報告書・CSR 報告書から統合報告書へ」『統合報告書による情報開示の新潮流』同文舘。

Millennium Ecosystem Assessment (2005) *Ecosystem & Human Well-being: Synthesis,* (翻訳) 横浜国立大学 21 世紀 COE 翻訳委員会 (翻訳) (2007)「生態系サービスと人類の将来―国連ミレニアムエコシステム評価」オーム社

森洋一 (2014)「国際統合報告フレームワークの求める企業報告の変革」『統合報告書による情報開示の新潮流』同文舘。

Natural Capital Coalition (2017)『自然資本プロトコル』日本語版。

大西又裕（2014）「証券市場における情報開示の今後のあり方」『統合報告書による情報開示の新潮流』同文舘。

Oliver, J., Vesty, G., & Brooks, A, (2016) Conceptualising integrated thinking in practice. *Managerial Auditing Journal*, 31 (2).

Orlinzky M, Schmidt, F. L. & Rynes, S, L, (2003) Corporate Social and Financial Performance: A Meta-analysis, *Organization Studies* 24 (3).

Post, C., & Byron, K, (2014) Women on boards and firm financial performance: A meta-analysis. *Academy of Management Journal*, amj-2013.

ポーター＆クラマー（2011）「共通価値の戦略」『DIAMOND ハーバード・ビジネス・レビュー』2011 年 6 月号，ダイヤモンド社。

Principles for Responsible Investment (2013) *Integrated Analysis: How Investors are Addressing Environmental Social and Governance Factors in Fundamental Equity Valuation.*

Principles for Responsible Investment (2016) *A Practical Guide to ESG Integration for Equity Investing,*

Revelli, C., & Viviani, J. L, (2015) Financial performance of socially responsible investing (SRI)：what have we learned? A meta‐analysis. *Business Ethics: A European Review*, 24 (2).

The Economics of Ecosystem and Biodiversity (TEEB) (2010) *The Economics of Ecosystem and Biodiversity in Business and Enterprise*, Earthscan.

Thomas, M. P., & McElroy, M. W. (2016) *The MultiCapital Scorecard: Rethinking Organizational Performance.* Chelsea Green Publishing.

竹原正篤，金藤正直，八木裕之（2016）「サステナビリティ戦略を推進するマネジメントツール」『横浜経営研究』37 (2)。

UNEP-FI and PRI (2011) *Universal ownership: Why environmental externalities matter to institutional investors.*

Waddock and Graves (1997) The Corporate Social Performance‐ Financial Performance Link, *Strategic Management Journal* 18 (4).

World Business Council for Sustainable Development (2015) *Toward a Social Capital Protocol: A Call for Collaboration.*

参照 Web

Ocean Tomo (2015) 2015 Annual Study of Intangible Asset Market Value, 〈http://www.oceantomo. com/blog/2015/03-05-ocean-tomo-2015-intangible-asset-market-value/〉（2018 年 2 月 13 日確認）。

第 2 章

統合思考を巡る国際的動向と論点

　本章では，主要な国際的動向を整理しつつ，責任投資や各国における企業の
財務 / 非財務情報の開示制度，評価機関による評価の現状，そしてこれらの動
向の日本に与える影響及び論点を整理し，今後の研究課題を明らかにする。

第 1 節　国際的な枠組みの合意：2015 年という転換点

1. 持続可能な開発目標（SDGs）の採択

　統合思考についてはもちろん，サステナビリティ，責任投資，社会課題解決
に企業が積極的に関与していくことの道筋が示されたという意味で 2015 年は
大きな転換点となった。

　持続可能な開発目標（SDGs）[1] は，2001 年に国連で採択された「国連ミレニ
アム開発目標（Millennium Development Goals: MDGs）の後継として，2015
年 9 月の国連サミットにおいて全会一致で採択された。2016 年から 2030 年を
期限年とする「持続可能な開発のための 2030 アジェンダ」がとりまとめられ，
持続可能な世界を実現する 17 の目標，169 のターゲットが設定された。MDGs
からの大きな違いは発展途上国を主な対象とせず，先進国を含むすべての国が
取りくむという「ユニバーサリティ」にあり，「地球上の誰一人として取り残
さない（no one will be left behind）」ことをうたっている。そして民間企業や
市民社会の役割拡大を踏まえた「グローバル・パートナーシップ」の重要性も
折り込まれている。

　2030 アジェンダの国際的なフォローアップの場として，国連の経済社会理
事会による主催会議として閣僚級が参加する国連ハイレベル政治フォーラム

図表 2-1　SDGs の 17 の目標ロゴ

（出所）国際連合広報センター。

(High Level Political Forum：HLPF) が毎年開催される。ハイレベル政治フォーラムでは，自国の取り組みが「自発的レビュー」[2] として報告され，2017 年には 44 カ国が発表している。一方で首脳級会議は国連総会主催の会議として 4 年ごと（次回開催は 2019 年）に開催される。

2. パリ協定という歴史的転換点

2015 年のもう一つの「歴史的転換点」となったのがパリ協定の採択である。気候変動に関する 2020 年以降の新しい国際的な枠組みを決める気候変動枠組条約第 21 回締約国会議（COP21）が 2015 年 11 月に開催され，「パリ協定 (Paris Agreement)」[3] が採択された（環境省，2016）。翌年 2016 年 11 月には，アメリカ，中国，インドに対し当時のオバマ大統領の働き掛けなどもあり早々にパリ協定が発効されることとなった。

パリ協定の目的は，世界共通の長期目標として産業革命前からの地球平均気温上昇を 2℃ より十分下方に保持するとともに 1.5℃ に抑える努力を追及することとされている。この実現のために，すべての国が削減目標を 5 年ごとに提

出，更新することや市場メカニズムの活用もおり込まれている。

　またパリ協定の特徴は，すべての国に適応される枠組みであり，緩和，適応，資金，技術，能力構築，透明性を網羅的にバランスよく扱い，長期の取り組みを視野にいれた永続的な枠組みとなっている。そして目的達成にむけて，5年ごとに各目標について実施状況の報告やレビューがなされることで，期間毎に前進・向上させる仕組みとなっている。

　パリ協定の「気温上昇を2℃未満に抑制する」には，大気中のGHG濃度を450ppmに抑える必要がある（450シナリオ）。このGHG濃度以内にするには，人類が排出できるCO_2量は累積で約3兆トンとなる。2015年までに既に約2兆トンを排出しており，気候上昇を2℃以内に抑えるためにはカーボン・バジェットは約1兆トンしか残されていないことになる。そのためGHGの排出を2009年比で2050年に半分以上削減することが必要とされ，先進国は8割削減が求められている。このように科学的な裏付けをもって，全世界が一つの方向性に向けて対応を始めようとしているという点でも「パリ協定」が世界の気候変動対策の転換点となっている。

3．社会動向の企業評価への影響

　これらのグローバルな枠組み合意の動向は，投資家がメガトレンドや個別産業の将来像を判断する上でも大きな影響を与えることとなる。特に脱炭素社会への移行に伴い，投資家は化石燃料資産への投資が座礁資産[4]となる危険やダイベストメント[5]についても考慮する必要があり，来るべき将来をリスクや機会から分析し，企業価値評価を行っていく必要がある。

　またグローバルに共通するSDGsという社会課題が特定されたことで，各国，各種機関，企業の取り組みが始まっている。その進捗を公開，共有し，協働することで，関係する国，国際機関，企業，NGOが，広範で包摂的な影響を発揮できる可能性が高まっている。企業がこの課題をビジネスチャンスと捉え，財務面での成果と共に社会的なインパクトをもたらすことに注力し，これを金融機関が適切に評価する循環ができれば，今後の社会課題解決に対して大きな影響を与えることとなる。

第2節　責任投資の広がり：ESG 投資のメインストリーム化

1. 責任投資と PRI

　激変する社会的背景を踏まえつつ，統合思考に基づき企業価値を考察する上で，長期的に企業活動を評価し，責任ある投資を実行しようとしている投資家の動向が注目される。こういった投資家を牽引する役割を担ってきているのが，国連環境計画・金融イニシアティブ（UNEP FI）と国連グローバル・コンパクト（GC）がパートナーシップを組んで 2006 年に公表した責任投資原則（Principles for Responsible Investment：PRI）である。

　PRI は，2015 年まで投資家が環境や社会に配慮して投資活動を行う場合，SRI（社会的責任投資）と RI（責任投資）に大きな違いを設けていたわけではなかった。しかし，10 周年を迎えた 2016 年に，財務的リターンと道徳的／倫理的なリターンを融合させようとする SRI に対し，責任投資は ESG 要素にともなうリスクと機会が財務的リターンに影響することを踏まえる限り財務的リターンのみを追求することもありえるとし，その違いを明確にした（PRI, 2017a）。同時にその実践手段として，ネガティブ・スクリーニング手法に限定されるわけではないとし，ESG 要因や市場全体の長期的な健全性や安定性に対し，投資家としての関連性を明確に表明するアプローチを責任投資としている。

　PRI への署名は，2017 年 10 月時点で，1,750 機関を超え，70 兆ドルの運用総資産総額となり，2006 年から一貫して増え続けている。

2. ESG 投資の現状

　現状の ESG 投資あるいは責任投資の規模は，サステナブル投資のグローバルな連合体でもある GSIA（Global Sustainable Investment Alliance）が二年に一度集計報告している統計報告書「Global Sustainable Investment Review

図表 2-2　PRI 署名機関数と運用総資産額

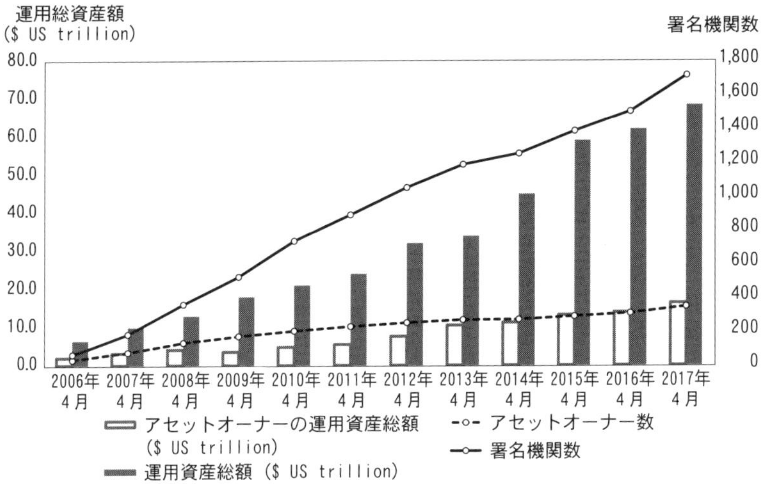

（出所）UN-PRI ABOUT THE PRI グラフを筆者修正。

2016」（GSIA, 2017）において，2016年時の資金量22兆8,900億ドルと集計されている。

　この調査で最も大きな伸びを計上したのは日本となった。この要因は，日本の投資残高集計を担っている社会的責任投資フォーラム（2015）が2015年の秋から機関投資家向けサステナブル投資アンケートを実施し，機関投資家の投資残高（24機関26.6兆円）が反映されたことによる。それでも，グローバルなサステナビリティ投資残高においては，日本の比率は2.1％と欧米に比べるとその投資規模は小さい。裏返せば，欧米並みの投資機会は存在しており，今後の日本におけるサステナビリティ投資／責任投資の成長の余地が大きいといえる。

　GSIA（2017）はサステナビリティ投資の投資手法を排除型ネガティブ・スクリーニング，ベストインクラス型ポジティブ・スクリーニング，規範に基づくスクリーニング，ESGインテグレーション，サステナビリティテーマ投資型，インパクト投資型，エンゲージメント・議決権行使型の7つに分けている。2016年時点で，多用されているのはネガティブ・スクリーニングとなっており，ESGインテグレーションが続いている。

図表 2-3　地域別サステナブル投資残高と全体比率（2016 年）

地域	2014	2016	期間成長率	全体比率
ヨーロッパ	$10,775	$12,040	11.7%	52.6%
アメリカ	$6,572	$8,723	32.7%	38.1%
カナダ	$729	$1,086	49.0%	4.7%
オーストラリア	$148	$516	247.5%	2.3%
日本を除くアジア	$45	$52	15.7%	0.2%
日本	$7	$474	6689.6%	2.1%
合計	$18,276	$22,890	25.20%	100%

（出所）GSIA（2017）p.7, Table 1, Table 2 を参考に筆者作成。

図表 2-4　投資手法の変化 2014-2016

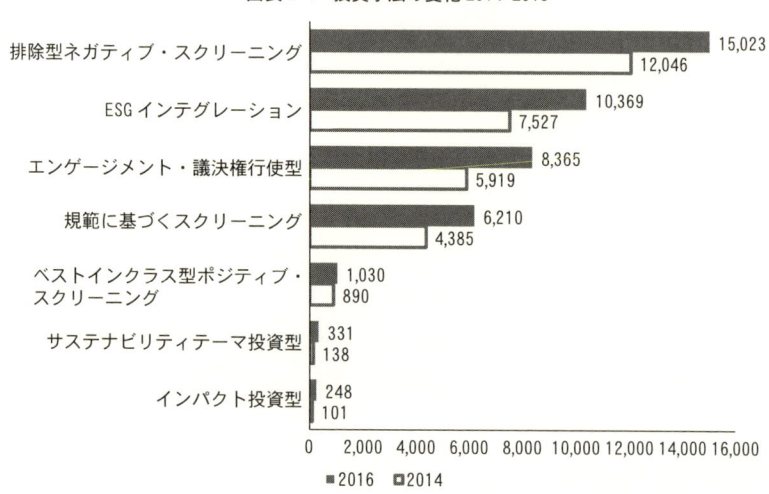

（出所）GSIA（2017）p.13, Figure 3 を筆者修正。

　このように PRI の提唱する責任投資において，その署名機関及びサステナビリティ投資の拡大が続いている。機関投資家にとっても ESG への配慮が不可欠となり，その預かり資産，運用残高も拡大している。また年金基金などユニバーサル・オーナーが超長期の投資を行う場合，インテグレーションの手法をパッシブ運用で活かし，ESG 指数などを利用し市場平均全体を引き上げ，市場のベータ向上を通じた運用収益拡大を追求することとなる。

　責任投資がメインストリーム化するなかで，投資判断に ESG 要素における機会やリスクを反映させる流れは，これまでサステナビリティを意識して経営を行ってきている経営者や事業会社に対してもその改革を迫ることとなる。企業側には ESG 要因を事業活動や投資判断に総合的に折り込んだ経営，統合思考に基づいた事業実践を行っていくことが求められる。

第 3 節　　各国の非財務情報の開示について：制度開示への流れ

1.　企業情報の任意開示と制度開示

　これまで社会・環境などサステナビリティ関連の非財務情報開示については GRI（Global Reporting Initiative）ガイドラインが情報開示のデファクトスタンダードと位置づけられ，統合報告においては国際統合報告評議会（IIRC）の〈IR〉フレームワークが，開示の原則や具体的な開示方法の提示をすることにより，任意情報開示をリードしてきた。各国の企業はこれらのガイドラインを利用しつつ，非財務情報の開示への流れに対応してきた。
　この任意開示に対しグローバルには ESG 情報の制度開示への流れが加速しつつある。ヨーロッパではフランス，イギリス，デンマーク，オランダがいち早く社会，環境情報の制度開示を進め，EU 全体に広がっている。統合報告の制度開示については南アフリカのヨハネスブルグ証券取引所が 2010 年 3 月 1 日以降統合報告の提出を義務化し，先行している。同様に，アジア地域においては，証券取引所が CSR 情報開示の義務化を推し進めようとしている。

⑴　EU での制度開示

　EU は 2014 年欧州会議において EU 域内大企業向けに非財務情報及び取締役会構成員の多様性開示に関する EU 会社法改正案を承認した。この会計指令改定によって，従業員 500 名以上の域内企業は，環境，社会と従業員，人権尊重，腐敗防止に関する方針，パフォーマンス，主要なリスク等，そして取締役の多様性に関する方針について報告することが義務づけられ，2017 年中には

図表 2-5　イギリスでの「ビジネスモデルの開示」

（出所）Financial Reporting Council（2016）p.11 をもとに筆者修正。

対象となるすべての会社に適応されることになった。

　フランスでは，企業は2001年の新経済規制法で環境・社会情報の記載の義務づけが始まり，2010年の環境に関する国家的な取組みに関する法律に基づき，従業員500人以上の企業はCSR情報の開示を要求されている。

　デンマークでは，2008年から改正年次計算書法に基づき，大規模企業，上場会社などを対象として年次報告書の非財務情報区分にCSR報告書を開示することが義務化されている。

　イギリスでは，上場企業，大規模会社は，2006年から会社法や気候変動法に基づき，年次報告書において非財務情報の開示が義務づけられていた。また2013年に会社法（戦略報告書・取締役報告書）が改正されたことで，対象企業は「ビジネスモデルに関する記述を要する戦略報告書（Strategic Report）」を開示することが義務化された（経済産業省，2017b）。これは「ビジネスモデルの開示」を義務化する最初の法規制ともなっている。ビジネスモデルの開示を行う上で，一貫性（Consistency）と関係性（Linkage），そしてその相互関係の明示が重要になるとしている。

⑵　アジアでの制度開示

　アジアでは，台湾証券取引所が2015年2月にCSR報告の義務化を決定。香港証券取引所は2015年12月に上場企業によるESG情報開示を義務化すると公表。ほかにもマレーシア証券取引所，シンガポール証券取引所もESG情報の開示義務化を計画している（QUICK ESG研究所，2016）。

　アジアでの証券取引所のESGやCSR関連情報開示への積極的な取り組み評価は，非財務情報開示度ランキングにおいてタイ，上海，マレーシア，シンガポール，香港の証券取引所がすでに東京証券取引所を上回っている（Corporate

Knights, 2016)。東京証券取引所は2013年の3位から毎年のように順位を下げ，今年は36位と情報開示の内容の不十分さと取り組みへの速度について課題が指摘されている（環境金融研究機構，2017）。

(3)　アメリカでの制度開示

　アメリカの制度開示については，カリフォルニア州政府がカルフォルニア州サプライチェーン透明法（California Transparency in Supply Chains Act）を発効するなど，一部州政府が連邦政府の施策を上回る規制や独自の制度開示を進めている（経済産業省，2014）。

　また2013年からドッドフランク法1502条に基づくコンゴ民主共和国とその近隣国を原産地とする紛争鉱物の使用に関し，米国証券取引委員会に登録している企業のサプライチェーンに含まれている場合，その原産地をたどる報告が義務づけられている[6]。

　こういった環境，人権配慮の開示規制とともに，10のセクターにおける79の産業それぞれのマテリアルな項目を特定し，開示を義務づけるサステナビリティ会計基準審議会（Sustainability Accounting Standards Board：SASB）の動きがある。SASBは，米国最高裁によるマテリアリティの定義（U. S. Supreme Court, 1976）に従い「省略された事実がもし開示されていたら，合理的な投資家が，利用する情報の総合的な判断に大きな影響を与える可能性あるもの」をマテリアリティ情報として，産業ごとのESG要因を特定している。この特定アプローチ（SASB, 2017）では，5ファクターテスト（財務面での影響とリスク，法／規制／政策的要因，産業規範／競争優位性に関するテーマ，ステークホルダーの意向や社会傾向，イノベーションへの機会）を行うとともに，財務上での影響として各産業における3つのバリュードライバー（売上とコスト，資産と負債，資本コスト）について検証している。2017年10月からは全産業のマテリアリティ要因の見直しが行われており，今後も定期的な更新がなされていくことになる。

2.　金融安定理事会（FSB）による気候変動課題についての情報開示

　こうした各国の対応に加え，2015 年に金融安定理事会（FSB）が気候関連課題について金融セクターが考慮すべき事柄について協議するため「気候関連財務ディスクロージャータスクフォース（Task Force on Climate-related Financial Disclosures：TCFD）」を設立した。適切な投資判断のための気候変動リスクと機会の効率的な情報開示を促す任意的な提言を TCFD が策定することとなり，2017 年 6 月には TCFD から FSB に最終報告書が提出され，同年 7 月に FSB から G20 首脳に対し報告がなされた。この提言において，企業は気候変動リスクと機会を把握した上で，ガバナンス，戦略（2℃ シナリオ分析），リスク管理，そして指標と目標を投資家向けの制度開示書類において開示することが求められようとしている（長村，2017）。

　このように非財務情報の制度開示に向けた動きは加速しており，FSB による気候変動リスクと機会の開示はもとより，各国の法制度のなかで ESG 関連情報について，最適な開示基盤づくりが進んでいる。

第 4 節　金融評価機関による格付け：非財務情報の評価

1.　ESG 情報の評価

　責任投資や ESG 投資のメインストリーム化，制度開示の拡充や国際的な課題認識の高まりなどと並行して，ESG への取り組みを評価し，アセットマネージャーに調査分析情報を提供したり，インデックスとして公開することで，金融関係の評価機関や情報ベンダーの影響力が増している。

　この背景には SRI による社会・環境要因の評価実績やノウハウの存在が大きい。事業と ESG 要因の関係性が意識されるようになるに従って，その見極めや専門評価に対し投資家，企業からの関心が高まっている。

　現在の評価機関の評価手段としては，公開情報をベースにして評価する方法

とアンケートなど独自の設問への返答によって活動を評価する方法に分けられる。

⑴　公開情報での評価

　公開情報をベースに評価する機関としては，GPIF の ESG 指数で ESG 全般を考慮にいれた統合型の指数を提供している FTSE Russell[7] や MSCI[8] などがあげられる。評価対象，スコアレイティング，評価方法などに違いはあるが，評価のための情報は公開されている情報となる。

　FTSE Russell は，企業の Web サイト，CSR/ サステナビリティ報告書，アニュアル・レポート，統合報告書，財務報告書などをグローバルに配置されている調査チームが収集，分析を行っている。MSCI (2017) は，100 以上の政府，NGO などからの専門データ，企業開示情報（財務報告，総会資料，CSR レポートなど），1600 以上のメディアモニタリング（ローカルニュース，NGO，政府レポート）などの公開情報から入手した情報を ESG 専門アナリストチームが評価している。

⑵　アンケート形式で独自の設問への返答で評価

　一方，独自のアンケートを企業に配布し，この返答結果で評価を行っている評価機関，インデックスとしては，CDP[9] 及び DJSI[10] などがある。

　CDP が企業に提出する質問票に対し，気候変動に関しては，世界の企業2,559 社（サプライヤー回答を含むと 4,976 社），ウォーターに関しては 502 社（サプライヤー回答を含むと 1,064 社），フォレストは 162 社が返答している（CDP 事務局，2016）。2018 年の質問からは，セクター別質問票を導入，TCFD の提言内容を質問票に統合，そして構築中のシナリオ分析における将来見通しに関する指標とその開示をおり込むこととしている。

　また DJSI は 4 月にアンケートがオンラインで閲覧可能となり，その後 4 月～6 月末までに回答が必要となる。時価総額で世界の上位 2,500 社が DJSI ワールドインデックスの評価対象となり，DJSI アジア太平洋インデックスについてはアジア太平洋地域の時価総額上位 600 社が評価対象となっている。

図表 2-6　DJSI 採用ルール

対象企業：S&P Global Broad Market Index に含まれる企業のうち時価総額上位 2,500 社（60 業種，47 カ国）	ベストインクラス：各業種の持続可能性評価上位 10％（企業数）を採用	バッファールール：各業種の上位 15％（企業数）に含まれる既に採用されている企業を追加採用	2017 年採用企業数：320 社，59 業種，29 カ国，新規採用 47 社，不採用 42 社

（出所）DJSI（2017）p.10 をもとに筆者修正。

2. 適切な ESG 要因評価に向けて

　環境や社会要因に配慮した投資が SRI 中心であった時代から，サステナビリティや ESG を専門的にリサーチし調査・分析する組織を持つグローバルな評価機関の間では，大きな買収や統合が行われ，影響力を増しながら現在に至っている。

　これまで SRI や責任投資に前向きとはいえなかった日本の運用会社ではあったが，目前に広がる責任投資や ESG 投資をどのように受託資産運用に適用していくかは緊急の課題となっている。

　しかし今後，運用会社においても独自の ESG リサーチ機能を持ち，自社の評価方法で ESG 要因を評価することになる日はそう遠くない。特にその投資手法において ESG インテグレーション手法が増加するなかで，有効な ESG 要因評価を開発し企業価値評価を試みる取り組みはさらに強まるといえる。

第5節　日本に与える影響：ダブルコードからガイダンスまで

1. ダブルコードの導入

　日本政府は 2014 年の「日本再興戦略」において「稼ぐ力」を取り戻す構想を立て，JPX 日経インデックスの設定や社外取締役選任等について改革を進めるとともに，スチュワードシップ・コードとコーポレートガバナンス・コードの 2 つのコードを導入してきた。これにより，金融機関や企業は，「稼ぐ力」

図表 2-7　ダブルコード導入から ESG 投資へ

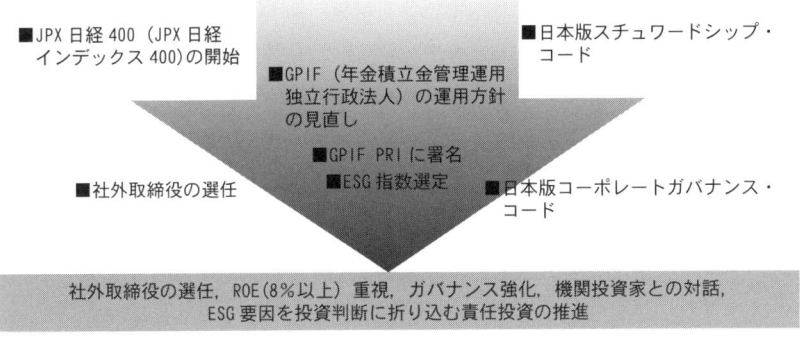

「日本再興戦略」改訂 2014 〜日本の「稼ぐ力」を取り戻す

- ■JPX 日経 400（JPX 日経インデックス 400)の開始
- ■GPIF（年金積立金管理運用独立行政法人）の運用方針の見直し
- ■日本版スチュワードシップ・コード
- ■GPIF PRI に署名
- ■ESG 指数選定
- ■社外取締役の選任
- ■日本版コーポレートガバナンス・コード

社外取締役の選任，ROE（8％以上）重視，ガバナンス強化，機関投資家との対話，ESG 要因を投資判断に折り込む責任投資の推進

（出所）筆者作成。

「コーポレートガバナンス」そして「対話」を意識せざるをえなくなり，より総合的に経営姿勢が検証される体制が整った。この流れを後押しするかたちで，年金積立金管理運用独立行政法人（GPIF）が 2015 年に PRI に署名し，2017 年には 1 兆円規模からの ESG 指数が公開され，日本における本格的な ESG 投資への流れが一気に加速しつつある。

2.　2015 年以降の日本政府の対応

　2015 年の SDGs 採択やパリ協定合意を受け，日本政府はグローバルな社会課題に対し積極的な関わりを持とうとしている。SDGs に対しては，2030 アジェンダに掲げられている 5 つの P（People［人間］，Planet［地球］，Prosperity［反映］，Peace［平和］，Partnership［パートナーシップ］）と日本の 8 つの優先課題について関係性を整理し，具体的な施策については主に関係する省庁が施策を立案，公開している。また経団連は Society 5.0 の実現を通じて SDGs の達成を図ることを企業行動憲章の改定の柱としてまとめている[11]。

　環境省（2017）は長期低炭素プランとして 2050 年温室効果ガスの 80％削減を目指し，① 省エネ，② エネルギーの低炭素化，③ 利用エネルギーの転換（電化，水素等）を到達点として位置づけた。より具体的には，「国民の生活に

おいて炭素排出ほぼゼロ」「産業・ビジネスにおいては『約束された市場』において脱炭素投資・低炭素型製品・サービスによる国内外の市場獲得」「エネルギー需給の9割を低炭素電源で担う」「地域・都市をコンパクト化」「自立分散型エネルギーで運営する」などの絵姿を描き，その具体的な政策の方向性を示すとともに，カーボンプライシング（炭素の価格づけ）についても言及した。

　しかしこれに対し，経団連（2017）や経済産業省（2017a）は，温室効果ガスの80％削減の達成の難しさを理由とした「カーボンニュートラル」の実現を目標とし，「約束された市場」についても「目指す価値のある市場」とするなど，環境省のプランに真っ向から対抗する報告書を公開した。このようにパリ協定への対応については日本として一枚岩で戦略的に対応できているわけではない。しかし国の方向性に関わらず，産業界や個別企業はグローバルな競争環境の激化の中，SDGsや気候変動への対応，社会環境の変化をビジネスチャンスととらえ，ビジネスモデルの変換や中長期での戦略立案に取り組もうとしている。

　こういった民間の取り組みを下支えするため，環境省による「企業と投資家等のためのESG対話プラットフォーム」[12]，厚生労働省による「女性の活躍推進企業データベース」[13]，経産省による「健康経営優良法人～ホワイト500～」[14]，そしてコーポレートガバナンス報告書など環境，社会，ガバナンスのそれぞれのデータを金融機関が入手しやすい情報インフラ整備が着実に進んでおり，GPIFなどアセットオーナーもこの情報開示の充実を支援している。

3.　企業の情報開示と統合報告

　責任投資やESG投資のメインストリーム化に伴い，統合思考に基づいた企業の情報開示に対し，投資家側の要請も高まろうとしている。

　2018年4月からのフェア・ディスクロジャー・ルール導入により，アナリストや投資家は上場企業の公開前の内部情報を独自に入手することはできなくなり，共通の公開された情報で投資判断を迫られる。責任投資を行う投資家にとっては，制度開示による過去の実績情報にとどまらず，中長期でのビジネス

モデルでのリスクと機会を踏まえ，事業と ESG 要因の関係性，財務に影響を
与えるマテリアルなテーマへの対応状況について，企業から提供される情報が
重要となる。

　経済産業省（2017c）の伊藤レポート 2.0 では，企業と投資家との間の対話
や情報開示の質を高めるための基本的な枠組みとして「価値協創ガイダンス」
が提示された。このガイダンスを参照し，投資家の期待に応える統合報告書の
充実が期待されている。

　一方で企業は，グローバルな金融評価機関から統合報告書だけではカバーし
きれない ESG 要因の詳細かつ網羅的な情報の開示を迫られる。こういった
CSR/ サステナビリティへの対応方針，体制，パフォーマンス情報については
CSR/ サステナビリティレポートあるいは Web 媒体を通じて適宜開示する必
要がある。各ステークホルダーに最適で，バランスのとれた財務 / 非財務情報
を公開し，誰でも入手可能にするために情報発信を行っていくことが事業会社
に求められる。

　下記のダイアグラムは，制度開示と任意開示（非制度開示）のなかに財務情

図表 2-8　日本の制度開示と非制度開示における各種企業情報開示

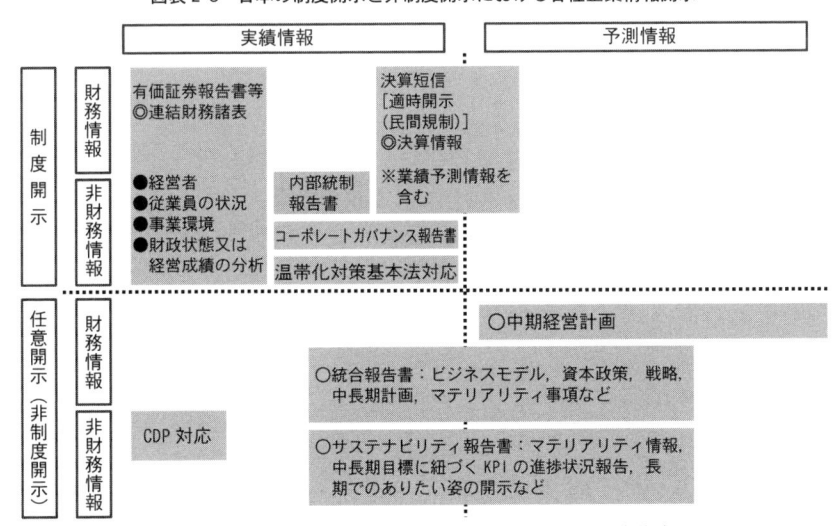

（出所）水口（2011）74 頁及び企業活力研究所（2012）3 頁を参考に筆者作成。

報と非財務情報が並存し，同時に過去情報と将来情報の違いによってその公開媒体に違いがあることを示している。「統合報告」という大きな括りでは制度開示資料も含むため，ダイアグラムの中では敢えて統合報告書，CSR/サステナビリティ報告書と区別している。

今後制度開示において，財務/非財務の両方に関わってくるのは，FSB（TCFD）が要請する気候変動対応リスクと機会についての情報開示や日本版SASBのように業界毎のマテリアルなESG要因が特定されるなかでの非財務情報の開示となる。いずれにしても財務と非財務情報のビジネスとの一貫性が高まり，投資家による企業価値判断に寄与することとなる。

4. 投資家によるエンゲージメントとマテリアリティ

こういった企業の情報開示に向けた枠組みに加え，機関投資家は企業に対して積極的な対話/エンゲージメントを行おうとしている。もちろん財務面での成果を前提とした事業活動の成長戦略，構造改革に対する取り組みについてバイサイド，セルサイドのアナリストが企業と対話を実施することはこれまでも行われてきている（日本証券アナリスト協会，2017）。

現在，少しずつ広がり始めているのは，非財務情報を中心としたエンゲージメントやESG説明会である。ビジネスモデルや機会とリスク，ESG要因などをおり込んだ中長期計画について，企業側が説明する場を催し，投資家側もこの場を利用し始めている。この場において，統合報告書に記載されている中長期の事業計画の説明，時代の変化を先取りした事業ポートフォリオの変化，あるいは事業と関係する環境，社会関連要因のマネジメント状況が開示され，企業と投資家が直接的な対話を行うことが可能となっている。

また，こういった対話が深耕していくなかで，事業継続に直結し，社会にも影響を与えるマテリアルなテーマの特定プロセス，特定されたESG要因のマネジメント状況，目標やKPIに対する進捗状況への関心も高まっている。

しかしながらマテリアリティの定義，特定プロセスについては，各種ガイドラインごとに違いがある。CRD（2016）は参加している団体が定義するマテリアリティを提示するとともに，すべてに当てはまるマテリアリティの定義を

確立することはできないとしている。

　この状況で前掲した SASB のマテリアリティが米国最高裁判所による定義，投資家の立場に立った重要項目としての認識を基本としていることと IIRC が主要な情報の受け手となる投資家にとって「組織の短期・中期・長期の価値創造能力に実質的な影響を与える事象に関する情報」の開示を要請していることは共通している。

　同時に，FSB は気候変動がマテリアルなテーマとなる組織には，4 つの中核的要素（ガバナンス，戦略，リスク管理，指標及び目標）の開示を求めており，SASB や IIRC 同様に投資家に対し，企業価値を向上していく上で重要な要素を開示することを要請している。

　一方で，サステナビリティ情報開示のスタンダードである GRI や ISO26000 においては，企業が社会，環境に対して与える影響の著しさを問い，投資家以外のマルチステークホルダーへのポジティブあるいはネガティブな影響について表明することを求めている。

　統合思考を実践していく上で，企業は財務資本提供者を主要なステークホルダーと位置づけつつ，まずは責任投資を実践する投資家が求めるマテリアルな ESG 要因について開示が必要となる。同時に，社会のサステナビリティに影響を与え，マルチステークホルダーに関わる ESG 要因を折り込んだマテリアリティについても十分な配慮を行っていくことが求められる。

第 6 節　　まとめ

　2017 年，PRI（2017b）は「21 世紀の受託者責任」を公開した。2005 年に国連環境計画・金融イニシアティブ（UNEP FI）がフレッシュフィールズ・ブルックハウス・デリンガー法律事務所に委託した調査報告で「受益者の利益を図るために ESG を無視すべきではない」との見解が出されてから 10 年が過ぎ，改めて 21 世紀の受託者責任を「投資実務において，環境上の問題，社会の問題および企業統治の問題など長期的に企業価値向上を牽引する要素を考慮しないことは，受託者責任に反する」としている。

　このように世界的な ESG 投資への流れは一層加速している。

　この章では統合思考を実践していくうえで国や企業，財務資本提供者に影響を与える国際的な枠組みの変化，その変化に対応したメインストリームの投資家，国際金融機関による責任投資への流れについてまとめた。この対応を行っていく上で，実質的に影響を与える非財務情報の制度開示への進展，そして ESG 情報の評価の現状について整理した。

　グローバルな変化への対応が，日本における稼ぐ力を実現していくためのガバナンス変革やスチュワードシップ・コードといったダブルコードの整備によって拍車をかけられ，日本企業と投資家の双方に対し統合思考の実践を強く要請するようになっている。

　今後対話/エンゲージメントの重要性は益々高まり，適切な関係性を実現していく上で，企業が企業価値に影響を与えるマテリアルなテーマを金融機関と共有する必要が増す。そして責任投資を実行する投資家には，中長期での社会の変化を踏まえ，ビジネスモデルにおけるリスクと機会の両面から合理的な企業価値評価がなされることが求められる。

　それこそが統合思考の実践となり，企業と投資家が社会，環境といった外部環境の持続可能性と企業の事業継続の両面を実現していくことにつながるといえる。

（山吹善彦）

注

1　SDGs の取り組みに関しては，外務省，内閣府，国際連合広報センター，その他関連 NPO/NGO サイトで随時情報が更新されている。グローバルな動向を理解するには，外務省，国内の最新の取り組みを理解するには内閣府の Web サイトが有効。

　　外務省 SDGs 持続可能な開発のための 2030 アジェンダ http://www.mofa.go.jp/mofaj/gaiko/oda/about/doukou/page23_000779.html

　　内閣府 持続可能な開発目標（SDGs）推進本部 http://www.kantei.go.jp/jp/singi/sdgs/

2　自発的レビューの目的については，国際連合広報センターによって，以下のように整理されている。

　・SDGs 達成に向けた取り組みを結集するという国際社会の決意を示すもの。

　・共通の課題を克服するための支援を結集し，新たに生じつつある問題を明らかにするとともに，SDGs 達成に向けた提言を出す機会を提供。

　・レビューの提示はピア・ラーニング体験として，SDGs 達成に向けた行動にさらに拍車をかけることを可能にする。

http://www.unic.or.jp/news_press/features_backgrounders/24871/

3　パリ協定に関する詳細情報については，環境省 Web サイトに掲載されている。アメリカのパリ協定離脱など最新情報を折り込んだ経済産業省の資源エネルギー庁による「今さら聞けない「パリ協定」〜何が決まったのか？私たちは何をすべきか？〜」では，パリ協定の概要が簡潔にまとめられている。http://www.enecho.meti.go.jp/about/special/tokushu/ondankashoene/pariskyotei.html

4　座礁資産（Stranded Assets）という概念は Carbon Tracker Initiative（2011）が提唱。カーボンバジェットの考え方に基づき，地中に埋蔵されたままで使用できなくなる石化資産を試算したことから普及していくことになった。

5　ダイベストメントは投資（インベストメント）の対義語であり，金融資産を引き揚げることを意味する。化石燃料や石炭が座礁資産化し，将来資産が毀損する前に関連企業の株を売却してしまうこと。

6　2017 年 2 月にトランプ政権下の SEC の委員長代行から紛争鉱物開示規制について再検討の指示がでている。この見直し結果によって，2017 年度の活動報告から日本企業も影響を受ける可能性があるが，EU が新たに紛争鉱物の規制を設ける可能性もある。その意味で紛争鉱物開示については，各企業による自主的な判断による対応も求められる（鈴木，2017）。

7　FTSE Russell（英国 ロンドン）はロンドン証券取引所グループ（LSE）が 100％出資するインデックスの提供機関。ESG レーティングデータの提供，指数の提供を行っている。

8　MSCI（米国 ニューヨーク）は 1998 年に設立されたグローバルな株式指数やリスク管理モデルを提供するインデックス・プロバイダー。MSCI ESG Research は，独立系 ESG 評価機関の老舗ともいえる KLD, Innovest, IRRC が 2009 年に RiskMetrics Group に買収され，その後 MSCI が RiskMetrics Group を買収。現在の MSCI ESG Research に至っている。
　リサーチレポート，アナリティックス・アドバイザー・サービス，インデックス開発，ソリューションなどを提供している。

9　機関投資家が関心を持つ気候変動関連情報について企業に対し質問票を送り，それを収集，分析，評価し，開示するため 2000 年に設立された「カーボン・ディスクロージャー・プロジェクト」が前身となり，2013 年に組織名を CDP に正式変更して今に至っている。2017 年 CDP の投資家プログラムは運用資産総額 100 兆米ドルを超える 803 の機関投資家の賛同を得て実行されている。

10　ダウ・ジョーンズ社が 1999 年以来提供する，Sustainability Index。評価を担う RobecoSAM の企業評価「Corporate Sustainability Assessment（CSA）」の結果に基づき，「DJSI world」「DJSI North America」「DJSI Europe」「DJSI Asia」などエリア別のインデックスを提供している。

11　一般社団法人日本経済団体連合会の「企業行動憲章」の改定について，憲章のほか，実行の手引き（第 7 版），参考資料として SDGs の目標例や Society5.0 と SDGs の関係性を示す資料も掲載されている（検索日 2018 年 1 月，http://www.keidanren.or.jp/announce/2017/1108.html）。

12　「企業と投資家等のための ESG 対話プラットフォーム」 https://www.env-report.env.go.jp/outline.html

13　「女性の活躍推進企業データベース」http://positive-ryouritsu.mhlw.go.jp/positivedb/

14　「健康経営優良法人 2017 〜ホワイト 500〜」http://kenkokaigi-data.jp/company/

参考文献
藤井良広（2015）『金融で解く地球環境』岩波書店。
北川哲雄（2017）『ガバナンス改革の新たなロードマップ〜2 つのコードの高度化による企業価値向上の実現』東洋経済新報社。
公益社団法人日本証券アナリスト協会編（2017）『価値向上のための対話』日本経済新聞出版社。

水口剛（2011）『責任投資のための開示制度』水口剛編著『環境と金融・投資の潮流』中央経済社。

水口剛（2011）『ESG 投資　新しい資本主義のかたち』日本経済新聞出版社。

越智信仁（2015）『持続可能性とイノベーションの統合報告～非財務情報開示のダイナミクスと信頼性』日本評論社。

Robert G. Eccles & Michael P.Krzuns（2015）"The Integrated Reporting Movement" John Wiley & Sons, Inc（邦訳：KPMG ジャパン統合報告アドバイザリーグループ訳『統合報告の実際：未来を拓くコーポレートコミュニケーション』北川哲雄監訳，日本経済新聞出版社, 2015 年）。

参照 Web

Carbon Tracker Initiative（2011）"Unburnable Carbon-Are the world's financial markets carrying a carbon bubble?"
（http://www.carbontracker.org/wp-content/uploads/2014/09/Unburnable-Carbon-Full-rev2-1.pdf）（検索日 2017 年 10 月 7 日）。

CDP 事務局（2016）『「サプライヤー連携の動向と重要性」―CDP サプライチェーンプログラム―』サプライチェーン排出量活用セミナーの講演資料（https://www.env.go.jp/earth/ondanka/supply_chain/gvc/files/dms_trends/seminar2015_02_06.pdf）（検索日 2017 年 10 月 7 日）。

Corporate Knights（2016）"Measuring Sustainability Disclosure Ranking the World's Stock Exchanges"（http://www.corporateknights.com/reports/2016-world-stock-exchanges/）（検索日 2017 年 10 月 7 日）。

CRD（Corporate Reporting Dialogue）（2016）"Statement of Common Principles of Materiality of the Corporate Reporting Dialogue"（https://corporatereportingdialogue.com/wp-content/uploads/2016/03/Statement-of-Common-Principles-of-Materiality1.pdf）（検索日 2017 年 10 月 7 日）。

DJSI（2017）"DJSI 2017 Review Results"（http://www.robecosam.com/images/review-presentation-2017.pdf）（検索日 2017 年 10 月 7 日）。

Financial Reporting Council（2016）"Lab project report:　Business model reporting"（https://www.frc.org.uk/getattachment/4b73803d-1604-42cc-ab37-968d29f9814c/FRC-Lab-Business-model-reporting-v2.pdf）（検索日 2017 年 10 月 7 日）。

Freshfields Bruckhaus Deringer（2005）" A legal framework for the integration of environmental, social and governance issues into institutional investment～Produced for the Asset Management Working Group of the UNEP Finance Initiative"（http://www.unepfi.org/fileadmin/documents/freshfields_legal_resp_20051123.pdf）（検索日 2017 年 10 月 7 日）。

GSIA（Global Sustainable Investment Alliance）（2017）"Global Sustainable Investment Review"（http://www.gsi-alliance.org/wp-content/uploads/2017/03/GSIR_Review2016.F.pdf）（検索日 2017 年 10 月 7 日）。

一般社団法人環境金融研究機構（2017）『世界の証券取引所の「2017 年サステナビリティ情報開示ランキング」，東証は 4 年前の 3 位から今年は 36 位と凋落。アジアでも 9 番目。1 位はフィンランドのヘルシンキ証取』（http://rief-jp.org/ct4/73208（検索日 2017 年 10 月 7 日）。

一般社団法人日本経済団体連合会（2017）『「長期低炭素ビジョン」（素案）に対する意見』（http://www.keidanren.or.jp/policy/2017/016.html）（検索日 2017 年 10 月 7 日）。

環境省（2016）『COP21 の成果と今後』環境省　国連気候変動枠組条約第 21 回締約国会議（COP21）及び京都議定書第 11 回締約国会合（COP/MOP11）の結果について（https://www.env.go.jp/earth/ondanka/cop21_paris/paris_conv-c.pdf）（検索日 2017 年 10 月 7 日）。

環境省（2017）『長期低炭素プラン』（http://www.env.go.jp/press/103822/105478.pdf）（検索日 2017年 10 月 7 日）。

経済産業省（2014）『国際的な企業活動における CSR（企業の社会的責任）の課題とそのマネジメントに関する調査』（http://www.meti.go.jp/press/2014/05/20140523004/20140523004_2.pdf）（検索日 2017年 10 月 7 日）。

経済産業省（2016）持続的な価値創造に向けた投資のあり方検討会第 1 回資料 10（参考資料）持続的な企業価値創造にかかわる国内外の動向（検索日 2017 年 10 月 7 日）（http://www.meti.go.jp/committee/kenkyukai/sansei/jizokuteki_kachi/pdf/001_10_00.pdf）。

経済産業省（2017a）『長期地球温暖化対策プラットフォーム報告書—わが国の地球温暖化対策の進むべき方向—』長期地球温暖化対策プラットフォーム報告書として（http://www.meti.go.jp/press/2017/04/20170414006/20170414006-1.pdf）（検索日 2017 年 10 月 7 日）。

経済産業省（2017b）持続的な成長に向けた長期投資（ESG・無形資産投資）研究会（第 6 回）配布資料　参考資料 1『英国における議論』（http://www.meti.go.jp/committee/kenkyukai/sansei/jizokuteki_esg/pdf/006_s01_00.pdf）（検索日 2017 年 10 月 7 日）。

経済産業省（2017c）『伊藤レポート 2.0：持続的な成長に向けた長期投資（ESG・無形資産投資）研究会報告書』（検索日 2018 年 1 月 7 日）http://www.meti.go.jp/press/2017/10/20171026001/20171026001-1.pdf

企業活力研究所（2012）『企業における非財務情報の開示のあり方に関する調査研究報告書』（http://www.bpfj.jp/act/contents_display/3/29/）（検索日 2017 年 10 月 7 日）。

国際統合報告評議会（IIRC）（2014）『国際統合報告フレームワーク　日本語訳』（http://integratedreporting.org/wp-content/uploads/2015/03/International_IR_Framework_JP.pdf）（検索日 2017 年 10 月 7 日）。

MSCI（2017）"MSCI ESG リサーチ〜ESG Rating メソドロジーサマリー〜"（https://www.msci.com/documents/1296102/3556282/Japanese_ESG+Rating+methodology.pdf/8c218faf-c82c-4a02-9c33-4e5bed564c34）（検索日 2017 年 10 月 7 日）。

長村政明（2017）『気候関連財務情報開示タスクフォース（TCFD）最終報告書の概要』（www.fsa.go.jp/inter/fsf/20170721/tcfd2.ppt）（検索日 2017 年 10 月 7 日）。

内閣府（2017）『国連ハイレベル政治フォーラム報告書〜日本の持続可能な開発目標（SDGs）の実施について〜』（http://www.mofa.go.jp/mofaj/gaiko/oda/files/000287386.pdf）（検索日 2017 年 10 月 7 日）。

日興リサーチセンター（2016）"「平成 27 年度資本市場における女性活躍状況の見える化と女性活躍情報を中心とした非財務情報の投資における活用状況に関する調査」報告書"2.3.3 ESG 情報提供機関（http://www.gender.go.jp/policy/mieruka/company/pdf/160331_07.pdf）（検索日 2017年 10 月 7 日）。

NPO 法人 社会的責任投資フォーラム（2015）『日本サステナブル投資白書 2015』（http://japansif.com/2015.pdf）（検索日 2017 年 10 月 7 日）。

NPO 法人 社会的責任投資フォーラム（2015）『日本サステナブル投資白書 2015』（http://japansif.com/2015.pdf）（検索日 2017 年 10 月 7 日）。

QUICK ESG 研究所　（2016）『【香港】香港証券取引所，上場企業の ESG 情報開示義務化を決定。Comply or Explain を適用』（https://www.esg.quick.co.jp/research/270）（検索日 2017 年 10 月 7 日）。

SASB（2017）"SASB CONCEPTUAL FRAMEWORK"（https://www.sasb.org/wp-content/uploads/2017/02/SASB-Conceptual-Framework.pdf）（検索日 2017 年 10 月 7 日）。

芝坂佳子（2016）『サステナビリティ会計基準審議会（SASB）の最近の動向と統合報告への展開を

考える』KPMG Insight. Vol.19. (https://assets.kpmg.com/content/dam/kpmg/pdf/2016/07/jp-integrated-reporting-20160715.pdf)（検索日 2017 年 10 月 7 日）。

鈴木 裕（2017）『米国紛争鉱物開示規則見直しへ〜SEC 委員長代行が紛争鉱物開示規則の緩和検討を指示』(http://www.dir.co.jp/research/report/capitalmkt/20170206_011673.html)（検索日 2017 年 10 月 7 日）。

PRI（2017a）ウェブサイト（https://www.unpri.org/about/what-is-responsible-investment）（検索日 2017 年 10 月 7 日）。

PRI（2017b）『21 世紀の受託者責任』(http://www.fiduciaryduty21.org/resources.html)（検索日 2017 年 10 月 7 日）。

U.S. Supreme Court（1976）"TSC Industries, Inc. v. Northway, Inc., 426 U.S. 438"（https://supreme.justia.com/cases/federal/us/426/438/case.html）（検索日 2017 年 10 月 7 日）。

第3章

統合報告書の実証分析：
統合報告から考察する統合思考と価値創造ストーリーの研究

第1節　統合思考経営の本質の研究

　統合報告書が世界で最初に制度化された，南アフリカにおける上場企業100社の統合報告書を毎年調査している EY's Excellence in Integrated Reporting Awards において，統合報告の課題（Negative Trend）として 2015 年，2016 年の調査で2年連続して，「統合思考」の証左が不十分であると指摘されている[1]。

　わが国においても同様の課題があることとともに，わが国においては，そもそも「統合思考」とはどのようなものなのかということが理解されていない現状がある。日本企業の統合報告書に関する調査 2016[2] においても，図表 3-1 の日本企業の戦略的焦点と結合性からの価値創造（資本・ビジネスモデル）の課題が明らかであると指摘されている。

図表 3-1　日本企業の統合報告書の課題

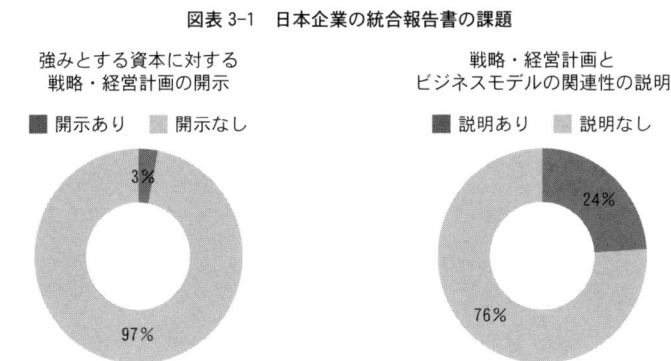

強みとする資本に対する
戦略・経営計画の開示

■ 開示あり　■ 開示なし

3%
97%

戦略・経営計画と
ビジネスモデルの関連性の説明

■ 説明あり　■ 説明なし

24%
76%

（出所）KPMG ジャパン（2017）日本企業の統合報告に関する調査 2016。

　本章においては，わが国の統合報告書の優秀事例として多くの表彰[3]を受けているオムロンにおいて，なぜオムロンがいち早く統合報告制度を採り入れて，優秀事例として表彰されることができたのかについて考察する。

　本章の狙いは，どうすれば優れた統合報告を作成できるのかというテクニカルな問題ではなく，優秀な統合報告を読み解くことで，統合報告の根底にある統合思考からの統合思考経営の本質を考察することにある。

第2節　オムロンの統合思考経営の3つの特徴

1. オムロンの長期ビジョン経営

⑴　長期ビジョン経営の概要

　オムロンの統合思考経営の根底にある3つの特徴のうち最初に挙げられるのは，オムロンの長期ビジョンからの経営である。オムロンは10年スパンでの長期経営ビジョン「Value Generation 2020（略称：VG2020）」を掲げ，その10年間の事業環境に応じた各ステージの経営方針を明確にしている。

　はじめの3年間のステージは，いかなる事業環境においても自らの力で成長できる「"自走的"な成長構造の確立」としており，まさに「事業環境の変化に適応した持続的な成長力」を重視し，これにより自律的で持続可能な経営を目指している。

　オムロンは，収益性指標としてROIC（Return On Investment Cost：投下資本収益率）経営を掲げている。このように長期ビジョンを掲げて中長期視点での収益性を重視した経営がなされ，ROIC指標は図表3-2のように長期トレンドで上昇している。

　事業環境，経営環境の変化が目まぐるしい現代において，多くの企業では，状況に応じた計画の策定や見直しを迅速に行うため，3年程度の中期計画に基づいた経営を行っている。その観点で考えると，オムロンのような10年スパンの経営では，事業環境や経営環境が当初の想定と様変わりしてしまい，実態

図表 3-2　オムロンの ROIC 推移

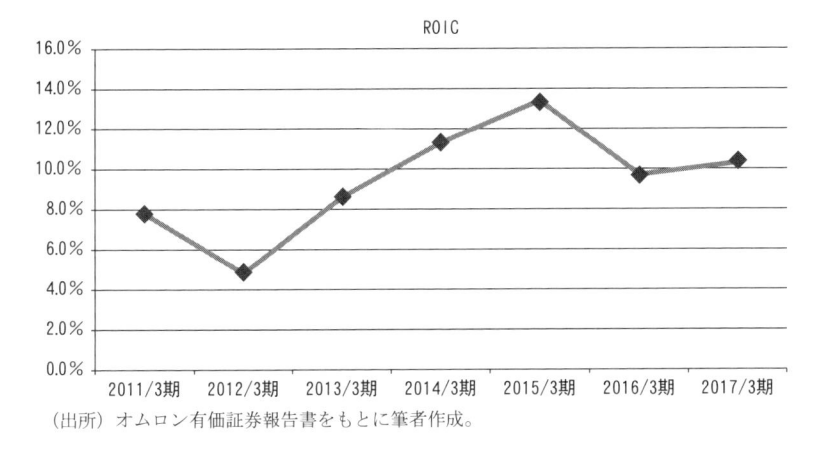

（出所）オムロン有価証券報告書をもとに筆者作成。

に適さない計画や経営になってしまうのではないか，という指摘がなされると
思われる。

⑵　SINIC 理論による未来予測

　それでは，オムロンは何故，このような 10 年スパンの長期視点で適確な経
営の実践が実現できているのか，この点が統合思考経営を考える上で最初のカ
ギとなる。オムロン統合報告 2015 によると，オムロンの長期的な視点での経
営は，創業者立石一真が考案し 1970 年国際未来学会で発表した未来予測理論
である SINIC（Seed：種　Innovation：革新　Need：必要性　Impetus：刺激
Cyclic Evolution：円環的発展）理論を活用した未来予測に基づいた経営をし
ていることが分かる。

　SINIC 理論による未来予測は，「技術を磨く創意工夫の力」と「先を見通す
力」の 2 つの力にて，新しい科学が新しい技術を生み，それが社会へのインパ
クトとなって変貌を促すという方向と，逆に社会のニーズが新しい技術の開発
を促し，それが新しい科学への期待となる方向との 2 つの方向が相互関係にな
り社会が発展していくという考え方に基づいた予測理論である。

　「新しい科学の流れ」を古代から遡り，そしてこれからの未来への流れとし
て，原始宗教→初生科学→古代科学→ルネサンス科学→近代科学→制御科学→

図表 3-3　オムロン SINIC 理論概念図

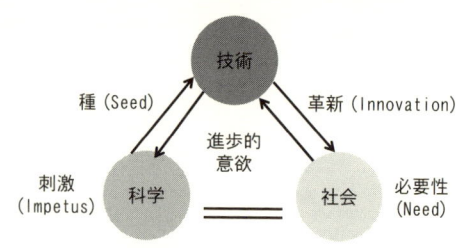

（出所）オムロン株式会社（2016）「統合レポート 2016」56 頁。

図表 3-4　オムロン SINIC 理論からの未来予測

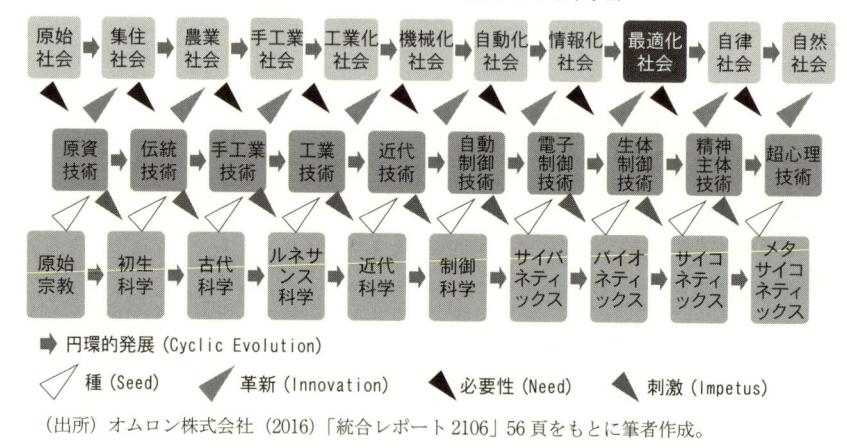

（出所）オムロン株式会社（2016）「統合レポート 2106」56 頁をもとに筆者作成。

サイバネティックス→バイオネティックス→サイコネティックス→メタサイコネティックスへ発展すると予測する。

　この「新しい科学の流れ」を捉えた上で，そこから生み出される「新しい技術の流れ」として，原始技術→伝統技術→手工業技術→工業技術→近代技術→自動制御技術→電子制御技術→生体制御技術→精神生体技術→超心理技術へと発展する。

　「新しい科学の流れ」と「新しい技術の流れ」がキーになり変貌していく「社会の流れ」として，原始社会→集住社会→農業社会→手工業社会→工業化社会→機械化社会→自動化社会→情報化社会→最適化社会→自律社会→自然社会へと発展するという予測理論を示している。

創業者立石一真が1970年に予測したこの理論は，自動化社会から情報化社会へという現代の流れを捉えているのみならず，昨今，持続可能な社会という今後の社会のあり方が問われている中で，自律社会やその後の自然社会という流れを見事に捉えている。

(3) 統合思考の社員への継承に関する考察

立石一真（1974）は，経営の法則は生物学でいう「適者生存の法則」であるとし，生物が地球環境の変化に適応できなければ生き延びられないように，企業も環境の変化，つまり政治，経済，技術のような諸々の変化に適応できなければ生き残れないとしている。

このようにオムロンは，「先を見通す力」を武器にして，社会のニーズ，変化を先取りすることで事業環境，経営環境の変化に対応した適応を図る。これにより10年スパンの長期ビジョンに基づいた経営により，高収益を確保しているのである。

そして創業者の考案したこのSINIC理論という未来予測をもとにした環境変化適応力を武器に，社員に継承させて持続的な発展に繋げている。

今後さらにオムロンは，創業者の考案した理論を次世代の社員に継承させていくことができるのかという点が課題になると思われる。

この課題に対しても，オムロンの特筆すべき工夫が既に仕組みとして構築されている。

オムロンは，長期ビジョン「Value Generation 2020（略称：VG2020）」の策定にあたり，社内の各部門から次世代の経営を期待されるエース級の人材を人事異動させて長期ビジョンの策定にコミットさせている。

他社で見られるような現業を持ったままでの兼務でのタスクフォースという形態でではなく，フルタイムで1年間議論させて長期ビジョンを策定している[4]。これにより長期ビジョン経営を次世代に継承しており，統合思考経営の継続性が仕組みとして構築されている。

2. オムロンの統合思考と経営理念

(1) オムロンの経営理念

　オムロンの統合思考経営の根底になる特徴は，オムロンの理念経営である。オムロンでは，創業者立石一真が社憲を 1959 年に制定して以来，この精神を拠りどころとしながら，数々の世界的なイノベーションを創出し，よりよい社会，人が輝く豊かな社会に貢献し続けるという，経営理念を掲げている。

　創業者立石一真は，1974 年に記した書籍である立石一真（1974）において，40 年間の企業経営をとおして，企業をいかに成長路線に乗せるかということ対して，条件整備が重要であり，条件整備が整えば企業は自ら成長するという「条件整備論」を唱えた。

　その条件整備に 8 つの条件を挙げているが，経営理念を第一に示している。

図表 3-5　オムロン企業理念

Our Mission
（社憲）

われわれの働きで われわれの生活を向上し よりよい社会をつくりましょう

Our Values
私たちが大切にする価値観

・**ソーシャルニーズの創造**
　私たちは、世に先駆けて新たな価値を創造し続けます。

・**絶えざるチャレンジ**
　私たちは、失敗を恐れず情熱をもって挑戦し続けます。

・**人間性の尊重**
　私たちは、誠実であることを誇りとし、人間の可能性を信じ続けます。

オムロン企業理念　　　　　　　　　　　　　　　　　　　　2015年5月改定

　（出所）オムロン株式会社ホームページ（http://www.omron.co.jp/about/corporate/vision/philosophy/）。

⑵　オムロンの経営理念の社員への伝承に関する考察

　オムロンでは，事業を通じて社会的課題を解決し，よりよい社会をつくるという企業理念の実践を通じて社会への貢献を推し進めるため，「TOGA（The Omron Global Awards）」を2012年度からスタートしている。

　企業理念に基づくテーマを宣言し，チームで協力しながら取り組む活動であり，TOGA を通じて，組織内はもとより，地域・職種を超えて社会的課題の解決，お客様・社会への価値創造について話し合う機会となっている。図表3-6は，オムロンの TOGA の参加者数及びテーマのエントリー数の推移である。

　髙（2010）は，「経営理念はパフォーマンスに影響を及ぼすか」という研究の中で，組織に対する情緒的なコミットメント（組織としての一体感）が，経営理念への浸透において重要な役割を果たしているのみならず，組織成員のパ

図表 3-6　TOGA 参加人数及びエントリー数推移

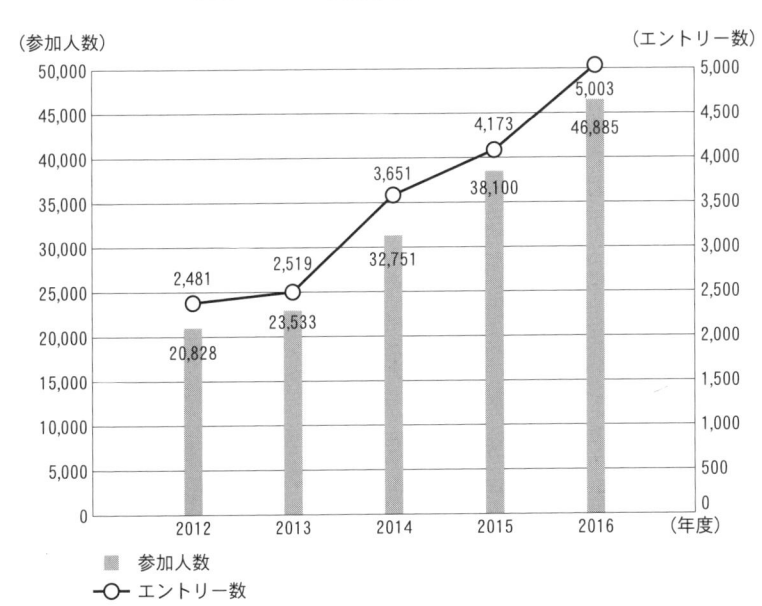

（出所）オムロン株式会社ホームページ（http://www.omron.co.jp/about/corporate/vision/initiative/）。

フォーマンスにも影響を及ぼすという研究報告をしている。経営理念の浸透が，職務関与や革新指向性への働きかけを通じて，組織成員個々のパフォーマンスを高めていき，上司の言動などは，浸透施策（教育訓練）によって大きな影響を受ける。特に，幹部向けの研修が重要な意味を持ち，またその実施には経営トップの理念浸透への強いコミットメントが前提となるとしている。

　オムロンは経営理念を伝承させていくためにトップが強いメッセージを掲げ，またその実践の場として TOGA という仕組みを構築し，拡大している。なお，TOGA の詳細なデータはオムロン統合レポート 2016 よりホームページでの開示に移行されているようであるが，オムロンの統合思考の実践を図る重要な指標であり，統合報告書での詳細開示が望まれる。

3.　オムロンの環境ビジョン経営

(1)　オムロンの環境ビジョン経営

　3つ目に，オムロンの統合思考経営の根底になる特徴は環境ビジョン経営である。オムロンは 2002 年に環境経営ビジョンを制定し，CO_2 総排出量及び廃棄物の削減を中心にして事業活動に伴う環境負荷の低減に取り組んでいる。

　さらに 2011 年には「グリーンオムロン 2020」を定め，これまで自社内の事業活動での環境負荷の低減に加えて，社会での環境負荷を低減するために有用な商品・サービスを創造・提供することにより環境貢献を拡大し，グローバルで環境課題を解決していく姿勢を示している。

　WBCSD（World Business Council for Sustainable Development）とその前身である持続可能な発展に関する経済人会議（Business Council for Sustainable Development：BSCD），環境問題に関する世界産業協議会（World Industry Council for the Environment：WICE）は，環境効率の理念を「人間のニーズを満たすとともに生活の質を高めるモノとサービスを，そのライフサイクル全体にわたる環境への影響と資源の利用量を地球が耐え得る限度以下に徐々に引き下げながら，競争力ある価格で提供することにより環境効率は達成される」と定義し，次の5つのテーマを柱としている。

図表 3-7　オムロンの事業と環境の両立

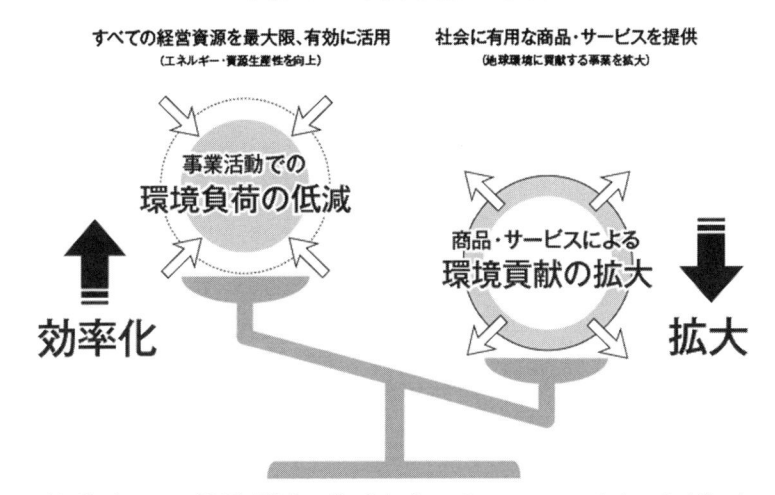

(出所) オムロン (2015)「統合レポート」(http://www.omron.co.jp/sustainability/
environ/vision/green_omron2020/)。

　① 利用価値 (サービス) の重視, ② ニーズと生活の質の重視, ③ 製品の全
ライフサイクルにわたる取り組み, ④ 地球の限界に対する認識, ⑤ プロセス
的発想である。さらに, ① の利用価値向上の鍵は, 顧客の「真のニーズ」を
把握することであるとする。オムロンの環境ビジョンは, 社会に有用な商品・
サービスの提供を掲げ,「真のニーズ」が企業価値に結びつく環境効率経営を
目指している。

　この「真のニーズ」重視もオムロンの SINIC 理論からの長期予測により環
境変化の流れから変化に適応するニーズと, ニーズに求められる新たな技術の
融合であり, この点からも統合思考経営が読み取れる。

⑵　環境ビジョンの社員への浸透に関する考察

　経済産業省が運営していた環境報告プラザ[5]において, 各企業の報告書作成
担当者のコメントが記載され, 企業の理念や組織内での浸透度が読み取れる。
　統合報告書作成にあたって重視していることについて, オムロンの担当者で

ある経営IR部経営基幹職及びCSR部主事は，「統合レポートに掲載するもの
は，非財務情報と財務情報とが必ずリンクするものを選ぶことを重視していま
す」[6]としている。

　さらに，「統合レポートは中長期の投資を呼び込むものとの目的を明確にし，
ストーリーをもって語ることにフォーカスしています。当社では，企業の価値
創造や創業の理念を財務・非財務情報の両面から融合させ，ストーリー化させ
ることが非常に重要なポイントであると考えております」[7]と回答している。
オムロンの経営理念の浸透度からの統合思考経営が読み取れるのではないであ
ろうか。

第3節　統合思考を表す統合報告書に求められる要素

1. IIRCが求める統合報告

　オムロンの統合報告書の根底にある統合思考を見てきたが，これを踏まえて
改めて統合報告に求められるものは何か，という点で考察する。「統合報告」
が必要になった要因として，IIRC（2011）では，以下の説明がなされている。
　　① 経営環境の変化（グローバル化，金融危機，経営透明性の要請，人口問
　　　題，資源・環境問題）に対応できる，中長期視点での企業報告が必要に
　　　なった。
　　② 投資家の短期主義が，企業にも短期志向をもたらせている。
　　③ 企業価値の源泉が，有形から無形へと変化している。
　　④ 企業の報告負担が増す一方で，情報利用者に経営の全体像を提供できて
　　　いない。
　　⑤ 企業情報が乱立し，財務，統治，戦略，知財，CSRなど各報告において
　　　重複し，不整合である。

　2013年12月IIRCが，財務情報と非財務情報を経営レベルで関連づけて開
示する「国際統合報告フレームワーク」を公表した。IIRCの「統合報告」の

7つの基本原則が示され，その中で以下にその特徴が表れている。
　①戦略的焦点と将来志向として，長期的な価値創造に向けた経営戦略の明確
　　化
　②情報の結合性として，財務情報と非財務情報の関連づけ等

　オムロンの未来予測理論に基づいた長期経営，環境変化を先取りする持続可能な経営は，統合報告の狙いや解決しようとしている課題と合致するのである。

2. 統合報告が目指す価値創造ストーリーと投資家の期待

　IIRC（2013）は「統合報告書の主たる目的は，財務資本の提供者に対し，組織がどのように長期にわたり価値を創造するかを説明することである」としている。投資家は企業のESG情報に対して何を求めるのかについて確認すると，価値創造に関する「ストーリー性」を重視するニーズが高いことが明らかである。

　投資家側が統合報告に対する期待する内容として井口（2014a）は，「投資家は企業との対話を通じて獲得した非財務情報をモザイクのようにストーリーとして組み立てて投資判断につなげている」[8] と説明している。このように投資家の求めるものは価値創造に繋がる「ストーリー」であり，企業家側にもその視点を踏まえた対応が求められる。

図表 3-8　投資家を対象にした ESG 情報の活用状況に関するアンケート調査 2014

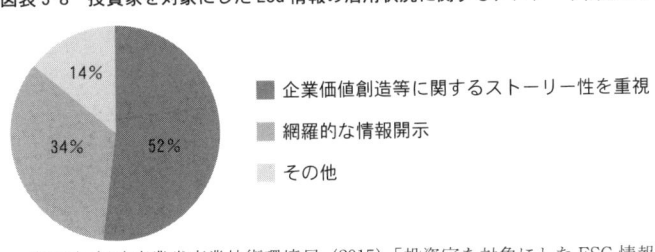

（出所）経済産業省産業技術環境局（2015）「投資家を対象にした ESG 情報の活用状況に関するアンケート調査 2014」15 頁。

3.「ストーリー」の概念

　実は，国際統合報告〈IR〉フレームワークのコンサルテーションドラフトの段階では，「ストーリー」という言葉で説明されていたが，最終的には「ストーリー」という用語が削除されてしまったという経緯がある。

　投資家が求めるものは，価値創造に繋がる「ストーリー」であり，これを企業家側に示すことは極めて重要なポイントであった。「ストーリー」という用語が削除されたために，企業に求められる本質の理解が進まずに混乱を招いている一因であると考えられる。

　この理由として，2013年12月にIIRCから公表された国際統合報告＜IR＞フレームワーク Summary of Significant Issue によれば，「ストーリーという言葉は，統合報告書における情報のダイナミズムや統合性を捉えることを意図しているものである」とするが，「一方で，寄せられたコメントの中には，ストーリーという言葉から連想されるフィクション又は寓話と同一視される場合があることから，ストーリーという用語をフレームワークの中で使用することの適切性について懸念が示された」という説明がなされている[9]。

　勿論，統合報告は株主等ステークホルダーに対する財務情報及び非財務情報の開示であり，「フィクション」や「寓話」という誤解の懸念が示されること自体が疑問であるが，それでは，財務情報及び非財務情報の開示目的からの価値創造ストーリーのあり方を次に検討してみることとする。

第4節　意思決定に有用な情報と価値創造ストーリー

1. 財務報告の課題

　財務情報及び非財務情報の開示目的からの価値創造ストーリーのあり方を検討する。これまで財務報告のあり方に対して Eccles & Krzus (2010) は，「今日の財務報告の抱える本当の問題は量ではなく，その複雑さにある。財務報告

における複雑さとは投資家が事業活動の取引実態や企業の業務活動や財務活動を理解することの難しさである」とし，「不必要なまでの複雑さが会計基準と開示要件の両方に存在する。その結果，皮肉にも企業が重い負担で財務報告を作成しているにもかかわらずアナリストや投資家にとっては目的適合性及び有用性が乏しい情報となっている」と述べている[10]。

また英国における Kay Report においても，「情報の洪水が生じており，企業の負担が増大し，有用な情報が膨大なデータの中で埋没し必要な情報が投資運用業務に活かされていない」[11] と指摘している。

2.　意思決定有用性から求められる企業価値創造レポート

財務会計の基本概念として「意思決定に有用な情報」という命題があり，意思決定有用性は「目的適合性」と「信頼性」の 2 つの要素から構成される。

ASOBAT（1966）にて，ステークホルダーが意思決定する場合に重要な情報を提供するものでなければならないということとなったが，勝山進（2015）は，企業報告として有用な情報は「企業価値」及び「企業価値創造」を開示する会計に変化してきており，このことは財務会計概念のパラダイムの大転換を意味し，要するに「統合報告は企業価値レポート」であり「企業価値創造レポートなのである」とする。

情報の非対称性に対して会計情報等を開示させることで，資本市場の情報格差が縮小し円滑な証券取引を促進するが，北川哲雄（2015）は「記述内容が多いからといってそこに必要十分な情報が含まれているとは限らず，むしろ読み

図表 3-9　意思決定有用性概念図

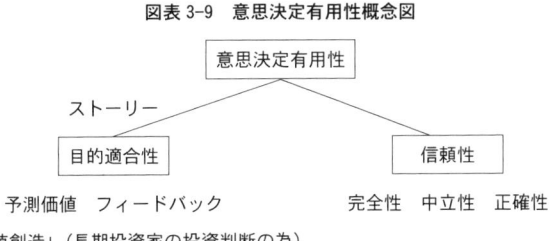

（出所）筆者作成。

手の理解を妨げることにもなりかねないことから，重要な事項だけが含まれる簡潔な報告が重要であるとし，投資家と企業の対話が報告の質の向上に有効である」[12] との英国政府の見解を紹介している。

3.　企業価値創造ストーリーのポジショニング

IIRC の CEO で会計士でもあるポール・ドラッグマンは，統合報告に何を折り込まなくてはならないのかが課題となるのではなく，企業の価値創造能力に関するどのようなストーリーを伝えたいのかを簡潔に示すことが重要となるとし，「会計士の帽子」ではなくビジネス全体を考える「システム思考の帽子」としている[13]。

IIRC の多くの説明では，ストーリーという用語が削除されたという経緯を含め，その根底にある概念の説明が不十分な為に混乱を招いている部分がある。

「ストーリー」という概念の背景にある，統合思考が求める本質のカギは，ポール・ドラッドマンの示した「システム思考」という考え方が実は非常に重

図表 3-10　価値創造ストーリーのポジショニング

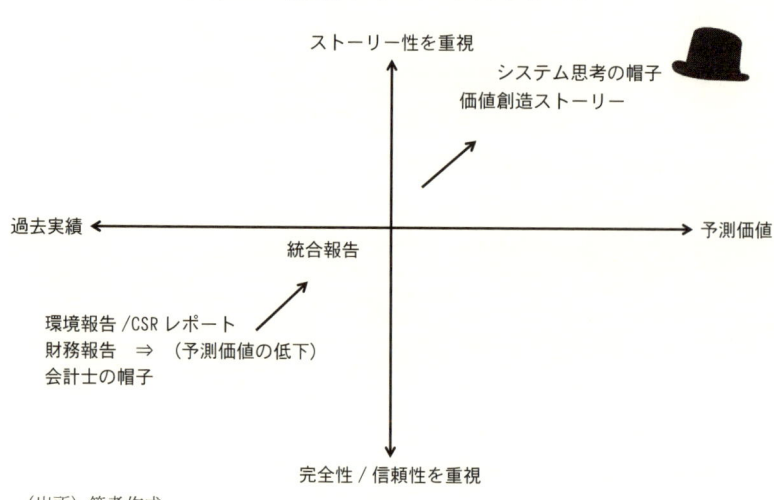

（出所）筆者作成。

要なポイントであり，根本概念なのではと考えられる。

　それでは，「システム思考」とはどのような概念か，システム思考（シンキング）からの価値創造ストーリーの考え方について次に考察することとする。

第5節　統合思考とシステムシンキング

1.　システムシンキングとは

　持続可能な社会ということを考える大きな契機となった，1972年の「成長の限界」というセンセーショナルなレポートは，マサチューセッツ工科大学（MIT）にて開発されたシステム・ダイナミックス理論による。

　線形ではない幾何級数的な成長を捉えて分析し，幾何級数的に成長している量はすべて何らかの形で正のフィードバック・ループと関わりがあるとし，システムシンキングの概念から D. H. メドウズ他（1972）は，ローマクラブによる成長の限界として人類の危機をレポートした。

　その後，現代のシステムシンキングの第一人者のSenge（2006）は，「現実は環状になっているのに，私たちが目にするのは直線である。ここに，システム思考家としての私たちの限界の始まりがある」として，システムシンキングの概念を端的に説明する（訳書，130-131頁）。

　なお，欧米において，Senge（2006）は経営書としてベストセラーになったが，わが国においても，統合思考経営を考える上で参考になるのではと考えられる。

2.　価値創造ストーリーをチェーンモデル（良循環）で表す

　システムシンキングの概念から価値創造ストーリーのあり方を考察するにあたり，チェーンモデル（良循環）が参考になる。

　Rucci & Kirn（1998）は，シアーズが大幅な赤字から5年間で奇跡的な復活を遂げた原動力は，顧客を中心としたビジネスモデル「エンプロイー（従業

図表 3-11　シアーズの「エンプロイー・カスタマー・プロフィットチェーンモデル」

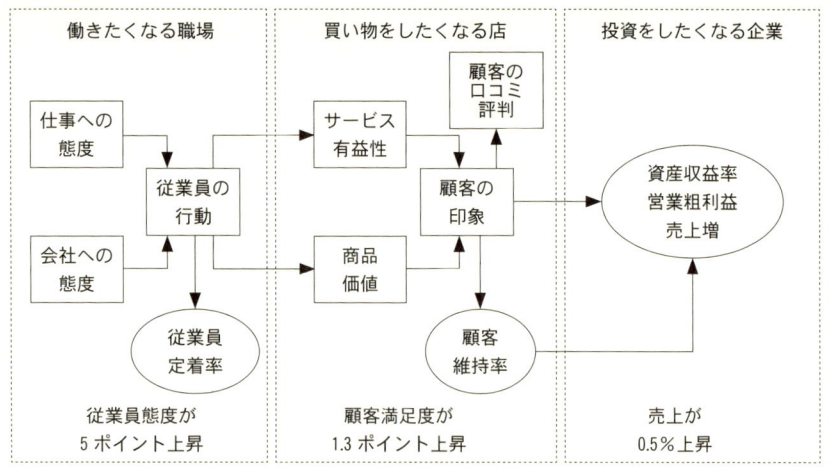

（出所）Rucci & Kirn（1998）pp.42-43.

員）・カスタマー（顧客）・プロフィット（利益）チェーンモデル（良循環）」を構築しこれを浸透させる主観的なデータの指標化を徹底したからであると分析している。

　シアーズは，因果経路モデリングという手法で分析を用いて，「エンプロイー（従業員）・カスタマー（顧客）・プロフィット（利益）チェーンモデル（良循環）」の実用化モデルを確立していき，その中で，従業員態度は，顧客サービスばかりか従業員回転率や従業員がシアーズの店舗や商品を友人，家族，顧客に勧める可能性さえ高めることを発見している。

　Rucci & Kirn（1998）で示されている「エンプロイー・カスタマー・プロフィットチェーンモデル」について，「学習する組織」の考え方を参考にすると，IIRC の CEO ポール・ドラッグマン氏の提唱するシステムシンキング（思考）は，図表 3-12 のよう組み替えて表示できるのではないかと考える。

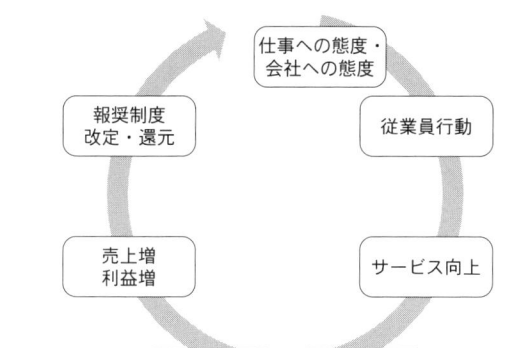

図表 3-12　シアーズの「エンプロイー・カスタマー・プロフィットチェーンモデル」改変

（出所）Rucci & Kirn（1998）をもとに筆者作成。

第6節　グローバル先進企業の価値創造ストーリーの事例

1. The top10 companies の評価

　統合報告書が世界で最初に制度化された，南アフリカにおける上場企業 100
社の統合報告書を毎年調査している EY's Excellence in Integrated Reporting
Awards において，統合報告書の先進事例として The top10 companies [14] が評
価されている。

　第1位には Liberty Holdings Ltd. が「戦略と持続可能な価値創造にフォー
カスされた説明」と評価され，第4位の Sasol Ltd. や第5位の MTN Group
Ltd. は，「価値創造の構造」及び「どのように価値創造するかの説明」，また
第6位の Redefine Properties Ltd. は「不動産業の企業が価値創造ストーリー
をどのように伝えるかの見事な事例」として評価されている。評価の視点とし
て，「価値創造」という企業の価値創造活動や，企業の価値創造がどのように
なされているのか，というストーリーが重視されていることが分かる。

　また，第2位の Anglo American Plc. や第7位の Standard Bank Group Ltd.

図表 3-13　The top10 companies の評価

	企業名	評価
1位	Liberty Holdings Ltd.	戦略と持続可能な価値創造にフォーカスされた説明
2位	Anglo American Plc.	ハイレベルの統合思考により，インプット，バリューチェーン，事業モデル，資本配分，アウトカムが明瞭
3位	Barclays Africa Group Ltd.	顧客のニーズを捉えた製品サービスを生み出す事業活動とマテリアリティを明瞭に提示
4位	Sasol Ltd.	6つの資本による価値創造の構造
5位	MTN Group Ltd.	どのように価値を創造するかの説明が素晴らしい
6位	Redefine Properties Ltd.	不動産業の企業が価値創造ストーリーをどのように伝えるかの見事な事例
7位	Standard Bank Group Ltd.	素晴らしい統合思考により，価値創造と主要なリスクの中での事業活動の明瞭な説明
8位	Truworths Inter-national Ltd.	短，中，長期の持続可能な価値創造の方向性を示すベストな説明の方法
9位	Gold Fields Ltd.	ダッシュボードを用いた財務・非財務パフォーマンス
10位	Kumba Iron Ore Ltd.	他の報告書との連動性とビジネスモデルの説明が見事

（出所）EY's Excellence in Integrated Reporting Awards 2015, pp.9-14.

においては，「統合思考」という視点で評価されている。

　以上，The top10 companies の各評価からも価値創造と統合思考の重要性が確認される。

2.　価値創造ストーリーと価値創造の場

　価値創造ストーリーとして好循環を生み出すカギという観点で，武井淳（2010）はビジネス構造を「顧客」の視点と「株主」の視点の2軸を中心として捉えたビジネス構造化経営理論を説き，「その最大の効果は自社を活かす価値創出の場を発見し，事業の選択を最適化できることである」[15] とする。

　第1位 Liberty Holdings Ltd 社の Integrated report に記載された「Liberty Our business model」を基にして、Liberty 社の「価値創出の場」はどこにあるのかを考察すると，「顧客」の視点からの「顧客の金融ニーズの理解」であると推察される。

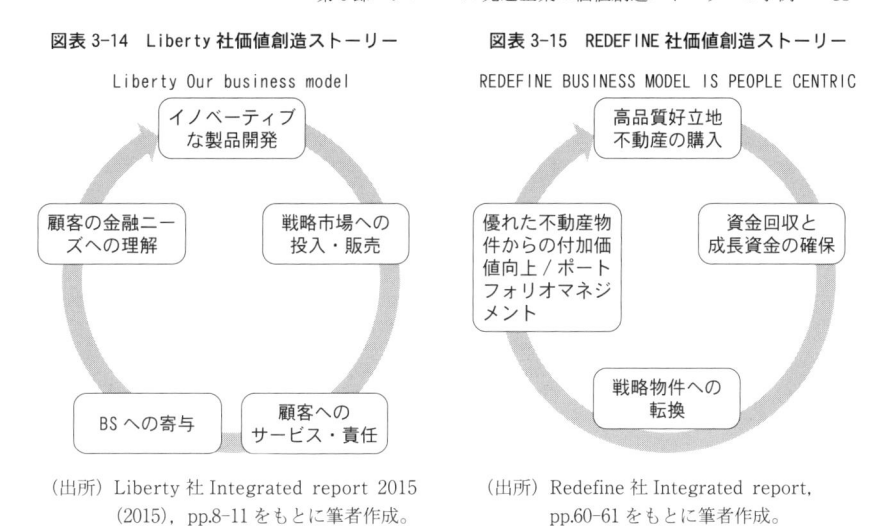

図表 3-14　Liberty 社価値創造ストーリー

Liberty Our business model

- イノベーティブな製品開発
- 顧客の金融ニーズへの理解
- 戦略市場への投入・販売
- BS への寄与
- 顧客へのサービス・責任

（出所）Liberty 社 Integrated report 2015 (2015), pp.8-11 をもとに筆者作成。

図表 3-15　REDEFINE 社価値創造ストーリー

REDEFINE BUSINESS MODEL IS PEOPLE CENTRIC

- 高品質好立地不動産の購入
- 優れた不動産物件からの付加価値向上／ポートフォリオマネジメント
- 資金回収と成長資金の確保
- 戦略物件への転換

（出所）Redefine 社 Integrated report, pp.60-61 をもとに筆者作成。

　第 6 位 Redefine Properties Ltd 社の価値創出の場を考察すると，不動産事業の社員の目利き力による「優れた不動産物件から付加価値向上／ポートフォリオマネジメント」であると推察される。

3．SAP 社の経済・環境・社会の価値創造フレームワーク

　SAP 社財務パフォーマンスと非財務パフォーマンス相互作用は財務情報と非財務情報の相互依存性を表す好事例とされる。

　Eccles & Krzus（2010）によれば，「SAP 社の特筆すべき特徴の一つは，財務パフォーマンスと非財務パフォーマンスを結びつけた相互作用的な図表であり，相互依存性をここまで詳細に説明しているものは他になかった」[16] としており，環境指標と社会的指標が最終的に経済指標としての収益に繋がるというシステムシンキングからの相互作用の重要性が明らかになり，SAP 社は統合思考から見事に表現している。

図表 3-16　SAP 社財務パフォーマンスと非財務パフォーマンス相互作用

経済指標	環境指標	社会的指標
収益	温室効果ガス排出量	従業員の関与
	総エネルギー消費量	ビジネス・ヘルス・カルチャー・インデックス
	データセンターのエネルギー量	従業員の定着
	再生可能資源	女性管理職
		雇用者ランキング

（出所）SAP 社ホームページ（https://www.sap.com/integrated-reports/2016/en/strategy/connectivity.html）をもとに筆者作成。

第7節　オムロンの価値創造ストーリーの例示

1.　オムロンの価値創造ストーリーの創出

　オムロン統合レポート 2015 は，企業理念のトップメッセージとして冒頭に記載している。

　「企業は社会の公器である」「企業理念の実践はオムロンの価値創造の原動力」とし，これに続いてオムロンの価値創造ストーリーの説明を以下のように表現している。

　　・「社会の潜在ニーズをいち早く察知し，産業・社会・生活に役立つ数々の製品とサービスを世に先駆けて生み出し事業を通じて社会的課題を解決する

　　・企業理念に込められた「よりよい社会をつくる」想いがグローバルに受け継がれ，これからも社会と共に持続可能な成長を続けていきます」

　オムロン経営者が投資家に対して価値創造ストーリーをどのように語るか安藤聡（2014）の説明も考慮して下記のようにシステム思考の好循環モデルで如何に表すかについて図表 3-17 のように例示した。

　図表 3-17 で示したオムロンの価値創造ストーリーの例示について，オムロ

図表 3-17　オムロンの価値創造ストーリー

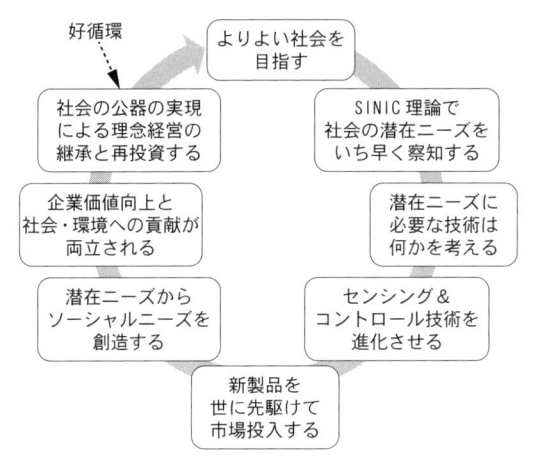

(出所) 筆者作成。

ンの統合報告作成の責任者であった安藤氏[17]にインタビューを実施して，オムロンの価値創造の考え方がストーリーとして適確に表現されているか意見を求めた。

　提示した原案では「健康」や「環境」面での新製品の開発力という面を強調していたが，そもそもオムロンのセンシング技術は，働く人々を単純労働から解放するという社会的意義の高い製品であるという考え方が根底にあるという重要な示唆があった。

2.　立石一真の条件整備論からの考察

　立石（1974）の条件整備論において，8つの条件は，① 経営理念に続き，② 本能的行動③ 利潤分配④ 働きがい⑤ 参画（自己包含の原則）⑥ 企業を成長市場に乗せる（新市場の開発）⑦ 自主技術⑧ リーダーシップであるとする。

　この8つの条件に基づいて，図表 3-17 で示したオムロンの価値創造ストーリーと対比させて考察すると，オムロンの価値創造ストーリーは立石一真の条件整備論の要素と適応していることが分かる。

図表 3-18　8 つの条件と価値創造ストーリーの関係

8 つの条件	価値創造ストーリー
① 経営理念	より良い社会を目指す
② 本能的行動	SINIC 理論で潜在ニーズを捉える
③ 利潤分配	企業価値向上と社会の公器の実現
④ 働きがい	潜在ニーズに必要な技術は何か
⑤ 参画（自己包含の原則）	TOGA 理念共有による絶えざるチャレンジ
⑥ 新市場の開発	潜在ニーズから新製品を世に先駆けて市場投入
⑦ 自主技術	センシング＆コントロール技術の進化
⑧ リーダーシップ	TOGA による主体的な活動

（出所）立石（1974）224 頁をもとに筆者作成。

3. オムロンの持続的企業価値創造ストーリーを支えるガバナンス機能の考察

　入山（2012）は，ロバート・ウィギンズとティモシー・ルエフリによる「持続可能な競争優位なるものが本当に存在するのか」という統計分析で，「現在の優れた企業とは，長いあいだ安定して競争優位を保っているのではなく，一時的な優位をくさりのようにつないで，結果として長期的に高い業績を得ているように見えている」[18] 結果を紹介している。

　また，高（2010）は，「経営理念はあくまでも組織の独善を排し，新たな可能性を拓くものとして位置づけなければならない。ある理念を達成するために構築された体制は，環境が変化しても理念と結びつくことで絶対化されがちである。これは本末転倒となりある段階で役割を終えれば，その体制は次の時代のために作り変えられなければならない。この変革を可能とするものが経営理念であることを再認識すべき」[19] であるとする。

　オムロンは 2015 年 5 月に企業理念を改訂した。統合レポート 2015 の中で企業理念を改定した経緯を明らかにしている。立石会長は，「今後，企業価値を高めていくには，今までの企業理念では『正しくあれ』というニュアンスが強く，元来オムロンの発展の原動力となっていたソーシャルニーズの創造やチャレンジ精神を社員がもっと強く意識していく必要がある」と感じ，取締役会メ

ンバーで「わが社の持続的な企業価値向上」というテーマで議論し、「守りの
ガバナンスだけでは不十分で、もっと攻めのガバナンスを強化して長期経営ビ
ジョン、さらにはそれ以降の企業価値向上を実現する必要がある」[20] という結
論に達して企業理念改定に至った経緯を説明している。

　井口 (2014b) は、「ストーリーとは」について、「コーポレートガバナンス
の企業価値への貢献を論理的に説明する、あるいは説明できることを意味す
る」[21] とし、今後のガバナンスのポイントは、ガバナンスが企業価値にどのよ
うな経路で貢献しているかが示されるようになることとし、また、「よいガバ
ナンス」とは、持続的な企業価値向上への貢献に対し、論理的な説明ができる
ガバナンスであり、また、そのようなガバナンスは、運用の投資判断に大きな
影響を与えるとしている。

第8節　まとめ

　本章において、わが国の統合報告書の優秀事例として多くの表彰を受けてい
るオムロンにおいて、なぜオムロンが優秀事例として表彰されることができた
のか、優秀な統合報告書を読み解くことで、統合報告の根底にある統合思考か
らの統合思考経営の本質を考察してきた。

　オムロンの統合思考には、「1.長期ビジョン経営」、「2.経営理念」、「3.環境ビ
ジョン」があり、経営理念からの統合思考は組織全体に浸透し、次世代に承継
していく経営であることを明らかにした。

　さらに、投資家が求める価値創造ストーリーとはどのようなものかという考
察から、統合思考はシステムシンキングという考え方が重要であり、このよう
なシステムシンキングの視点から価値創造ストーリーの描き方を考察した。

　政府は一連のガバナンス改革に対して、「攻めのガバナンス」と称する。そ
れでは攻めのガバナンスとは何かについて、金融庁は攻めを「Growth
oriented」と英訳している。武井一浩は、中長期的企業価値向上への持続的成
長を果たす「自律」と「意思」、「自律」による企業価値向上の「好循環」を生
み出す仕組みであるとする[22]。

　このような成長戦略に結びつくガバナンス，立石一真が条件整備論とした企業価値向上の好循環の仕組みを表す価値創造ストーリーを構築していくことが重要であると考える。

（長谷川浩司）

注

1　EY's Excellence in Integrated Reporting Awards 2015, 2016。
2　KPMG ジャパン（2017）「日本企業の統合報告書に関する調査 2016」。
3　東京証券取引所「統合レポート表彰」2013 年，2014 年連続で優秀企業賞を受賞している。
4　環境経営学会第 15 回定期総会基調講演における，オムロン執行役員（当時）安藤聡氏講演（2015年 5 月 23 日）による。
5　残念ながら 2017 年 3 月にサイトが閉鎖された。
6　統合報告書の優秀事例の紹介オムロン株式会社 / 環境報告書プラザ（METI/ 経済産業省)2014年 11 月 28 日公開 Q & A による。
7　統合報告書の優秀事例の紹介オムロン株式会社 / 環境報告書プラザ（METI/ 経済産業省)2014年 11 月 28 日公開 Q & A による。
8　井口（2014a）46 頁。
9　IIRC（2013）SUMMARY OF SIGNIFICANT ISSUES INTERNATIONAL Integrated Reporting FRAMEWORK, 46 頁。
10　Eccles & Krzus（2010）58-59 頁。
11　THE KAY REVIEW OF UK EQUITY MARKETS AND LONG-TERM DECISION MAKING FINAL REPORT JULY 2012, 71 頁。
12　北川（2015）65 頁。
13　KPMG（2013）「未来を拓くコーポレートコミニュケーション第 5 回 IIRC CEO ポール・ドラックマン氏に聞く」『Insight Vol/Jul.2013』。
14　EY's Excellence in Integrated Reporting Awards 2015 A survey of Integrated reports of South Africa's top 100 JSE-listed companies, 9-14 頁。
15　武井（2010）126-127 頁。
16　Eccles & Krzus（2010）193-194 頁。
17　執行役員 IR 室長（当時・現取締役）2015 年 11 月 18 日インタビュー。
18　入山（2012）68 頁。
19　高（2010）9 頁。
20　オムロン株式会社「統合レポート 2015」37 頁。
21　井口（2014b）5 頁。
22　日経ビジネスイノベーションフォーラム「企業統治改革の新展望～攻めのコーポレートガバナンスの実現に向けて～」における講演（2015 年 11 月 17 日）。

参考文献

American Accounting Association (1966) "A STATEMENT OF Basic ACCOUNTING THEORY"
安藤聡（2014）「オムロンの企業理念経営と統合報告」『企業会計』2014 Vol.66 No.5, 中央経済社。
Eccles, R. G., & Krzus, M, P., (2010) *ONE REPORT: Integrated Reporting for Sustainable Strategy.*

John Wiley & Sons, Inc.

Eccles, R. G., & Krzus, M. P., (2015) *The Integrated Reporting Movement: Meaning, Momentum, Motives and Materiality.* John Wiley & Sons, Inc.

飯野利夫訳（1969）『基礎的会計理論』国元書房。

井口譲二（2014a）「非財務情報が将来業績予想・投資判断に与える影響」『企業会計』2014, Vol.66 No.5, 中央経済社。

井口譲二（2014b）「ストーリーのあるコーポレートガバナンス　株主価値向上のために企業に期待すること」『商事法務』No.2030 商事法務。

International Integrated Reporting Committee (2011) Discussion Paper Towards Integrated Reporting –Communicating Value in the 21st Century.

入江章栄（2012）『世界の経営学者はいま何を考えているのか』栄治出版。

勝山進（2015）「統合報告の現状と課題」『商学集志』第 84 巻第 3・4 号, 日本大学商学研究会。

北川哲雄編著（2015）『スチュワードシップとコーポレートガバナンス』東洋経済新報社。

メドウズ, L., ラーンダズ, J., ベアランズ三世, W. W., (1972)（大来左武郎監訳）『人類の危機レポート 成長の限界』ダイヤモンド社。

Peter M. Senge (2006) The Fifth Discipline The Art & Practice of the Learning Organization. (枝廣淳子, 小田理一郎, 中小路佳代子訳（2011）『学習する組織　システム思考で未来を創造する』英治出版)。

Rucci, A. J., & Steven Kirn, P., (1998) "THE EMPLOYEE CUSTOMER PROFIT CHAIN AT SEARS" Harvard *Business Review, Aug.–Sep.*

高巌（2010）「経営理念はパフォーマンスに影響を及ぼすか」『麗澤経済研究』第 18 巻第 1 号, 麗澤経済学会。

武井淳（2010）『ビジネス構造化経営理論』ダイヤモンド社。

立石一真（1974）『わがベンチャー経営』ダイヤモンド・タイムズ社。

WBCSD（1998）（山本良一監訳）『エコ・エフィシエンシーへの挑戦』日科技連出版社。

第4章

国内外における「統合思考」の動きと課題

第1節　「統合思考」時代の投資家と企業の関係（全体像）

1.　2015年は「サステナビリティ元年」

　2010年代に入って，長期視点から気候変動を含む地球的規模の社会的課題を解決するために，グローバル・ローカルレベルで社会経済の枠組が大きく変わり始めた。これを「サステナビリティのメガトレンド」と呼ぶことができる（図表4-1）。そして，人類文明は2015年を境に「分水嶺」を越えた。つまり，2015年は「サステナビリティ元年」となったのである。このように未来の歴史学者は語るだろう。

　2015年に多くの事象が集中していることから分かるように，2015年は文明史的なパラダイムの方向転換を意味するピボッタル・イヤーとも称される。18世紀後半の産業革命以降の化石燃料に依存するパラダイムは，"地球は無限"という錯覚に基づく「限りない成長」であった。しかし，分水嶺を越えた現在，それは"地球は有限"という現実に基づく「持続可能な発展」に変わったのである。

　2015年のパラダイム大転換を象徴する世界的な動きを3つあげることができる。まず1つめは2030年の地球社会のめざすべき姿を示す「SDGs（持続可能な開発目標）」の採択である。2つめは，COP21（第21回国連気候変動枠組条約締約国会議）における，21世紀後半にCO_2排出量の実質ゼロをめざす「パリ協定」の合意である。3つめは，G20財務大臣・中央銀行総裁会議の声明を受けて，金融安定理事会（Financial Stability Board：FSB）が，金融機関

図表 4-1　地球的規模のサステナビリティのメガトレンド

2010 年 11 月	ISO が CSR の国際規格「ISO26000」を発行（CSR の定義を確立）
2011 年 01 月	M. ポーター教授が「CSV」（共有価値の創造）を提唱
2011 年 03 月	国連人権理事会が「ビジネスと人権の指導原則」を全会一致で承認
2013 年 05 月	GRI が「サステナビリティ・レポーティング・ガイドライン第 4 版」を発行
2013 年 12 月	IIRC が「国際統合報告フレームワーク」を公表
2014 年 02 月	金融庁が機関投資家向けの「日本版スチュワードシップ・コード」を発表※
2014 年 11 月	EU が「会計指令」を改訂し，環境・労働・人権・腐敗防止の開示を義務化
2014 年 12 月	「CDP」気候変動に署名する世界の機関投資家が 800 を越す
2015 年 03 月	英国でサプライチェーンの CSR を問う「現代奴隷法」が成立
2015 年 04 月	G20 が FSB に気候変動リスク情報開示の提言を要請し，「TCFD」を設立
2015 年 06 月	ローマ教皇フランシスコが「ラウダート・シ」を発表
2015 年 06 月	金融庁と東京証券取引所が「コーポレートガバナンス・コード」を適用開始※
2015 年 06 月	米国で年金運用を規制する「エリサ法」で ESG 投資の解釈改訂
2015 年 09 月	国連持続可能な開発サミットで「持続可能な開発目標（SDGs）」を採択
2015 年 09 月	GPIF（年金積立金管理運用独立行政法人）が「国連責任投資原則」に署名※
2015 年 09 月	「改訂 ISO14001」が環境パフォーマンスを問い，生物多様性を明記
2015 年 10 月	トヨタが"脱エンジン宣言"たる「トヨタ環境チャレンジ 2050」を発表※
2015 年 10 月	OECD が低炭素経済移行におけるダイベストメントと「座礁資産」を報告
2015 年 11 月	日本政府が国家としての気候変動への「適応計画」を閣議決定※
2015 年 12 月	COP21 の「パリ協定」で 2050 年以降に CO_2 排出の実質ゼロで合意

（注）※は日本国内の動きを示す。
（出所）筆者作成。

に対する気候変動リスク・機会の情報開示基準を検討する「気候関連財務ディスクロージャー・タスクフォース（Task Force on Climate-related Financial Disclosures：TCFD）」を設置したことである。

　一方，日本でも 2015 年にパラダイム大転換を象徴する 2 つの出来事があった。すなわち，年金積立金管理運用独立行政法人（Government Pension Investment Fund：GPIF）による，ESG 投資を推進する「国連責任投資原則（United Nations Principles for Responsible Investment：UNPRI）」への署名，そしてトヨタ自動車の"生き残り戦略"ともいえる「トヨタ環境ビジョン 2050」の公表である。どちらも従来とはまったく異なる発想に基づくため，国

内の様々な主体に大きなインパクトを与えた。

このような事象が世界的に企業の長期戦略に構造的な変化をもたらすことは明らかであり，実際に企業の競争軸やビジネスモデルも大きく変えようとしている。また同時に，多くの機関投資家もサステナビリティの観点から投資の基本方針や判断基準の見直しを始めている。

2. ESG 投資と ESG 経営の関係：全体構造

上述したように，2015 年を転換点とするサステナビリティのメガトレンドを背景に，世界的にも国内的にも「投資家の変化」と「企業の変化」が同時に起き始めている。すなわち，投資家の「ESG 投資」と企業の「ESG 経営」へのシフトである。さらに，両者をつなぐ「ESG 対話」の取組も試行錯誤の中で始まっている。それを模式的に表現すると，以下のようになる（図表4-2）。

図表 4-2　ESG 投資と ESG 経営をつなぐ ESG 対話（全体構造）

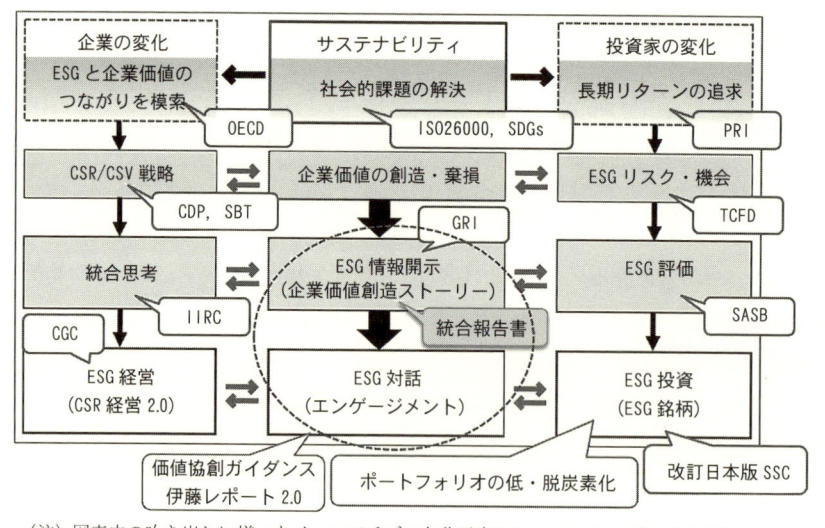

(注) 図表中の吹き出しに様々なイニシアチブの名称が書かれているが，詳細は拙稿「ESG
　　 投資と統合思考のために」（ニッセイ基礎研レポート 2016.10.21）を参照されたい。
(出所) 筆者作成。

- **投資家の変化**：ESG 投資 = ESG リスク・機会の認識 + ESG 評価
  ⇒ ESG 銘柄の選定
- **企業の変化**：ESG 経営 = CSR/CSV 戦略の策定 + 統合思考
  ⇒新しい「CSR 経営 2.0」
- **両者をつなぐ**：ESG 対話 = 企業価値の創造・毀損防止 + ESG 情報開示
  ⇒エンゲージメント

　なお,「CSR 経営 2.0」は筆者の造語である。その意味は, 社会のサステナビリティの実現に向けた ISO26000 の CSR の定義（企業の意思決定と事業活動が環境と社会に及ぼすインパクトに対して企業が担う責任）に基づく責任ある企業経営（「CSR 経営 1.0」と呼ぶ）が進化した, ESG 投資にも対応できる統合思考に基づく新しい CSR 経営である。

第2節　統合思考・統合報告をリードするイニシアチブ

1. 国際統合報告協議会（IIRC）の価値創造プロセス：統合報告の内容要素

⑴　長期にわたる価値創造

　ESG 投資と ESG 経営の関係において重要になるのが, 投資家と企業の「ESG 情報の対称性」を担保するための, 企業による ESG 情報開示である。ただし, それは ESG 投資家にとっては ESG 評価のための必要条件にすぎない。ESG 投資家にとって十分条件となるのは, 長期的ストーリー性のある「価値創造プロセス」である。そして, このことが「統合報告」につながる。

　国際統合報告協議会（International Integrated Reporting Council：IIRC）は「国際統合報告フレームワーク」の提案のなかで, いわゆるオクトパス・モデルとして「長期にわたる価値創造（保全, 毀損防止）」に向けた「価値創造プロセス」の基本的な考え方を明確にしている。これは, 統合思考そして統合報告の内容要素を端的に表現したものでもあり, 簡単にまとめると, 以下のようになる（図表 4-3）。

図表 4-3 IIRC のオクトパス・モデル（価値創造プロセス）

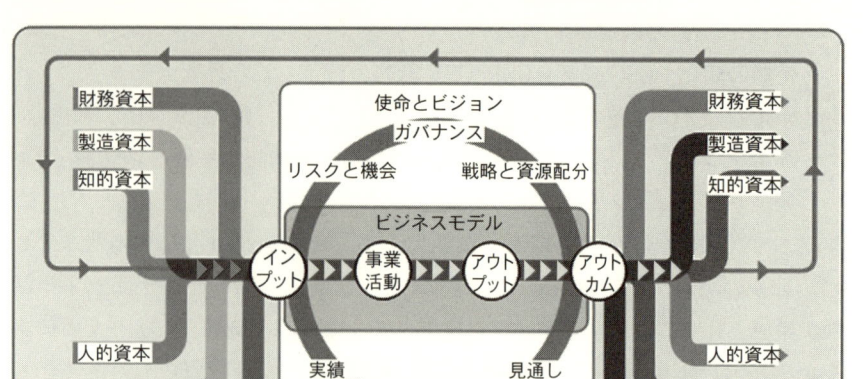

（注）図中下の時間軸をもって表現されている「長期にわたる価値創造（保全・毀損）」は，長期の
　　ことだけを考えることではなく，短中長期をバランスよく良く考えることを意味する。この
　　ことを IIRC は強調する。
（出所）IIRC（2014）「国際統合報告フレームワーク（日本語訳）」15 頁。

- **外部環境**：政治経済状況，技術の変化，社会的課題，環境問題など，長期
にわたる時間軸において企業が事業を営む際の基礎的な外部認識と文脈。
- **使命とビジョン**：明確かつ簡潔な言葉による企業の目的と意図。
- **ビジネスモデル**：諸資本が**インプット**として利用され，**事業活動**を通じて
アウトプット（製品・サービス，副産物や廃棄物）に変換。その結果，諸
資本への影響としての**アウトカム**。さらに諸資本を再投入。
- 外部環境をモニタリング・分析し，組織，戦略，ビジネスモデルにかかわ
る**リスクと機会**を特定。
- **戦略**：企業がどのようにリスクを管理し，機会を最大化するかを表現。戦
略目標と達成道筋を設定し，**資源配分**で実行。
- **実績**：パフォーマンスの測定基準のモニタリング・システムの設定。
- **見通し**：財務要素・非財務要素間の相互関係を定期的レビュー。

・**ガバナンス**：価値創造能力を担保し支えるための，経営に対する監督構造・仕組み（最上位の位置づけ）。

⑵　統合報告書の開示原則と内容要素

　この価値創造プロセスを踏まえて，IIRC は統合報告書における「開示原則」と「内容要素」を示している。図表4-4は，IIRC の問題意識とも言える統合報告書が必要なった背景・要因とともに，7つの開示原則と8つの内容要素を簡単に整理したものである。

　統合報告書の開示原則（正確には指導原則）とは，戦略的焦点と将来思考，情報の結合性，ステークホルダーへの対応性，重要性，簡潔性，信頼性と完全性，一貫性と比較化性である。これらはいずれも統合報告書に求められる性格を表すものであるが，特に，他の報告書ガイドラインにはない特徴的な開示原則は，**戦略的焦点，将来思考，情報の結合性，簡潔性**である。それゆえ逆に言えば，これらの性格を持たない報告書は統合報告書とは呼べないことになる。

　統合報告書の内容要素は，価値創造プロセスとしての統合思考の核となる部分と位置付けられ，まさにこれが財務要素と非財務財務要素（実質的に ESG 要素）が統合されて結合した状態を端的に表している。その意味で，統合報告書とは“長期戦略性のある価値創造報告書”ということができる。

2.　企業と投資家のための「価値協創ガイダンス」

⑴　価値協創ガイドラインの狙いと概要

　IIRC の動きとは別に，わが国の経済産業省は2017年5月に「価値協創ガイダンス」を公表した。正式名称は「価値協創のための統合的開示・対話ガイダンス—ESG・非財務情報と無形資産投資—」である。

　その狙いは，企業のコーポレートガバナンス責任ならびに投資家のスチュワードシップ責任を果たすための対話のあり方，その前提としての情報開示のあり方を示す枠組み，いわば両者の「共通言語」としての指針として活用されることである。つまり，**企業と投資家の対話や情報開示の質を高めるための基本的な枠組み**として提示されたものである。

図表 4-4　IIRC による統合報告書の「開示原則」と「内容要素」

統合報告書が必要となった背景・要因
・経営環境の構造変化（グローバル化，金融危機，経営透明性，人口問題，資源・環境問題など）に対応できる，中長期視点の企業報告が必要
・投資家の短期主義が，企業にも短期志向をもたらしている
・企業価値の源泉が，有形から無形へと変化している
・企業報告の負荷の増大，情報利用者に経営の全体像を提供できない

統合報告書における7つの開示原則	
戦略的焦点※と将来志向※	中長期的な価値創造に向けた経営戦略の明確化
情報の結合性※	財務情報と非財務情報の戦略的な関連付け
ステークホルダー対応性	ステークホルダーの意見の取り入れ
重要性	自社事業の重要課題（マテリアリティ）の特定
簡潔性※	重点を絞った簡潔な情報の提供
信頼性と完全性	信頼できる正負すべての重要な情報の提供
一貫性と比較可能性	一貫した報告方針，他社比較可能な情報の提供

6 資本の価値創造プロセス ビジネスモデル

統合報告書で社長が答えるべき「8つの問」⇔内容要素	
① 企業概要と外部環境	将来どのような事業を，どのような事業環境において営むのか？
② ガバナンス	ガバナンス構造は，どのように中長期の価値創造の能力を担保するのか？
③ チャンスとリスク	企業価値の創造能力に影響を及ぼすチャンスとリスク，それに対する取組は何か？
④ 経営戦略と資源配分	どこへ向かおうとするのか，そこにどのようにして辿り着くのか？
⑤ ビジネスモデル	ビジネスモデルはどのようなものか，それは"復元力"をもつのか？
⑥ 実績（パフォーマンス）	戦略目標をどの程度達成したのか，資本への影響（アウトカム）はどのようなものか？
⑦ 将来展望	経営戦略遂行上の課題や不確実性は何か，その将来の実績への潜在的影響は何か？
⑧ 作成と開示の基礎	統合報告書の記載事項をどのように決定し，どのように定量化，評価したのか？　⇔責任者の声明

（出所）IIRC（2014）「国際統合報告フレームワーク（日本語訳）」をもとに筆者作成。

　同ガイダンスの目的は，企業と投資家が情報開示や対話を通じて互いの理解を深め，双方に対して持続的な価値協創に向けた思考と行動を促すことである。企業経営者に対しては，自らの経営理念やビジネスモデル，戦略，ガバナンスなどを統合的に投資家に伝えるための手引である。一方，投資家に対しては，中長期的な観点から企業を評価し，投資判断やスチュワードシップ活動に役立てるための手引である。

　同ガイダンスの全体像を図表4-5に示す。全論点が連鎖的につながっているが，従来の投資にかかわる発想とは異なり，まず「価値観」から始まる。次いで「事業環境，外部環境への認識」を踏まえて，価値創造の源泉として「ビジネスモデル」と「戦略」があり，その間に企業価値の「持続可能性・成長性」がある。その結果としての「成果と重要な成果指標（KPI）」に続いて，全体を統括する「ガバナンス」がある。それぞれに具体的な論点が示されている。

　これは見ようによっては，長期投資家からみた持続的な企業価値向上のための評価視点を網羅したものであり，**長期投資家が情報開示と対話において求める本質的な情報**ということができる。そのなかで注目すべきことは，"社会とのかかわり"が強く意識されたことである。具体的には，以下の項目である（図中の破線囲み）。

　　・「価値観」のなかで，「1.2.　社会との接点」を明示的に挙げていること
　　・リスク・機会の与件として，「事業環境，外部環境への認識」を強調したこと
　　・「持続可能性・成長性」において，「3.1.　ESGに対する認識」と「3.2.　主要なステークホルダーとの関係性の維持」を明示したこと
　　・「戦略」において，「4.3.　ESG・グローバルな社会課題（SDGs等）の戦略への組込」を明記したこと

⑵　価値協創ガイドラインの問題意識と論点

　価値協創ガイダンスの記述のなかから，価値創造や投資判断における非財務要素（「ESG要素」という表現が使われた）の考え方として着目すべき項目を以下に列挙する（太字は筆者による）。

図表 4-5　長期投資家からみた企業価値向上のための評価視点（ガイダンスの全体像）

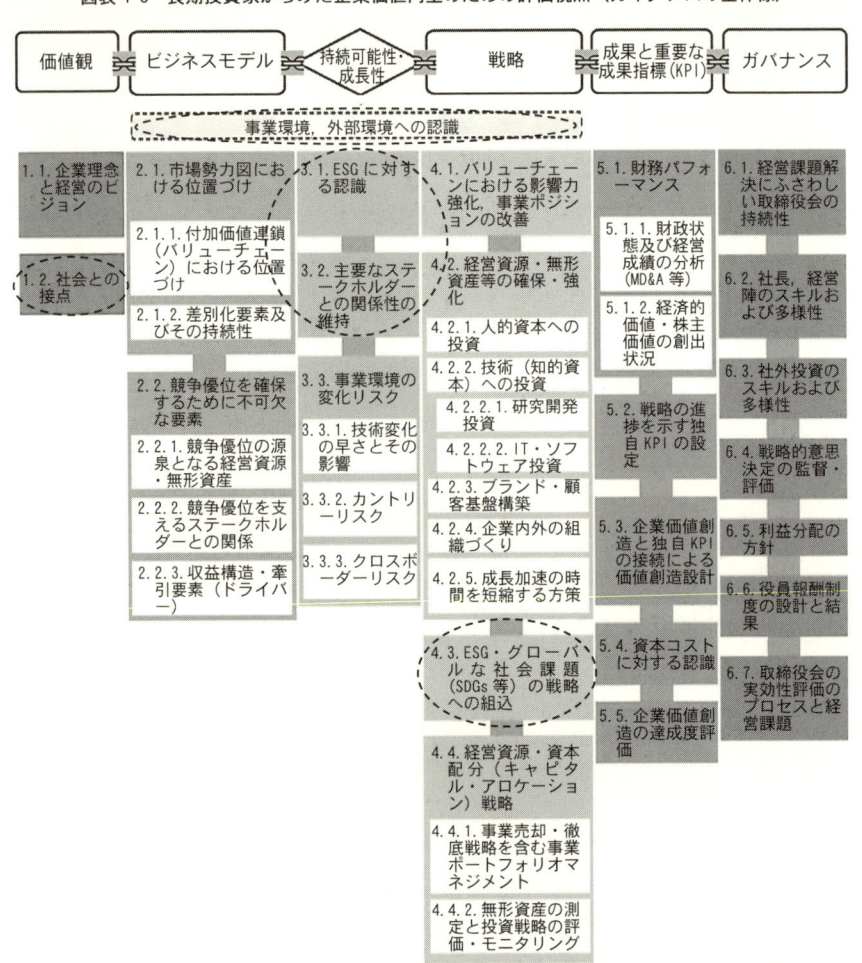

(注)　図中の破線の囲みは筆者による。

(出所)　経済産業省（2017）「価値協創のための統合的開示・対話ガイダンス―ESG・非財務情報と
　　　無形資産投資―（価値協創ガイダンス）」5頁。

価値観

01.　企業が，**社会における課題の解決を事業機会**として捉え，……**企業理念
やビジョン等の価値観**は，自社の進むべき方向や戦略を決定する際の**自社
固有の判断軸**となる。

04.　長期投資家にとって，企業の価値観を知ることは，企業の実行力やビジ
ネスモデルの実現可能性を判断する上で重要な要素である。

1.2.　社会との接点

08.　時代とともに**変化する社会課題**は，企業にとって自社の事業を脅かすリ
スクとなり得るが，**同時に新たな事業機会**にもなり得る。

09.　投資家が長期的視点で企業価値を評価する上でも，**企業がどのように社
会課題を自らのビジネスモデルに落とし込むのかを理解する**ことは重要な
要素である。

ビジネスモデル

10.　バリューチェーンの各段階を担う諸事業者の中で，**自社がどのような付
加価値を提供するかは，ビジネスモデルの中核**となる部分である。

ビジネスモデルの持続可能性・成長性

01.　明確なビジネスモデルのサステナビリティが求められる。そのために
は，企業はまず自社のビジネスモデルを持続・成長させる上で脅威となり
得る要素は何かを把握する必要がある。

02.　長期的な視点に立てば，企業の存続の前提となる社会との関係性や社会
の受容性をどのように捉え，どのように維持し，社会に価値を提供し，企
業価値につなげていくのかが重要になる。

04.　長期投資家にとって，企業が〔ESG 要素〕を個別に捉えるのではなく，
自社のビジネスモデルの持続可能性にとっての Materiality をどのように
位置づけているかを理解することが重要である。

3.1.　ESG に対する認識

07.　長期投資家は〔ESG 要素〕を個別単独で評価するのではなく，企業の
ビジネスモデルの持続可能性や戦略の実現可能性にどのように影響を与え
るのかを理解するための情報として捉えている。

08.　長期投資家は ESG を中長期的なリスク要因として認識している。企業

価値のサステナビリティに関連するEとS，企業価値を高める規律として
のGは，性質が異なると捉えている。

09. 企業は中長期的な企業価値やビジネスモデルの持続性に影響を与える，
あるいは事業の存続に対するリスクとして，どのような〔ESG要素〕を
特定しているか，その影響をどのように認識しているかを示すべきであ
る。

以上のことから，価値協創ガイドラインはIIRCに倣って「日本版統合思考・
行動指針」と呼んでもよさそうだが，その**ESG要素にかかわる基本的な認識**
を整理すると，次のようになろう。

・企業の社会的課題の認識は，企業の将来的なリスク・機会の可能性を左右
する。
・企業の社会との関係性や社会からの受容性は，企業価値の創造・毀損につ
ながる。
・企業価値の源泉はビジネスモデルであり，そのサステナビリティが投資判
断の要となる。
・長期投資家は投資判断においてESG要素を必ずしも個別には評価せず，
むしろビジネスモデルのサステナビリティへの影響要因として考える。
（ただし，事業環境や外部環境の変化は企業のリスク・機会の前提条件で
あって，必ずしもそれらのサステナビリティを希求するものではない。）
・ESG要素は中長期的な投資リスク要因だが，企業経営のサステナビリティ
に直接関連する「ES」と企業価値を高めるための規律としての「G」は，
性格が異なる。

なお，これまでの考察のなかで，イニシアチブによって「サステナビリティ」
の意味が異なることが分かった。具体的には以下の3つに分類できるが，それ
ぞれのイニシアチブ（あるいは論者）が何のサステナビリティを目指している
かを明確に理解しておく必要がある。そうでなければ議論がかみ合わない。

・社会・環境のサステナビリティ
・企業経営のサステナビリティ
・ビジネスモデルのサステナビリティ

3. スチュワードシップ・コードとコーポレートガバナンス・コード

わが国において，金融庁が2014年に発表した機関投資家向けの「日本版スチュワードシップ・コード」，ならびに金融庁と東京証券取引所が2015年に発表した上場企業向けの「コーポレートガバナンス・コード」は，いずれも企業の持続的な成長と中長期的な企業価値の向上をめざして策定されたものである。同時に，両者あいまって日本企業の統合思考と統合報告を加速させたという側面もある。

前者は2017年5月に改訂されたが，ここでは「車の両輪」と言われる両コードの概要について，ESGの視点から再確認する。そこでまず，両コードにおけるESGの位置づけを確認しておきたい（図表4-6）。

⑴　日本版スチュワードシップ・コードとその改訂

「『責任ある機関投資家』の諸原則」，すなわち日本版スチュワードシップ・コードが2014年2月に策定された。同コードは，機関投資家が，顧客・受益

図表4-6　二つのコードにおけるESGの位置づけ

スチュワードシップ・コードにおけるESG	コーポレートガバナンス・コードにおけるESG
【原則3】 機関投資家は，投資先企業の持続的成長に向けてスチュワードシップ責任を適切に果たすため，当該企業の状況を的確に把握すべきである。 【指針3-3】 把握する内容としては，投資先企業のガバナンス，企業戦略，業績，資本構造，事業におけるリスク・収益機会（社会・環境問題に関連するもの（ガバナンスとともにESG要素）を含む）及びそうしたリスク・収益機会への対応など，非財務面の事項を含む様々な事項が想定されるが，どのような事項に着目するかは，機関投資家が自らのスチュワードシップ責任に照らし，自ら判断を行うべきである。	【基本原則2】株主以外のステークホルダーとの適切な協働 上場会社は，会社の持続的な成長と中長期的な企業価値の創出は，従業員，顧客，取引先，債権者，地域社会はじめとする様々なステークホルダーによるリソースの提供や貢献の結果であることを十分に認識し，ステークホルダーとの適切な協働に努めるべきである。 【原則2-3】社会・環境問題をはじめとするサステナビリティを巡る課題 上場会社は，社会・環境問題をはじめとするサステナビリティ（持続可能性）を巡る課題について，適切な対応を行うべきである。

（出所）「日本版スチュワードシップ・コード」と「コーポレートガバナンス・コード」をもとに筆者作成。

者と投資先企業の双方を視野に入れ，「責任ある機関投資家」として「スチュワードシップ責任」を果たすための諸原則を定めたものである。

　このスチュワードシップ責任とは，機関投資家が投資先の日本企業やその事業環境等に関する深い理解に基づく建設的な「目的を持った対話」（**エンゲージメント**）**を通じて，対象企業の企業価値の向上や持続的成長を促すことにより，その顧客・受益者の中長期的な投資リターンの拡大を図る責任**を意味する。

　また，「スチュワードシップ活動」（スチュワードシップ責任を果たすための機関投資家の活動）においては，重要な活動である議決権行使に加えて，当該企業の状況を適切に把握することや，対象企業とエンゲージメントを行うことなどを含む幅広い活動を含む。

　ここで，ともに「責任ある投資」をめざす国連責任投資原則（UNPRI）と対比する形で，同コードの原則を掲載する（図表4-7）。

　2014年に日本版スチュワードシップ・コードが策定されてから約3年が経過し，同コードの受入れを表明した機関投資家は200を超えた。2015年には上場企業に対しコーポレートガバナンス・コードの適用が開始された。両コードの下でコーポレートガバナンス改革には一定の進捗が見られるものの，いまだに形式的な対応にとどまっているとの指摘もあり，2017年の改訂に至ったのである。

　改訂に向けた同コード検討会では，コーポレートガバナンス改革を「形式」から「実質」へと深化させるには，機関投資家が企業との間で深度ある「建設的な対話」を行っていくことが必要であるとの意見が多く出された。具体的には以下のとおりである。すなわち，① アセットオーナーによる実効的なチェック，② 運用機関のガバナンス・利益相反管理等，③ パッシブ運用における対話，④ 議決権行使の結果公表の充実，⑤ 運用機関の自己評価。さらにパブコメからの指摘も踏まえて，次の事項も盛り込まれた。

　・複数の機関投資家が協働して企業と対話を行うこと（集団的エンゲージメント）が，企業との対話を行う際の選択肢として考えられる。
　・ESG要素のうち重要と考えられるものは，投資先企業の状況を踏まえた事業におけるリスク・機会の両面であり，中長期的な企業価値に影響を及

図表 4-7　日本版スチュワードシップ・コードと国連責任投資原則の対比

機関投資家の「あるべき姿」を求める 日本版スチュワードシップ・コード	機関投資家が自ら ESG に配慮する 国連責任投資原則（UNPRI）
投資先企業の持続的成長を促し，顧客・受益者の中長期の投資リターンの拡大を図るため，機関投資家は， ① スチュワードシップ責任を果たすための明確な方針を公表すべき。 ② スチュワードシップ責任を果たす上で管理すべき利益相反について，明確な方針を公表すべき。 ③ 投資先企業の持続的成長に向けてスチュワードシップ責任を果たすため，当該企業の状況を的確に把握すべき。 ④ 投資先企業との「目的を持った対話」（エンゲージメント）」を通じて，投資先企業と認識の共有を図り，問題の改善に努めるべき。 ⑤ 明確な議決権行使方針を持ち，形式的な判断基準だけでなく，投資先企業の持続的成長に資するよう工夫すべき。 ⑥ スチュワードシップ責任をどのように果たしているのかについて，顧客・受益者に対して定期的に報告を行うべき。 ⑦ 投資先企業やその事業環境への深い理解に基づき，対話やスチュワードシップ活動に伴う判断を適切に行うための実力を備えるべき。 （2014 年金融庁公表）	私たち機関投資家には，受益者のために長期的視点に立ち 最大限の利益を追求する義務がある。この受託者の役割を果たす中で，環境，社会およびガバナンス（ESG）課題への対応が運用ポートフォリオのパフォーマンスに影響を及ぼすことが可能であると信ずる。 これらの原則を適用することにより，私たち投資家が，より広範な社会的課題を解決できるであろうと認識する。受託者責任に反しない範囲で，私たちは以下の事項にコミットする。 ① 投資分析と意志決定のプロセスに ESG 課題を組み込む。 ② 「モノ言う株主」となり，資産運用の方針と実践に ESG 課題を組み込む。 ③ 投資先に対して ESG 課題の適切な開示を求める。 ④ 資産運用業界に本原則が受け入れられ，実行に移される よう働きかける。 ⑤ 本原則の効果を高めるために，共に行動する。 ⑥ 本原則の実行や進捗の状況に関する情報を公開する。 （2006 年国連公表）

（注）いずれも原文の意味を損なわない範囲で簡略化した。下線は筆者による。
（出所）「日本版スチュワードシップ・コード」と「国連責任投資原則」をもとに筆者作成。

ぼす。

⑵　コーポレートガバナンス・コード

　コーポレートガバナンス・コードは，日本版スチュワードシップ・コードに続いて，2015 年 6 月に企業の持続的な成長と中長期的な企業価値の向上をめざして策定された。同コードにおいて，「コーポレートガバナンス」とは，**会社が株主をはじめ顧客・従業員・地域社会などのステークホルダーの立場を踏まえた上で，透明・公正かつ迅速・果断な意思決定を行うための仕組み**を意味

図表 4-8　コーポレートガバナンス・コードの基本原則

【基本原則1　株主の権利・平等性の確保】
原則1-1.　株主の権利の確保
原則1-2.　株主総会における権利行使
原則1-3.　資本政策の基本的な方針
原則1-4.　いわゆる政策保有株式
原則1-5.　いわゆる買収防衛策
原則1-6.　株主の利益を害する可能性のある資本政策
原則1-7.　関連当事者間の取引
【基本原則2　株主以外のステークホルダーとの適切な協働】
原則2-1.　中長期的な企業価値向上の基礎となる経営理念の策定
原則2-2.　会社の行動準則の策定・実践
原則2-3.　社会・環境問題をはじめとするサステナビリティーを巡る課題
原則2-4.　女性の活躍促進を含む社内の多様性の確保
原則2-5.　内部通報
【基本原則3　適切な情報開示と透明性の確保】
原則3-1.　情報開示の充実（経営理念や経営戦略・経営計画，コーポレートガバナンスに関する基本方針，取締役の報酬や指名の方針など）
原則3-2.　外部会計監査人
【基本原則4　取締役会等の責務】
原則4-1.　取締役会の役割・責務（1）：経営理念の確立，戦略的な方向付け
原則4-2.　取締役会の役割・責務（2）：リスク・マネジメント整備，説明責任の確保
原則4-3.　取締役会の役割・責務（3）：経営陣に対する監督，適時正確な情報開示
原則4-4.　監査役及び監査役会の役割・責務
原則4-5.　取締役・監査役等の受託者責任
原則4-6.　経営の監督と執行
原則4-7.　独立社外取締役の役割・責務
原則4-8.　独立社外取締役の有効な活用
原則4-9.　独立社外取締役の独立性判断基準及び資質（以降，原則4-14まで割愛）
【基本原則5　株主との対話】
原則5-1.　株主との建設的な対話（エンゲージメント）に関する方針
原則5-2.　経営戦略や経営計画の策定・公表

（出所）㈱東京証券取引所「コーポレートガバナンス・コード」（2015年6月）をもとに筆者作成。

する。

　同コードは，実効的なコーポレートガバナンスの実現に資する5つの基本原則と補充原則を取りまとめたものである（図表4-8）。これらが適切に実践されることで，各企業における自律的な対応により，会社や投資家，さらには社会経済全体の発展にも寄与することが期待される。ここで，諸原則を再確認し

ておきたい。

　統合報告との関連では，非財務情報について【基本原則2　株主以外のステークホルダーとの適切な協働】だけでなく，【基本原則3　適切な情報開示と透明性の確保】でも次のように明示的に記載されている。「上場会社は，財政状態・経営成績等の財務情報や，経営戦略・経営課題，リスクやガバナンスに係る情報等の非財務情報について，法令に基づく開示以外の情報提供にも主体的に取り組むべきである」。

第3節　変貌する投資家と企業

1.　ESG を重視し始めた機関投資家

⑴　受託者責任の解釈を変えた米国エリサ法

　1974年に米国で企業年金制度などの設計や運営を規定する「従業員退職所得保障法」が制定され，その頭文字をとって ERISA（エリサ）法と呼ばれる。この労働省所管のエリサ法では，年金資産の管理・運用においてプルーデントマン・ルール（思慮深い者の原則）が適用され，受益者の利益最大化をめざして運用パフォーマンスの最大化を図ることが運用者の義務である。

　それゆえ，従来は財務要素だけに集中し，非財務要素（今で言う ESG 要素）は考慮する必要はないと一般に考えられてきた。それにもかかわらず，この受託者責任（Fiduciary Duty）の解釈については，投資のプロや研究者の間でも長いこと論争が続いていた。

　しかし，2015年になって，ついに労働省は最後通牒ともいえる ETIs（Economically Targeted Investments：経済的目的投資）及び ESG 要素を考慮した投資戦略に関する新たな解釈公報（IB2015-1）を公表した。これは，エリサ法における ETIs・ESG 投資戦略と受託者責任に関する労働省の新しい見解をまとめたものである。因みに，ETIs とは，受益者の利益最大化と同時に社会・経済への利益創出（すなわちサステナビリティ）をめざす投資を意味

する。

　この新解釈において，今後の投資ではESG要素は経済的・財務的価値と直接的な関係性をもつ可能性が高いため，ESG要素は資産運用の際に適切に考慮すべきであると明言したのである。また運用受託者は期待リターンの低い投資やリスクの高い手法を取るべきではないとしつつ，受益者の利益を損なわない限りESG要素を考慮に入れても良いとした。

　さらに，慎重な検討によってESG投資が純粋に投資リターンの観点から正当化されうるという結論に達した場合には，運用益の最大化と経済・社会の便益最大化を天秤にかける必要はないとの解釈も示している。つまり，機関投資家の資産運用にあたって，ESG配慮は受託者責任に対する「違反」から「合致」へと大きく転換したのである。

(2)　GPIF の UNPRI への署名

　2015年9月，日本の資産運用業界に大きな衝撃を与える出来事が起きた。運用資金140兆円をもつ世界最大の公的年金基金であるGPIFが，UNPRIに署名したのである（図表4-9）。これにより日本の運用業界の地殻変動が始まった。

　UNPRIとは2006年に国連主導で発足したESG投資の世界的なプラット

図表 4-9　GPIF の新しい投資方針

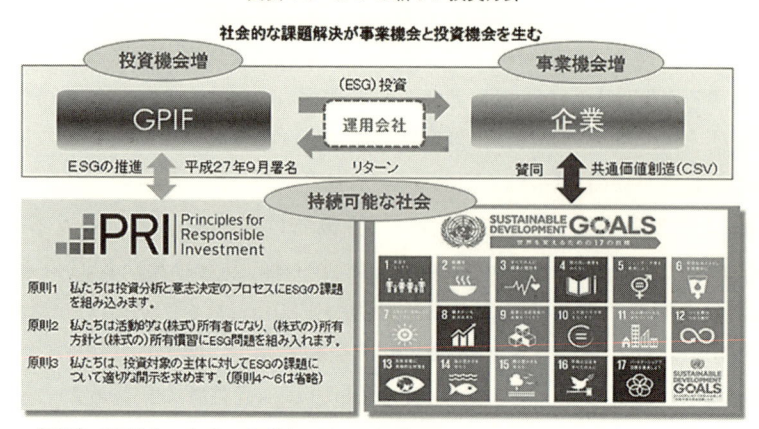

（出所）GPIF ホームページ（http://www.gpif.go.jp/operation/esg.html）。

フォームであり，署名機関は 2017 年 10 月末現在で 1,700 を超す。署名機関には，年金基金などのアセットオーナー（資産保有者），その運用を手掛けるマネージャー（運用機関）とサービス提供機関がある。署名機関には投資プロセスにおいて従来の財務情報に加え，ESG を考慮することが求められる。

　ESG 投資は中長期視点から投資パフォーマンスを上げる手段として，ESG 要素を考慮するものである。逆に，ESG に配慮しない投資先企業に対しては，投資撤収（Divestment）を行うケースがでてきた。GPIF も UNPRI 署名の理由として，「投資先企業における ESG を適切に考慮することは……『被保険者のために中長期的な投資リターンの拡大を図る』ための基礎となる『企業価値の向上や持続的成長』に資するものと考える」としている。

　GPIF の新たな投資原則の下で，運用受託機関が投資先企業における ESG 課題を考慮すること，すなわち ESG の観点から企業価値の毀損防止や持続的成長を促すことで，中長期的な投資リターンの拡大を図ることを明確にしている。

　さらに，この GPIF の UNPRI 署名は，国内の運用受託機関に対する影響も大きい。GPIF から年金運用を受託しようとする機関は，その趣旨に賛同するかどうかが問われるため，正当かつ合理的な理由が無い限り，UNPRI に賛同し ESG 投資に取り組むことになる。同様の動きは他の年金基金にも早晩広がることが予想される。

⑶　TCFD による気候関連リスク・機会とその財務インパクトの提言

　2015 年 4 月の G20 財務大臣・中央銀行総裁会議は FSB に対して，「気候変動問題に対する金融セクターの配慮のあり方」の検討を依頼した。これを受けて同年 12 月の COP21 において，元ニューヨーク市長のブルームバーグ氏を座長とする TCFD の設置が発表された。2017 年 6 月に，TCFD は気候関連リスク・機会とその財務インパクトに関する提言を公表した（図表 4-10）。

　気候関連のリスクと機会として，TCFD が以下のように明確かつ包括的に分類したことにより，気候変動と財務インパクトの関係についての議論が世界的に高まりつつある。

図表4-10　企業の気候関連リスク・機会とその財務インパクト

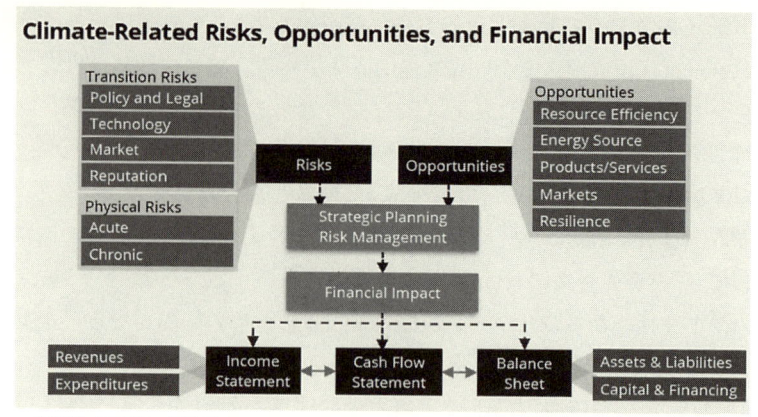

（出所）TCFD（2017）Recommendations of the Task Force on Climate-related Financial Disclosures. p.8（http://www.fsb.org/wp-content/uploads/P290617-5.pdf）.

気候関連リスク

低炭素経済への移行リスク（Transition Risks）
・政策・法規制リスク：気候変動の悪影響の原因の緩和策，適応策の促進
・技術リスク：エネルギー効率の向上と低炭素技術の研究開発と導入
・市場リスク：特定の製品・サービスの需要と供給の変化
・評判リスク：低炭素経済への移行に対する貢献評価か信頼喪失
物理的リスク（Physical Risks）
・急性リスク：台風やゲリラ豪雨などの異常気象や洪水が激化することによる，設備や資産に対する直接的な損失・損害，サプライチェーンの寸断・途絶による間接的な影響
・慢性リスク：海水面の上昇，干ばつや熱波の原因となる気候や降雨パターンの長期的変化による事業存続問題，あるいは作物の温度障害などによる生産性の低下による売上高の減少

気候関連機会

・資源の効率化：エネルギーや原材料，水資源の適切利用・管理による操業コストの減少

- エネルギー源：炭素排出の少ない代替エネルギー投資は世界的に増加傾向
- 製品・サービス：低炭素排出型の製品・サービスの競争力強化
- 市場：低炭素経済への移行期における新規市場や新型資産の先行ポジショニングの獲得
- 復元力：気候関連リスクを抱える顧客・消費者の改善ニーズは商機

⑷　機関投資家の気候変動リスクの認識とダイベストメント

　COP21 で採択された「パリ協定」の合意内容は，今世紀後半に温室効果ガスを実質ゼロにして，地球の平均気温上昇を産業革命以前に比べて +2℃ に抑えようというものである。IPCC（気候変動に関する政府間パネル）によれば，CO_2 の累積総排出量と世界の平均気温上昇はほぼ比例関係にあることから，自ずと人類が排出できる CO_2 は限られてくる。

　つまり，"燃やせる化石燃料" には上限があることが分かってきた。これは 2011 年にイギリスのシンクタンクであるカーボン・トラッカーが問題提起した概念で，カーボン・バジェット（炭素予算）と呼ばれ，累計で +2℃ に達するまで人類は CO_2 を 1 兆トン（1,000Gt）だけ排出できる計算になる。このことにより物理的には存在しても，「燃やせない炭素」が出てくることになり，それはもはや資産と見なされない「座礁資産」となる。

　その結果，カーボン・バブルが崩壊する可能性があり，世界の機関投資家は新しく顕在化した気候リスクを回避するために「投資撤収（ダイベストメント）」に動きはじめている。これは TCFD の典型的な低炭素経済への移行リスクに相当する。実際，以下のような機関投資家が「脱石炭投資」のダイベストを行っている。

　ノルウェー政府年金基金（世界最大級の公的年金基金）
- 石炭採掘，セメント製造，石炭火力発電の 52 社にダイベストメント
- 石炭が売上高の 30％以上の鉱業にダイベストメント，新規投資の凍結

　カリフォルニア州職員退職年金基金（The California Public Employees' Retirement System, CalPERS）
- 石炭採掘が売上高の 50％以上の鉱業に対しダイベストメント

　AXA（フランスの大手生損保）

・石炭採掘が売上高の50％以上の鉱業と石炭火力発電が50％以上の電力事業者にダイベストメント

アリアンツ（ドイツの大手生損保）
・気候変動対応を事業ポートフォリオ全体に統合
・石炭採掘が売上高の30％以上の鉱業と石炭火力発電が30％以上の電力事業者にダイベストメント

ロックフェラー財団（石油収入による大財閥）
・エクソン・モービルの気候変動対応を問題視してダイベストメント

2. ESGから企業価値を考えはじめた企業

(1) 生き残り戦略たる「トヨタ環境ビジョン2050」

　2015年12月に低炭素杯実行委員会（小宮山宏委員長）は，「低炭素杯2016」の一環として「ベスト 長期目標賞」の受賞企業10社を公表した（図表4-11）。この賞は，超長期時間軸でCO_2排出削減目標を掲げ先進的に取り組む企業を表彰したものである。パリ協定に合わせて2050年を見据えた長期的なCO_2排出量の戦略的削減目標を設定し，積極的に取り組む企業群である。

　自動車業界におけるCO_2排出量削減の長期目標設定ではニッサンとホンダが先行したが，トヨタが2015年10月に，より包括的な"脱エンジン車戦略"とも言える2050年を明確に視野に入れた「トヨタ環境ビジョン 2050」を公表した。新車のCO_2排出量の9割削減とともに，グループ全社及び製品ライフサイクル，つまりバリューチーン全体でCO_2ゼロをめざす。

　20世紀はエンジン車の世紀であった。しかし，気候変動問題を契機に21世紀は脱エンジン車の世紀となるだろう。誰でも車が作れるという意味で「ビッグ3からスモール100 へ」と言われるが，経営トップが2050年のCO_2削減目標をコミットしたことになる。これは気候変動に対する緩和策であり適応策でもあるが，サステナビリティの時代潮流に合わせて企業戦略を大胆に変化させたのは優れて「統合思考」そのものである。

図表 4-11　低炭素杯 2016 の「ベスト長期目標賞」企業一覧

業種	企業名【環境ビジョン名称】	CO$_2$ 排出量の 2050 年削減目標（対象範囲）	基準年
自動車	トヨタ自動車 【トヨタ環境チャレンジ 2050】	新車：CO$_2$ 排出量を 90％削減 工場：CO$_2$ 排出量をゼロ ライフサイクル：CO$_2$ 排出量をゼロ（年を特定せず）	2010 年 — —
自動車	日産自動車 【サステナビリティ戦略】	新車：CO$_2$ 排出量を 90％削減 企業活動：CO$_2$ 排出量を 80％削減	2000 年 2005 年
自動車	本田技研工業 【Triple Zero コンセプト】	CO$_2$ の企業総排出量を半減 化石燃料依存によるエネルギーリスクのゼロ化	2000 年 —
電機	カシオ計算機 【カシオ環境ビジョン 2050】	GHG 排出総量を 80％削減 （グループ全体）	2005 年度
電機	コニカミノルタ 【エコビジョン 2050】	CO$_2$ 排出量を 80％削減 （製品ライフサイクル）	2005 年度
電機	ソニー 【環境計画 Road to Zero】	CO$_2$ 排出量をゼロ （製品ライフサイクル）	—
飲食品	キリンホールディングス 【キリン 2050 年長期環境ビジョン】	CO$_2$ 排出量を半減 （バリューチェーン全体）	1990 年
飲食品	サントリーホールディングス 【サントリー環境ビジョン 2050】	CO$_2$ 排出原単位を半減 （バリューチェーン全体）	2007 年
建設	大林組 【Obayashi Green Vision 2050】	自社施設や施工で CO$_2$ 排出量を 85％削減 技術開発や省エネ提案で CO$_2$ 排出量を 45％削減	2013 年 2013 年
建設	大成建設 【TAISEI Green Target 2050】	建物運用の CO$_2$ 予測排出量を 80％削減 施工段階の CO$_2$ 予測排出量を 80％削減	1990 年 1990 年

（出所）低炭素杯実行委員会ならびに各社公表資料をもとに筆者作成。

(2)　SBT（科学に基づく目標設定）にコミットする企業群

　SBT（Science Based Targets）は，「企業版 2℃目標」ともいわれる気候変動に対する企業がコミットする戦略目標である。カーボン・ディスクロージャー・プロジェクト（Carbon Disclosure Project：CDP），国連グローバルコンパクト（United Nations Global Compact：UNGC），世界資源研究所（World Resources Institute：WRI），世界自然保護基金（World Wide Fund for Nature：WWF）が 2015 年に提唱したイニシアチブであり，＋2℃を維持できる IPCC のシナリオ「RCP2.6」に沿う，2℃ターゲットの GHG 削減目標設定のためのベンチマークとなっている。トヨタ自動車では，「トヨタ環境

チャレンジ2050」の社内説得のために会長が使ったと言われている。SBTの認定基準は以下のとおりである。

①Scope 1（企業自身が直接排出した温室効果ガス），Scope 2（電力などによる間接排出）

　・2010年から2050年までの40年間で，最低限49%の総量削減

　・2010年から2050年までの40年間で，49〜72%の総量削減が推奨

②Scope 3（サプライチェーンにおける間接排出）

　・Scope 1，2，3の合計の内，Scope 3が40%以上を占める場合，Scope 3の目標も報告しなければならない。(Scope 3の上位3カテゴリー，またはScope 3排出量の2/3を含む)

　この2年ほどでSBTに挑戦する企業は日本も含めて世界的に増えており，2015年の196社から2016年に297社，2017年10月末で317社となった。SBTを推進する組織SBTI (Science Based Targets Initiative) に登録されている企業は以下のとおりである（2017年10月末現在）。なお，日本企業で最初にSBTが認められたのは2015年のソニーである。

☆削減目標がSBTと認められた企業：計75社

　海外企業：ケロッグ，ネスレ，コカコーラ，デル，シスコシステム，ファイザー，ウォルマート，カルフール，ナイキ，GAP，リーバイ・ストラウス，BTなど（計64社）

　日本企業：ソニー，第一三共，電通，川崎汽船，キリン，コマツ，コニカミノルタ，ナプデスコ，リコー，戸田建設，富士通（計11社）

☆2年以内にSBT設定をコミットした企業：計242社

　海外企業：イケア，ウォルマート，ダイムラー，ユニリーバ，AXA，BNPパリバなど（計203社）

　日本企業：アシックス，花王，大成建設，清水建設，大日本印刷，トヨタ自動車，日産自動車，本田技研工業，野村総合研究所，横浜ゴム，パナソニック，積水ハウス，サントリー，NTTドコモ，日立製作所，富士フイルム，セイコーエプソン，三井住友海上火災など（計39社）

3.　日本における統合報告書の発行状況と課題

⑴　統合報告書を発行する日本企業の増加

　日本におけるいわゆる統合報告書を発行する企業数は，2010 年頃から増え始め，2014 年には 100 社を超え，2016 年 12 月末現在で 334 社が統合報告書を発行している（図表 4-12）。さらに，2017 年 12 月末には 400 社に達すると予測される。これは IIRC の統合報告フレームワークの公表から丸 3 年が経過したこと，最近になって企業が「統合思考」を意識した情報開示に積極的に取り組んでいることを物語っている。

　これまで述べてきたように，現在，ESG が時代のキーワードとなり，ESG 投資が少しずつ投資のメインストリームになりつつある。そのなかで統合報告書は ESG 情報を記載する単なるレポートに留まらず，財務・非財務要素の融合をめざして質的向上とともに，企業と投資家の「対話」のために不可欠な統合思考の情報ツールと認識されるようになってきた。

　一方で現状を見ると，財務・非財務情報を単に合体した「合冊報告書」もなお少なくない。しかしながら，㈱ディスクロージャー＆IR 総合研究所の調査に

図表 4-12　日本における"統合型"報告書の発行企業数（2017 年 9 月末現在）

（注）「統合報告書」と銘打ったレポート，「IIRC のフレームワーク」への言及，Web または編集方針等で「統合報告書」と謳っているレポートを「統合報告書」としている。
（出所）（株）ディスクロージャー＆IR 総合研究所「2017 年版統合報告書発行状況調査（中間報告）」。

よれば，統合報告書（をめざしている）といえるものは，2015年までは全体の半数未満だったが，2016年には半数を超したという。

(2)　丁寧に説明すべき「統合思考」の8要素

　それでは，どのようにすれば本質的な統合報告書となるのだろうか。簡単に言えば，それは自社の統合思考をそのまま報告することである。統合思考の8つの内容要素（統合報告書で社長が答えるべき「8つの問い」：図表4-4参照）は，諸資本のビジネスモデルを介した価値創造プロセスそのものとも言ってよい。そこで，内容要素をより具体的に示すと，以下のようになる（図表4-13）。

① 　自社の事業特性を反映したミッションとビジョンの再確認（見直し）
　　・持続可能な社会・環境の実現に向けた自社のミッション（使命）とビジョン（ありたい姿）の再定義
② 　自社事業に対する外部経営環境の構造変化の把握・予測・分析
　　〔メガトレンド〕外部経営環境の長期的構造変化の把握・予測・分析
　　〔社会的課題〕SDGs（169ターゲットと17目標）などの徹底的理解

図表4-13　8つの「内容要素」による統合思考の展開

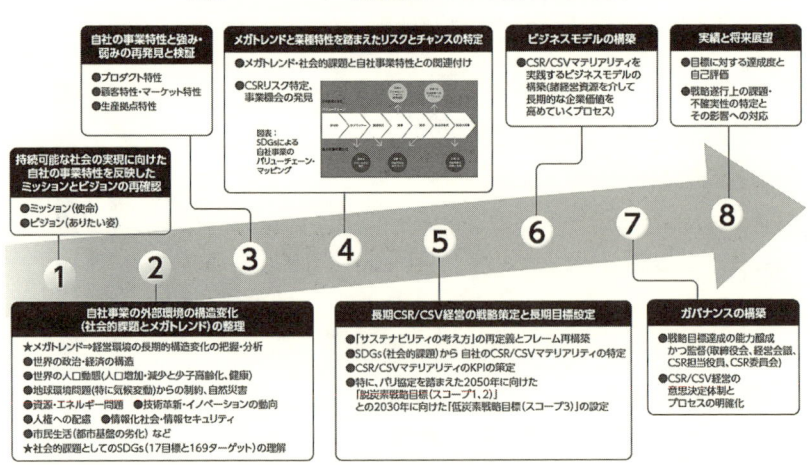

（出所）筆者と㈱サンメッセにて作成。

・世界の政治・経済の構造

・世界の人口動態（人口増加・減少と少子高齢化，健康）

・地球環境問題（特に気候変動）からの制約，自然災害

・資源・エネルギー問題，水ストレス

・技術革新・イノベーションの動向

・人権への配慮

・情報化社会・情報セキュリティ

・市民生活（社会保障費の増大，都市基盤の劣化）など

③　自社の強み・弱みの再発見と検証

・メガトレンドと社会的課題を踏まえ，成功体験にとらわれずに自社を客観分析

・プロダクト特性，顧客特性・マーケット特性，生産拠点特性

④　メガトレンドと業種特性を踏まえた ESG リスク・機会の特定

・社会的課題とメガトレンドの分析と対応策

・リスク特定，リスク・シナリオ分析，事業機会の発見
（SDGs のバリューチェーン・マッピング）

⑤　長期経営戦略の策定と資源配分の計画

・ミッションとビジョンに対応する ESG 戦略目標の策定

・ESG 戦略目標の実現のための経営資源の配分計画

・CSR/CSV マテリアリティおよび KPI の特定

⑥　ビジネスモデルの構築・見直し

・ESG 戦略目標を実践するビジネスモデルの構築・見直し

（諸資本を介して長期的な企業価値を高めていくプロセスそのもの）

⑦　ガバナンスの構築

・ESG 戦略目標達成の能力醸成ならびに経営判断の監督（取締役会，経営会議）

・ESG 経営の意思決定体制とプロセス，開示システムの確立

⑧　実績と将来展望

・戦略遂行上の課題・不確実性の特定とその影響への対応

（川村雅彦）

参考文献

ESG／統合報告研究室（2017）「2017年版統合報告書発行状況調査〈中間報告〉」『研究室通信 Vol.7』，研究所開設10周年記念特大号，(株)ディスクロージャー＆IR総合研究所，2017年10月26日。

IIRC（国際統合報告協議会）（2014）「国際統合報告フレームワーク（日本語訳）」。

川村雅彦（2015）『CSR経営 パーフェクトガイド』ウィズワークス。

川村雅彦（2016）「ESG投資と統合思考のために〜サステナビリティのメガトレンドを背景にビジネス・パラダイムの大転換〜」ニッセイ基礎研レポート 2016.10.21，(株)ニッセイ基礎研究所。

経済産業省（2014）「持続的成長への競争力とインセンティブ〜企業と投資家の望ましい関係構築プロジェクト（伊藤レポート）最終報告書」。

経済産業省（2017）「伊藤レポート 2.0 持続的成長に向けた長期投資（ESG・無形資産投資）研究会報告書」。

経済産業省（2017）「価値協創のための統合的開示・対話ガイダンス—ESG・非財務情報と無形資産投資—（価値協創ガイダンス）」2017年5月29日。

金融庁（2014）「『責任ある機関投資家』の諸原則《日本版スチュワードシップ・コード》〜投資と対話を通じて企業の持続的成長を促すために〜」2014年2月制定。

金融庁（2017）「『責任ある機関投資家』の諸原則《日本版スチュワードシップ・コード》」2017年5月改訂。

国際連合（2006）「国連責任投資原則」。

宝印刷㈱総合ディスクロージャー研究所編（2014）『統合報告書による情報開示の新潮流』同文館出版。

TCFD（2017）Recommendations of the Task Force on Climate-related Financial Disclosures.

The Science Based Targets Initiative website （http://sciencebasedtargets.org/companies-taking-action/）

東京証券取引所（2014）「コーポレートガバナンス・コード」。

第 II 部

ESG 投資 編

第5章

SRI から ESG 投資への潮流

第1節　課題と視角

　1979 年，英国首相に就任したマーガレット・サッチャー（首相在任期間：1979〜1990 年）は，疲弊した英国経済の再生を目指して新自由主義といわれる政策を展開した。サッチャーの政策はミルトン・フリードマンらが提唱したマネタリズムを背景としており，政府による市場への介入や各種規制を撤廃する政策を推進した。努力する者が報われる社会の実現を目指したサッチャーの政策はサッチャリズムといわれ，1970 年代に国有化された鉄道，炭坑，発送電，鉄鋼などの民営化や大胆な金融改革（ビッグバン）を断行し，英国病からの脱却に成功した。

　サッチャーは，競争原理を導入したレーガノミクスを展開したレーガン米大統領とともに，1980 年代〜1990 年代半ばまでグローバル社会を席捲した市場原理主義経済の推進に大きな影響をもたらした。サッチャリズムについては，新自由主義を支持する人々から，英国経済を立て直したと評価される一方，失業者の増大によって経済的格差を拡大させたという批判もある。

　サッチャーの後を継いだジョン・メージャー（首相在任期間：1990〜1997 年）は，サッチャリズムを基本的に継承し，英国国鉄の民営化を実施した。しかし，民営化と社会福祉の削減を中心政策とする新自由主義に対する反発が強まり，1997 年に労働党のトニー・ブレアが政権を担うこととなった。

　ブレアは，経済格差の拡大，若年層の失業問題，犯罪の増加という英国社会の課題を解決すべく，第三の道と呼ばれる政策を展開した。第三の道とは，旧来の労働党が主張した社会民主主義ではなく，サッチャリズムのような新自由

主義でもない，経済効率と社会的公正を両立させることを目指していた。

　第三の道の政策を展開するうえで，重視されたのが企業の社会的責任（Corporate Social Responsibility：CSR）と社会的責任投資（Socially Responsible Investment：SRI）であった。ブレアが展開する政策において重視された CSR と SRI は，EU のサステナビリティ政策や責任投資原則（Principles for Responsible Investment：PRI）へと発展していくことになる。

　1990 年代後半から，わが国においても CSR に取り組む企業が増加し，1999 年には SRI の中でも企業経営と環境問題に焦点をあてたエコファンドが登場した。エコファンドの意義は，それまで企業価値とは無縁と考えられてきた非財務情報を，企業評価のプロセスにビルトインさせたことである。エコファンドを通じて，投資家は非財務情報が超過収益の源泉になるという可能性を認識するようになった。

　責任投資原則（2006 年）への署名機関が増えつつある中で，ストックホルダー主義からステークホルダー主義への転換が進み，企業の財務情報に加え，E（環境），S（社会），G（ガバナンス）に代表される非財務情報が，企業価値を形成する重要な要素であるという見方が定着しつつある。情報の発信者である企業は，財務諸表のみならず，投資家とのコミュニケーション・ツールとして，統合報告書やサステナビリティ（CSR）報告書を充実する必要に迫られている。

　サステナビリティは多様な要素を含むが，わが国におけるサステナビリティ経営は，地球温暖化など環境問題と向き合うことからスタートしたといえる。地球環境問題の深刻化を背景とした，持続可能な社会の構築に関する議論が高まる中で，新しい企業経営のスタイルとして環境経営が標榜された。環境経営とは，外部不経済として企業経営の枠外に位置づけられてきた環境問題を企業経営に内部化し，利潤獲得の前提条件として位置づける経営スタイルである。

　現代企業は地球環境問題のみならず，市民社会が抱える多様な課題に対処することを求められている。企業が向き合うべき課題は，2015 年，国連で採択された持続可能な開発目標（Sustainable Development Goals：SDGs）として提示された。サステナブル社会の実現に向けて，企業には，事業活動を通じた利潤の獲得と SDGs の達成を両立させることが求められている。

　責任投資原則の狙いは，企業が SDGs とどのように向き合おうとしているのかを評価することにある。これまでの企業評価は，企業活動の成果としての利潤の量を比較することに注力してきた。その指標として重視されてきたのが，ROA（Return on Assets，総資産利益率）や ROE（Return on Equity，株主資本利益率）である。ROA や ROE は，資本効率の良し悪しを測る重要な経営指標となった[1]。

　CSR や SRI に対する関心が高まった 1990 年代以降も，投資のメインストリームは財務情報を企業の将来価値（超過収益）を推計する拠り所と位置づけている。勿論，財務情報に基づく企業評価を全て否定するつもりはない。しかし，企業活動が環境や社会に及ぼす様々な要素を，財務情報のみからすべて看取することは難しいといえよう。

　財務情報を通じて利益の量に対する評価はできるが，利益の質に対する評価は可能なのだろうかという疑問が沸く。確かに，財務情報から E（環境），S（社会），G（ガバナンス）に関する情報を読み取ることには限界があるといえよう。企業価値の構成要素として非財務情報の重要性に対する認識は高まっているものの，これまでアナリストやファンドマネージャーは，非財務情報を分析の対象としてこなかった。

　90 年代末から高まりを見せた世界的な CSR の潮流を背景に，わが国でも欧米流の SRI ファンドが組成され，市場メカニズムを通じた企業評価に，CSR を組み込もうとする試みがなされてきた。2014 年 3 月末時点での，公募 SRI ファンドは 72 本，純資産残高は 2,387 億円である[2]。2013 年度末における公募投資信託の総資産残高は 65 兆 274 億円であり，公募投資信託全体に占める公募 SRI ファンドの割合は，僅か 0.37% に過ぎない[3]。

　この状況を踏まえると，CSR は市場を通じた企業評価メカニズムには組み込まれているとは言い難い。残念ながら，株式市場における企業価値の形成メカニズムは，財務情報に依拠する体質から抜け出せていないと言わざるを得ない。

　企業価値の評価方法を議論する際に忘れてならないことは，非財務情報が企業経営の質を評価する重要なファクターであるという点である。繰り返される企業不祥事は，財務情報に偏った企業評価の枠組みを見直し，E（環境），S

（社会），G（ガバナンス）など，いわゆる非財務情報を企業価値の評価指標として，取り込む必要性を示しているのではないだろうか。

　株式市場の企業価値形成プロセスに，ESG情報をビルトインすることは，経済効率の追求に傾斜した企業行動の変革に直接的な影響を持つとみられる。国内の株式市場では，非財務情報を活用した企業評価は十分な機能を発揮していない。SRIは投資哲学の特殊性が強調されるあまり，投資のメインストリームとはならなかった。しかし，非財務情報を通じて，企業経営の質を評価するという意味では，SRIもESGも本質的な要素に差異はないのではあるまいか。

　このような視点の下，本章では1999年のエコファンド登場を起点として，わが国株式市場におけるSRIからESG投資に至る流れを概観していく。

第2節　日本におけるSRIの消長

1.　第1次SRIブーム：エコファンドの登場

　わが国でSRIという概念が本格的に認識されるようになったのは，1999～2000年に複数のエコファンドが設定されてからである。エコファンドはSRIの一形態で，CSRの企業評価クライテリアの中で，E（環境）にフォーカスして投資先を選択する投資信託である。

　筆者は「損保ジャパン・グリーンオープン　愛称ぶなの森」の企画・開発及び運用を担当（担当期間：1999年9月～2004年6月）した経験を持つが，開発に際して与えられたミッションは，アセットマネジメントとリスクマネジメントのノウハウを融合して，地球環境問題の解決に寄与する金融商品を開発するというものだった。その結果，誕生したのが日本版SRIファンドの嚆矢となったエコファンドである。

　エコファンドの使命は，非財務情報を活用して企業活動の環境側面を評価し，これに財務情報の評価を加えて投資先企業を選択することで，投資家に対して地球環境問題の改善という社会価値の向上と，市場平均を上回る投資リターンの獲得という経済成果を還元することを目的としていた。

　SRI の評価クライテリアは，E（環境）以外にも，S（社会）及び G（ガバナンス）と多岐に渡っているが，1999 年当時のわが国では，環境分野にフォーカスしたスクリーニング基準を設定することが最適であると考えていた。この決断の背景には，日本企業が優先的に取り組むべき課題は地球環境問題であろうという積極的な理由と，当時は環境以外の非財務情報の開示が進んでおらず，S（社会）及び G（ガバナンス）分野の情報を入手することが難しいという消極的な理由が存在していたからである。

　開示情報の質と量は現在とは比較にならないほど貧弱な状態だったが，CSRに対する関心の高まりから環境報告書の発行企業は増加傾向にあり，投資先企業を選定するために必要な環境情報は蓄積されつつあった。一方，E（環境）以外の情報については，自主的な情報開示はほぼ行われておらず，アンケートへの回答を依頼しても，S（社会）及び G（ガバナンス）については，無回答の企業が多数を占めていた。

　エコファンドの第 1 陣は，1999 年 8 月に設定された「日興エコファンド」[4]から 2000 年 1 月に設定された「エコ・パートナーズ（みどりの翼）」までの 5ファンドである。この 5 ファンドによって，エコファンドが一定の社会的な認知を得たといえよう。当初の悲観的な予想を大きく覆して，個人投資家の支持を獲得したのである。個人投資家の肯定的な姿勢を背景に，2000 年には第 2陣として 4 ファンドが新たに設定された。後発ファンドで注目すべきは，以下の二点である。

①スクリーニング基準が E（環境）から S（社会），G（ガバナンス）へ拡大したこと。

②投資対象企業が国内企業から外国企業へ拡大したこと。

　1999〜2000 年までに設定された 9 ファンドをもって，日本における第 1 次SRI ブームは落ち着きを見せる。2001〜2003 年にかけて，SRI ファンドの新規設定は足踏み状態となるが，その理由は，株式市場が低迷した影響を受けて，エコファンドや SRI ファンドの運用成績が振るわなかったためである。エコファンドはスクリーニング基準に独自性を持つため，ポートフォリオに含まれる業種や銘柄構成に偏りがみられた。そのことが市場変動の影響を増幅させる結果となり，ファンドの運用実績面でマイナスに作用した。

　初期の SRI ファンドは，その多くが中長期的な投資期間を想定した運用を目指していた。しかし，ショートターミズム志向が強かった投資家や販売会社には，SRI ファンドの投資哲学が十分理解されたとは言い難い。筆者の経験では，証券会社に比べ地方銀行を通じて販売されたエコファンドには，解約が少なかったことを記憶している。

　図表 5-1 は，第 1 次 SRI ブーム時に設定された，エコファンド・SRI ファンドである。当時設定された 9 本のファンドのうち，半数以上の 5 本が運用を終了している。環境を対象としたエコファンドから，スクリーニング基準を S

図表 5-1　1999 〜 2000 年に設定された「エコファンド」の運用実績（2017 年 10 月時点）

設定日	ファンド名（愛称）	運用会社	スクリーニング基準	ファンド形式	純資産額（億円）	リターン実績（%）		
						1 年	3 年	5 年
1999 年8 月 20 日	日興エコファンド	日興アセットマネジメント	環境	国内株式型	100.91	26.61	15.60	29.67
1999 年9 月 30 日	損保ジャパン・グリーンオープン（ぶなの森）	損保ジャパン日本興亜アセットマネジメント	環境	国内株式型	258.43	33.01	17.48	30.63
1999 年10 月 22 日	エコ・ファンド	DIAM アセットマネジメント	環境	国内株式型	−	運用終了		
1999 年10 月 29 日	UBS 日本株式エコファンド(エコ博士)	UBS グローバルアセットマネジメント	環境	国内株式型	−	運用終了		
2000 年1 月 28 日	エコ・ファンドパートナーズ（みどりの翼）	三菱 UFJ 投信	環境	国内株式型	11.47	27.32	9.75	24.16
2000 年9 月 28 日	朝日ライフ SRI 社会貢献ファンド（あすのはね）	朝日ライフアセットマネジメント	環境・雇用消費者対応市民社会貢献	国内株式型	35.73	34.14	17.21	27.61
2000 年10 月 31 日	エコ・バランス	三井住友海上アセットマネジメント	環境	国内ハイブリッド型	−	運用終了		
2000 年11 月 1 日	日興グローバルサスティナビリティ為替ヘッジなし	日興アセットマネジメント	経済・環境・社会	国際株式型	−	運用終了		
2000 年11 月 1 日	日興グローバルサスティナビリティ為替ヘッジあり	日興アセットマネジメント	経済・環境・社会	国際株式型	−	運用終了		

（注）1）純資産額及びリターン実績については，社団法人投資信託協会が提供する投信総合ライブラリーシステムのデータに基づいている。
　　　2）リターン実績はすべて分配金込みの数値。
（出所）一般社団法人投資信託協会ホームページ（http://www.toushin.or.jp）のデータに基づき筆者作成。

（社会）や G（ガバナンス）の分野に拡大した SRI ファンドへの転換が主な要因であろう。

2. 第2次 SRI ブーム：エコファンドから SRI ファンドへ

　2004 年以降，再び SRI ファンドの新規設定ブームが訪れる。1999〜2000 年のエコファンド設定を中心とした第1次ブームに続き，2004〜2005 年にかけて相次いだ SRI ファンドの設定を第2次 SRI ブームと位置づけたい。新たに設定された SRI ファンドは，環境だけでなく従業員，消費者，人権，社会貢献など幅広く企業の社会性，倫理性にフォーカスして投資先企業を評価・選別するファンドが中心である。

　2003 年をわが国における CSR 元年とする見方がある。第2次 SRI ブームの到来は，日本企業を投資対象とした SRI が本格的ステージに入ったことを予感させるものであった。非財務情報の開示についても変化がみられた。1990 年代半ばから発行企業数が増加してきた環境報告書は，環境以外の CSR 分野にまで記載内容を拡大し，いわゆる CSR 報告書へと衣替えしていった。

　国内で SRI に関する認識が高まった理由としては，次の2つの要素が考えられる。第一は国内外で発生した数々の企業不祥事によって，企業に対する信頼感が失墜し，事業活動の透明性向上への要求が高まったことである。一連の不祥事は利益至上主義の行き過ぎが原因であるとの指摘から，経営理念や企業倫理を問い直す声も多くなった。社会からの批判を受けて，企業は CSR の実践と利潤獲得の両立を志向する経営への転換を余儀なくされたのである。

　第二は CSR の先進地域である欧州の調査機関や機関投資家が，日本企業に対して非財務情報の開示を求めたことである。英国では年金法が改正され，年金基金の多くが SRI を取り入れる動きを見せた。このよう，海外の投資家による非財務情報の開示圧力や日本国内における CSR への社会的関心の高まりが，SRI ファンドの開発を促したとみることができる。

　さらに，厚生年金基金連合会（現在の企業年金連合会）による，「コーポレートガバナンス・ファンド」の設定（2004 年3月）も企業と機関投資家にインパクトを与えた。同ファンドは組入基準を通じて，望ましいコーポレート

ガバナンスの具体像を示し，国内企業全体のコーポレートガバナンスの改善に資することを目的として設定されたものである[5]。2007年当時，ガバナンスが優れていると認められた72社がファンドに組入れられている。

厚生年金基金連合会は，長期的な株主利益の最大化は，様々なステークホルダーとの良好な協力関係の確立によって達成できると述べている。株主価値の最大化とステークホルダーの利益は一致するという投資理念を掲げているが，株主の経済的利益の確保にやや重点が置かれている点がSRIとは趣を異にする。しかし，国内の年金基金の資産運用に対して強い影響力を持つ厚生年金基金連合会が，「コーポレートガバナンス・ファンド」を通じて非財務情報を投資基準に組入れたことは，今日のコーポレートガバナンス・コードを先取りする取り組みであったといえよう。

2004年に入ると，アセットマネジメント業界大手の大和証券投資信託委託と野村アセットマネジメントがSRIファンドに参入した。両社は，一般販売向けのファンドに加え，確定拠出年金（日本版401k）にもファンドを提供している。米国においてSRIの投資残高が拡大した要因として，401kが大きな役割を果たしたことが指摘されている。米国同様，日本においても確定拠出年金プランを通じた，SRIファンドの認知度上昇と投資残高の拡大を期待したい。図表5-2は，第2次SRIブーム時に設定された，エコファンド・SRIファンドである。当時設定された22本のファンドのうち，8本が運用を終了している。

図表5-3は，第1次及び第2次SRIファンドブーム時に設定されたファンドを，タイプ別に分類したものである。第1次ブーム時は，企業が開示する非財務情報が限られていたこともあり，E（環境）にフォーカスしたエコファンドがSRIのメインストリームであった。その後，CSR報告書を発行する企業が増えたことによって，S（社会），G（ガバナンス）領域の情報の質と量が充実してきたことによって，アセットマネジメント各社は評価クライテリアを拡大したファンドSRIファンドを提供するようになった。

また，ポートフォリオに外国株式を組入れた内外株式型や内外株式と債券を組入れたハイブリッド型が登場し，SRIファンドのバリエーションが拡大している。

図表 5-2　2001 ～ 2006 年に設定された「SRI ファンド」（2017 年 10 月時点）

設定日	ファンド名（愛称）	運用会社	スクリーニング基準	ファンド形式	純資産額（億円）	リターン実績（％）		
						1年	3年	5年
2001 年 6 月 15 日	グローバル・エコ・グロース・ファンド (Mrs, グリーン) ヘッジなし	大和住銀投信投資顧問	環境	国際株式型	―	運用終了		
2001 年 6 月 15 日	グローバル・エコ・グロース・ファンド (Mrs, グリーン) ヘッジあり	大和住銀投信投資顧問	環境	国際株式型	―	運用終了		
2003 年 11 月 7 日	UBS グローバル株式 40	UBS グローバルアセットマネジメント	Dow Jones Sustainability World Index (DJSI World)	国際株式型	―	運用終了		
2003 年 12 月 26 日	住信 SRI ジャパンオープン（グッドカンパニー）	住信アセットマネジメント	経済・環境・社会	国内株式型	101.41	33.93	13.23	28.88
2004 年 4 月 27 日	フコク SRI（社会的責任投資）ファンド	しんきんアセットマネジメント	経済・環境・社会	国内株式型	52.74	27.47	14.54	28.31
2004 年 5 月 20 日	ダイワ SRI ファンド	大和証券投資信託委託	経済・環境・社会	国内株式型	―	運用終了		
2004 年 5 月 28 日	野村グローバル SRI100	野村アセットマネジメント	FTSE4 Good Global 100	国際株式型	31.35	31.60	9.64	24.80
2004 年 7 月 30 日	モーニングスター SRI インデックスオープン（つながり）	野村アセットマネジメント	MS-SRI INDEX	国内株式型	―	運用終了		
2004 年 12 月 3 日	SRI ファンド（ファミリー・フレンドリー）	三菱 UFJ 投信	ファミリーフレンドリー企業	国内株式型	31.35	31.60	9.64	24.80
2005 年 3 月 18 日	SAIKYO 日本株式 CSR ファンド（すいれん）	パインブリッジインベストメンツ	環境・社会ガバナンス	国内株式型	4.04	31.35	13.16	24.58
2005 年 3 月 19 日	りそな日本株式 CSR ファンド（誠実の杜）	パインブリッジインベストメンツ	環境・社会ガバナンス	国内株式型	17.81	31.71	13.13	24.69
2005 年 3 月 25 日	損保ジャパン SRI オープン（未来のちから）	損保ジャパンアセットマネジメント	MS-SRI INDEX	国内株式型	16.67	27.55	14.25	29.20
2005 年 4 月 28 日	ひろぎん日本株式 CSR ファンド（クラス G）	パインブリッジインベストメンツ	環境・社会ガバナンス	国内株式型	1.12	32.15	13.90	25.48
2005 年 8 月 12 日	日本 SRI オープン（絆）	岡三アセットマネジメント	経済・環境・社会	国内株式型	20.14	28.76	12.88	25.63
2005 年 11 月 11 日	アジア SRI オープン	フォルテスアセットマネジメント	経済・環境・社会	国際株式型	―	運用終了		
2005 年 12 月 22 日	DIAM 高格付けインカム・オープン SRI（ハッピークローバー SRI）	DIAM アセットマネジメント	経済・環境・社会	国際ハイブリッド型	―	運用終了		
2006 年 3 月 9 日	ダイワ・エコ・ファンド	大和証券投資信託委託	環境	国内株式型	48.91	24.45	9.07	22.13

2006 年 5 月 26 日	自然環境保護ファンド（尾瀬紀行）	DIAM アセットマネジメント	経済・環境・社会	国際ハイブリッド型	21.42	18.87	5.60	13.40
2006 年 6 月 30 日	りそな・SG ウーマン J ファンド（Love Me！PREMIUM）	ソシエテ・ジェネラルアセットマネジメント	女性力企業	国内株式型	－	運用終了		
2006 年 6 月 30 日	地球温暖化防止関連株ファンド（地球力）	アセットマネジメント One	KLD Global Climate 100 Index	国際株式型	21.40	34.80	11.30	30.15
2006 年 11 月 30 日	三井トラスト社会的責任ファンド（SRI 計画）	中央三井アセットマネジメント	経済・環境・社会	国内株式型	2.66	33.99	12.58	27.89
2006 年 12 月 8 日	しんきん SRI ファンド	しんきんアセットマネジメント	経済・環境・社会	国内株式型	13.30	27.71	14.53	28.67

（注）1）純資産額及びリターン実績については，社団法人投資信託協会が提供する投信総合ライブラリーシステムのデータに基づいている。

　　2）リターン実績はすべて分配金込みの数値。

（出所）一般社団法人投資信託協会ホームページ（http://www.toushin.or.jp）のデータに基づき筆者作成。

図表 5-3　SRI ファンド（タイプ別）の設定状況

設定年	SRI ファンド 設定数	うち エコファンド	国内		国際	
			株式型	ハイブリッド型	株式型	ハイブリッド型
1999 年	4	4	4	0	0	0
2000 年	5	2	2	1	2	0
2001 年	2	2	0	0	2	0
2002 年	0	0	0	0	0	0
2003 年	2	0	1	0	1	0
2004 年	5	0	4	0	1	0
2005 年	7	0	5	0	1	1
2006 年	6	1	4	0	1	1
合計	31	9	20	1	8	2

（注）1）株式型は国内または海外の株式を主たる投資対象とするファンド。

　　2）ハイブリッド型は国内または海外の株式及び債券を主たる投資対象とファンド。

（出所）各ファンドの目論見書等のデータに基づき筆者作成。

第 3 節　SRI は何をもたらしたのか

　1990 年代末から漸次進展を見せてきた日本企業の CSR に対する認識は，ここ数年で大きく変化しつつある。その背景には，2006 年に相次いで提唱された責任投資原則（PRI）と共通価値の創造（Creating Shared Value：CSV）が大きく影響しているように感じる。

　責任投資原則は，企業が SDGs で示された目標と事業を統合し，環境・社会・ガバナンスへの取り組みを強化することでサステナビリティは実現できるという。CSV は企業が社会課題に取り組むことで社会価値を向上させ，併せて自社の利益も実現するというアプローチである。両者に共通するのは，社会と経済のサステナビリティを同時に実現すること目指している点であろう。

　企業は，ステークホルダーの期待を事業活動に統合し，マルチスタークホルダーに対して，最適解を提供することが企業価値を高める最善の策であるという認識を深めている。CSR 報告書や統合報告書を発行する企業の増加によって，企業活動の ESG 側面の見える化が進んでいる。機関投資家を取り巻く環境は大きく変わりつつある。SRI ファンドのみならず，企業価値の形成プロセスの中に ESG 情報を取り込む投資環境が，整備されつつあるといえよう。

　しかし，企業内外のステークホルダーによる利用を考慮に入れても，ESG 情報は機関投資家や個人投資家が投資判断を下す場面で，有効活用されているとは言い難い。この状況は，社会的にも意義の大きな情報が十活用されず，全く知られないまま見捨てられているのに等しく，それは，持続可能な社会を構築するという視点からみると重大な機会損失であろう。

　筆者は 1990 年以降，ESG 領域において何らかの問題を惹起した企業を取り上げ，当該企業の株式市場における評価について統計的解析を試みた。その結果，調査期間における対象企業の株価収益率と市場収益率（TOPIX）には，一定の相関性があることが判明した。これは，調査期間内においては，当該企業の株価収益率を市場要因によって説明することが可能であることを意味する。市場要因とは，株式市場において個別企業の株価形成に影響を与えるマク

ロ要因（景気，為替，金利，財政等）を指すが，現状では，これらのマクロ要因にESG情報は含まれていない。

　ESG領域で問題を抱える企業の株価収益率が，ほぼ市場要因で説明がつくということは，ESG情報が当該企業の企業価値の形成にほとんど影響を及ぼしていないこと示すものである。敢えて言えば，わが国の株式市場では，ESG情報が企業価値の形成プロセスに組み入れられていないことを示しているといえよう[6]。

　企業及び投資家の双方が，企業価値を持続的に拡大させる要因としてESG情報の重要性を認識しつつあるにもかかわらず，株式市場では依然として財務情報に基づいた企業価値の形成が行われている。こうした現実とわれわれはどのように向き会うべきなのであろうか。

　企業及び投資家は，ESG投資が企業行動を変え，社会と経済のサステナビリティを実現する手段となり得ることを理解し始めている。ESG投資をメインストリーム化する前提として，SRIファンドの登場が果たした役割は少なくないだろう。

　しかし，運用会社はCSR活動の一環としてSRIファンドを商品化すること，投資家は運用手法の一部にSRIを取り入れること，企業はSRIファンドの投資銘柄として採用されることが目的化してしまったようにも感じる。わが国の投資信託市場におけるSRIファンドの投資残高から見えてくるのは，SRIファンドに僅かな資金を投じた投資家やSRIファンドを提供する運用会社が，自らをサステナブル投資家の先駆者として声高にアピールする姿だけなのかもしれない。

第4節　ソーシャル・ガバナンスとしてのESG投資

　持続可能な社会において，株式市場はどのような役割を担うべきなのであろうか。筆者はその回答を予防原則（Precautionary Principle）[7]の考え方に求めたい。予防原則を一言で表現すれば，地球環境や人類が被害を蒙る可能性があるならば，たとえ因果関係が科学的に十分に確立していなくともリスクを回避

するため，未然に予防的措置（Precautionary Approach）を取ることができるという考え方である。

　予防原則は，EU を中心に化学物質の安全性や，環境の保護を推進するための政策手段の一つと位置づけられており，金融などを含めた幅広い領域において環境保全のために適用される考え方ではない。しかし，予防原則の理念は，特定の分野に限定する必要性はなく，むしろ幅広い領域に適用すべきであろう [8]。

　経済のグローバル化によって，企業の活動領域が飛躍的に拡大し，事業内容も多様化していく中で，企業行動が地球環境や生態系の様々な面で複雑かつ重大な影響を与えることが懸念されている。企業行動のもたらす不確実性を適切にコントロールし，地球環境や人間の健康に対する被害を未然に防止することが，ますます重要になってくるだろう。

　わが国は四大公害訴訟（イタイイタイ病訴訟，新潟水俣病訴訟，四日市公害訴訟，水俣病訴訟）を経験してきた。これらの訴訟において被告となった企業は，公害を防止するという立場に立って，工場からの排出物を分析し，その及ぼす影響を調査し，調査結果に基づいて公害防止措置を講ずるという姿勢を全く欠いていた。むしろ被害が発生しても，被害者の要求を原因不明であると強弁し，わずかな補償金の支給によって組織的，権力的に抑圧し，そのことと引き換えに操業の基盤を拡大してきた [9]。水俣病訴訟における被告企業は，工場からの排出物による有害性が指摘された後においても，長期間にわたり有害物質の排出を続けたのである。

　四大公訴訟の例からもわかるように，地球環境や人間の健康は深刻な被害が発生してからでは，いかなる政策手段をもってしても原状回復は困難である。したがって，企業活動に起因する回復不可能な環境破壊や健康被害は未然に防止しなければならない。

　産業革命以降の企業を中心とした経済活動が，地球温暖化の原因であることは言うまでも無い。さらに，市場経済メカニズムが地球環境の汚染・破壊を防除し，また，破壊された自然環境を復元する能力を保持していないことは明らかである。

　この事実は，われわれが企業活動から地球環境を守る予防的手段を保持して

いないことを意味している。公害の原因が資本の論理にあることは，これまで
もたびたび指摘されてきた。自然資源を収奪し，直接利潤に結びつかない環境
対策に対する資本投下を怠るところにその原因がある。

　現代社会は資本の論理を制御するためのテーゼとして，サステナビリティを
掲げた。資本の論理に基づく収益至上主義から，自然と経済の共生を目指すサ
ステナビリティへ移行しようというのである。サステナビリティの本質は，企
業が陥りやすい利己的な側面を抑制し，環境や社会との共生を促すことにあ
る。サステナビリティは，ESG投資などを通じて，企業行動を予防的に修正
することによって，はじめ実現できるといえよう。

　企業が予防的機能を内包するためには，企業価値の形成プロセスにESG投
資をビルトインすることが必要となろう。ESG投資を株式市場にビルトイン
することで，財務情報に傾斜した企業評価メカニズムが修正され，ESG投資
を通じて企業行動を制御する予防的機能を株式市場が担うことを期待したい。

　しかし，ESG投資を株式市場の片隅にビルトインするだけでは，サステナ
ビリティの実現に向けて企業行動を制御することは難しいだろう。この課題を
克服するには，ESG投資を株式市場でメインストリーム化しなければならな
い。ESG投資に促されて，企業が社会価値と経済価値の両立を志向する経営
に転換できれば，株式市場のガバナンス機能は強化されることになるだろう。

　では，ESG投資をメインストリーム化するための条件とは，どのようなも
のであろうか。第一に，ESG情報の開示が前提となることは言うまでもない。
次に考えられるのが，市場参加者（機関投資家及び個人投資家）の投資方針や
投資行動のあり方の問題である。

　第1次及び第2次SRIブーム時にエコファンドやSRIファンドを支持した
のは，個人投資家の存在であった。新しい投資ルールが株式市場で市民権を得
るには，市場参加者の支持がなければ難しい。つまり，株式市場でSRIや
ESG投資という新しいルールを生み出すのは，投資家自身なのである。

　これまでは，財務情報から企業の将来価値を見出す手法が市場参加者の支持
を得てきた。その結果，アナリストやファンドマネージャーは，財務情報から
超過収益の源泉と成る要素を見つけ出すことに腐心してきた。

　こうした傾向に拍車をかけたのがショートターミズムである。年金基金等の

アセットオーナーは，運用機関に短期的な投資成果の実現を求めた。成果の出ない運用機関は短期間で運用委託を解除されることも珍しくなくなった。四半期ごとに行われるアセットオーナーに対する運用報告は，アナリストやファンドマネージャーにとって苦汁の制度なった。四半期ごとにプラスの運用成果を出すことを求められたアナリストやファンドマネージャーは，短期的な株価の上昇には直接結びつかない，長期ビジョンやサステナビリティ戦略に目を向けることが少なくなった。企業の持続的な成長を犠牲にしてでも，短期間で株価の上昇につながる要素を見出し，その実践を経営者に要求することで運用パフォーマンスの獲得を図るようになったのである。

　責任投資原則の意義は，ESG 情報が企業価値を構成する核心的な要素であることを，株式市場に突きつけたことあるだろう。機関化が進む株式市場において，市場に強い影響力を持つ機関投資家が，ESG 投資を自らの投資方針・投資行動の中に明示的かつ具体的に取り入れるのか否かが注目される。機関投資家の投資行動に ESG 投資がビルトインされるということは，株式市場が社会と経済のサステナビリティの実現に向けて，実質的なソーシャル・ガバナンス機能を持つことを意味するからである。

　これまで SRI ファンドを支えてきたアセットオーナー（年金基金等），インベストメントマネージャー（資産運用会社），サービスプロバイダー（ESG 評価機関等）の多くが，責任投資原則に署名を行っている。図表 5-4 は，署名機関を上記の三区分ごとを示したものである。スチュワードシップ・コードやコーポレートガバナンス・コードは，機関投資家と企業の行動変革に向けた大きな前進である。しかし，これらのソフトローだけでは，企業行動のベクトルを変えていくことは難しい。機関投資家が ESG 投資を通じて，企業とどのように向き合うのかが，社会と経済のサステナビリティを実現する鍵を握っているといえよう。

　図表 5-4 に掲載した機関の中で，第 1 次及び第 2 次 SRI ブーム時に SRI ファンドの取り扱い実績があるのは，① 朝日ライフアセットマネジメント，② アセットマネジメント One（旧・新光投信），③ 損保ジャパン日本興亜アセットマネジメント，④ 大和投資信託，⑤ 日興アセットマネジメント，⑥ 野村アセットマネジメント，⑦ 三井住友信託銀行（三井住友トラスト・アセットマ

図表 5-4　責任投資原則への署名状況（日本）

アセットオーナー (15機関)	機関名	署名日	機関名	署名日	機関名	署名日
	労働金庫連合会	2017/9/8	フコク生命 (相)	2016/3/21	東京海上日動火災保険 (株)	2012/7/26
	日本生命 (相)	2017/3/16	第一生命 (株)	2015/11/6	セコム年金基金	2011/3/30
	(株) 日本政策投資銀行	2016/12/12	(学法) 上智学院	2015/10/30	太陽生命 (株)	2007/3/27
	大同生命 (株)	2016/11/30	年金積立金管理運用独立行政法人	2015/9/25	損害保険ジャパン日本興亜 (株)	2006/5/2
	企業年金連合会	2016/5/13	MS&AD インシュアランス グループ ホールディングス (株)	2015/6/1	キッコーマン企業年金基金	2006/4/27

インベストメントマネージャー (32社)	機関名	署名日	機関名	署名日	機関名	署名日
	ダイヤモンド・リアルティ・マネジメント (株)	2017/5/30	みさき投資 (株)	2014/10/1	東京海上アセットマネジメント (株)	2011/3/23
	ユニゾン・キャピタル	2017/5/15	M U 投資顧問 (株)	2014/8/26	野村アセットマネジメント (株)	2011/3/1
	三菱 UFJ 国際投信 (株)	2017/3/29	J-STAR (株)	2014/7/18	三井住友アセットマネジメント (株)	2010/3/31
	DBJ アセットマネジメント (株)	2016/12/12	HC アセットマネジメント (株)	2014/6/30	(株) りそな銀行	2008/3/21
	アント・キャピタル・パートナーズ (株)	2016/8/31	朝日ライフアセットマネジメント (株)	2013/9/27	日興アセットマネジメント (株)	2007/10/4
	インテグラル (株)	2016/7/6	三菱商事・ユービーエス・リアルティ	2013/8/16	みずほ信託銀行 (株)	2006/9/15
	ニューホライズン キャピタル (株)	2016/5/23	東京海上キャピタル	2013/4/8	ニッセイアセットマネジメント (株)	2006/7/6
	ポラリス・キャピタル・グループ (株)	2016/5/20	アセットマネジメント One (株)	2013/3/13	三井住友信託銀行 (株)	2006/4/27
	明治安田アセットマネジメント (株)	2016/3/10	大和住銀投信投資顧問 (株)	2012/9/11	大和投資信託 (株)	2006/4/27
	富国生命投資顧問 (株)	2016/1/29	T&D アセットマネジメント (株)	2012/3/30	三菱 UFJ 信託銀行 (株)	2006/4/27
	ACA 革新基金運用 (株)	2015/6/10	損保ジャパン日本興亜アセットマネジメント (株)	2012/1/1		

サービスプロバイダー (11社)	機関名	署名日	機関名	署名日
	(株) フィスコ IR	2017/5/31	(株) ニューラル	2015/5/26
	ガバナンス・フォー・オーナーズ・ジャパン (株)	2017/1/24	(株) QUICK	2013/10/31
	(株) イースクエア	2016/7/13	CSR デザイン環境投資顧問 (株)	2012/3/13
	日興リサーチ センター (株)	2016/6/27	アーク東短オルタナティブ (株)	2011/8/17
	(株) ツナギバ	2015/11/6	(株) インテグレックス	2010/9/16
	(株) エッジ・インターナショナル	2015/10/6		

（出所）Principles for Responsible Investment ホームページ（https://www.unpri.org/）の開示情報に基づき筆者作成。

ネジメント），⑧ 三菱 UFJ 国際投信，⑨ りそな銀行，⑩ フコク生命の 10 機関である。

責任投資原則に署名したアセットオーナー及びインベストメントマネージャーの約 2 割が，SRI を経験していることになる。例えば，損保ジャパン日本興亜アセットマネジメントは，経営基本方針において，「エコファンドのパイオニアとして，環境・社会・ガバナンス（ESG）へ配慮した責任投資へ積極的に取り組むことにより，資産運用会社としての社会的責任を果たし，持続可能な社会の実現に貢献します」[10] と述べている。SRI ファンドの運用経験は，ESG 投資にも応用できる要素が多いのではあるまいか。

SRI ファンドは，投資プロセスの全体像が開示されているため，運用プロセスにおける財務及び非財務情報の活用と，評価結果の関係が比較的わかりやすく説明されていた。しかし，アセットオーナーやインベストメントマネージャーは，ESG 投資の中身について具体像を明らかにしていない。

多くの識者は，SRI と ESG 投資は違うという。しかし，両者の違いを明示的に説明した文献を筆者は確認したことがない。ESG 投資の実態が明らかになっていない状況では，両者の違いを実証的に説明することは難しいだろう。SRI ファンドの中にも ESG 投資と価値観を同じくするファンドは少なくないように感じる。SRI は ESG 投資を読み解く手がかりを提供してくれるのではあるまいか。

第 5 節　持続可能な社会の構築に向けた機関投資家の責務

金融グローバル化の進展，金融商品の複雑化・多様化によって，資産運用は専門的知識を求められるようになった。その結果，年金基金などのアセットオーナーは，専門的知識やスキルを持つインベストメント・マネージャー（資産運用会社）に資金運用を委託するケースが増加し，株式市場における機関投資家の影響力は急速に拡大してきた。

サステナビリティとは，企業と社会の共生を意味する。企業は短期的な経済価値の追求に傾斜した経営を見直し，社会価値と経済価値を同時に創出する長

図表 5-5　主要国の伝統的な投資資産の推移

(単位：10億米ドル)

国名	2003年				2013年				2003年比伸び率
	年金基金	保険	投資信託	合計	年金基金	保険	投資信託	合計	
アメリカ	7,492	4,633	7,414	19,539	21,233	8,458	15,018	44,709	128.8%
イギリス	1,406	1,676	397	3,479	3,618	3,282	1,167	8,067	131.9%
日本	2,867	1,919	349	5,135	1,732	4,620	774	7,126	38.8%
フランス	143	918	1,148	2,209	265	781	1,532	2,578	16.7%
ドイツ	229	984	276	1,489	242	1,649	383	2,274	52.7%
その他	2,830	3,369	4,374	10,573	11,016	10,320	11,156	32,492	207.3%
合計	14,967	13,499	13,958	42,424	38,106	29,110	30,030	97,246	129.2%

(出所)　公益財団法人資本市場研究会（2015）『月刊資本市場 No.354』5頁をもとに筆者修正。

期的な事業戦略を構想し実践することが求められている。

　こうした認識に異を唱える経営者や株主は少ないだろう。一方，経営者と株主には，事業収益や投資リターンを求める強い欲求がある。いわば利他心と利己心の相克にどこで折り合いつけるのかが問題なのである。

　市場経済メカニズムには，利己心と利他心を調整する機能はない。つまり，サステビリティの実現を図るには，企業と投資家それぞれが利己心を抑制する，内的な自己規制を持たなければならない。CSR や CSV は，企業が社会との共生に向けた行動へ舵をきるための内的規制の一つと考えることもできよう。

　2006年，国連が主導した責任投資原則は，企業と投資家に求められる内的規制のあり方を，より具体的な形で示したものと捉えるべきではないだろうか。

　責任投資原則は，資産運用において E（環境），S（社会），G（ガバナンス）を適切に配慮することを求めたもので，以下の6原則によって構成される[11]。

　①投資分析と意思決定プロセスに ESG の課題を組み込む。

　②株式責任を意識した株式所有者となり，株式の所有方針と所有習慣に ESG の課題を組み込む。

　③投資対象に主体に対して ESG の課題について適切な情報開示を求める。

　④資産運用業界において本原則が実行に移されるよう働きかける。

⑤本原則を実行する際の効果を高めるために協働する。

⑥本原則の実行に関する活動状況や進捗状況に関して報告する。

Natixis Global Asset Management が公表した "Global Survey of Institutional Investors"（2015 年・2016 年）から，ESG に対する機関投資家の意識を確認しておこう。2015 年版レポートは，機関投資家（シニアマネージャークラス）660 人の意識調査の結果を紹介している。彼らの大多数（95％）は，「ESG を投資分析及び意思決定プロセスに組み込んでいる」と回答している。一方，64％は，「ESG は主に PR ツールに過ぎない」という認識を示している。

しかしながら，ESG が直接的な投資利益をもたらす可能性があると考えているファンドマネージャーも少なくない。調査結果をみると，「長期的に高い収益を得られる」，「成長や超過収益の恩恵がある」と認識している機関投資家は 3 割程度存在している。

但し，投資意思決定に ESG を組み込むことによって，実際に投資パフォーマンスが向上したケースは 26％にとどまっている。また，ESG 投資に取り組む上での課題として，「パフォーマンスの測定が難しい」（52％），「レポートの透明性が欠けている」（38％）などを挙げている。

2016 年版レポートによると，ESG 投資は，「今後 5 年間で全てのファンドマ

図表 5-6　機関投資家が ESG 投資を採用する理由

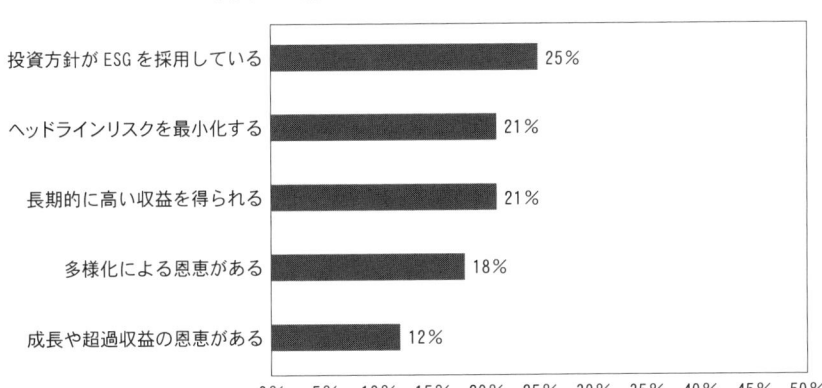

（注）ヘッドラインリスクとは，株式市場に大きな影響を与えるリスクを意味する。
（出所）Natixis Global Asset Management (2016)「2016 GLOBAL SURVEY OF INSTITUTIONAL INVESTORS」p.17 をもとに筆者修正。

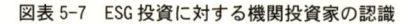

図表 5-7　ESG 投資に対する機関投資家の認識

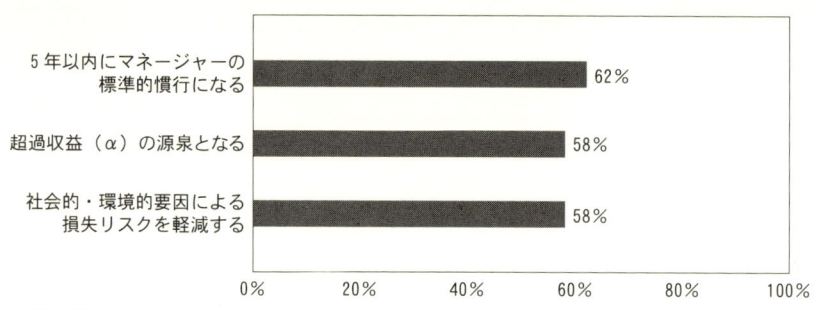

（注）複数回答可。
（出所）Natixis Global Asset Management (2016)「2016 GLOBAL SURVEY OF INSTITU-
　　　TIONAL INVESTORS」p.18 をもとに筆者修正。

ネージャーの標準的な慣行になる」という回答が 62％ に達した。「超過収益
（α）の源泉となる」と「社会的・環境的要因による損失リスクを軽減する」
は，それぞれ 58％ を占めた。

　2016 年 1 月，フランス政府は，E（環境），S（社会），G（ガバナンス）の
基準を統合した SRI ラベルをといわれる金融商品のための認証を創設した。
認定資格を得るためには，金融商品は財務省が定める基準を満たさなければな
らない。運用機関は法定要求事項を満たしたうえで，SRI 認証者から認証を受
けるが，SRI ラベルの有効期間は 3 年である。また，ポートフォリオの平均
ESG 格付が，財務実績を測定するために使用されるベンチマークの水準を上
回ることが義務づけられている[12]。

　SRI ラベル認証制度は，ESG 投資に対して法的裏付けを付与する，世界で
初めての試みである。英国ではブレア政権時代に年金法が改正[13]されたこと
で機関投資家の SRI 利用が急速に拡大した事例がある。ESG 投資に関する各
国の法制度の整備が進めば，ESG が機関投資家の標準的な投資慣行となる日
もそう遠くないのではあるまいか。

（長谷川直哉）

注
1　伊東邦雄・加賀谷哲之（2001）「企業価値と無形資産経営」『一橋ビジネスレビュー』49 巻 3 号,

東洋経済新報社。

2　伊藤正晴（2014）「日本の SRI 市場」『社会的責任投資（SRI）を学ぶ―「持続可能な社会」に向けて―』大和総研。

3　一般社団法人投資信託協会「公募投資信託の資産増減状況（実額）」に基づく。

4　投資信託事情（2005 年 12 月号）によれば，2001 年末の国内 SRI ファンドの資産残高 1,305 億円のうち，日興エコファンドは 646 億円（49.5％）を占めていた。

5　当初運用額は 100 億円で，野村アセットマネジメントに運用を委託した。

6　長谷川直哉（2007）「市場メカニズムにおける企業価値と CSR に関する一考察」『経営会計研究』（日本経営会計学会）第 8 号，1～20 頁。

7　「環境と開発に関する国際連合会議（UNCED）」（1992 年）で採択されたリオ宣言原則 15 は，予防原則について次のように規定している。「環境を防御するため，各国はその能力に応じて予防的方策を広く講じなければならない。重大あるいは取り返しのつかない損害の恐れがあるところでは，十分な科学的確実性がないことで環境悪化を防ぐ費用対効果の高い対策を引き延ばす理由にしてはならない」。

8　環境金融の予防機能については，藤井良広（2005）14～15 頁及び 31～34 頁を参照されたい。

9　牛山積（1991）『現代の公害法』剄草書房，3～4 頁。

10　損保ジャパン日本興亜アセットマネジメントは，責任投資への取り組みの中で投資先企業に以下の諸点を求めている。

　一．社会の需要に応え，付加価値を創造し，長期的に利益を生み出すこと

　一．適切な雇用・資本政策を採用し，創造した付加価値を適切に配分すること

　一．公正で正確，かつ迅速な情報開示により，投資家の予見可能性を高めること

　一．社会の一員として倫理的に行動し，環境問題等に対する社会的責任に貢献的であること

11　UNEP Finance Initiative, The Global Compact "Principles for Responsible Investment" 2006.

12　詳細は以下を参照されたい。

http://www.novethic.com/responsible-investment-news/sri-the-french-government- creates-official-labels-for-financial-products.html

13　2000 年 7 月，ブレア政権は年金法（Pensions Act of 1995）を改正し，機関投資家の投資基準として非財務指標（環境，社会，倫理など）を加えることを容認した。投資方針に SRI を加えた機関投資家は，投資方針書（Statements of Investment Principles）に具体的な投資方針を記載して開示することが求められた。

参考文献

Domini, A., (2001) *Socially Responsible Investing: Making a Difference and Making Money*, Dearborn Trade.

Euro SIF, European SRI Study 2006～2013.

藤井良広（2005）『金融で解く地球環境』岩波書店。

環境格付プロジェクト（2002）『環境格付の考え方』税務経理協会。

Kennedy, A., (2000) *The End of Shareholder Value: Corporations at the Crossroads*, Perseus Books Group.

金融機関の環境戦略研究会（2005）『金融機関の環境戦略―SRI から排出権取引まで―』金融財政事情研究会。

公益財団法人資本市場研究会（2015）『月刊資本市場 No.354』。

Natixis Global Asset Management (2016), 2016 GLOBAL SURVEY OF INSTITUTIONAL

INVESTORS.

Natixis Global Asset Management (2015), 2015 GLOBAL SURVEY OF INSTITUTIONAL INVESTORS.

日本サステナブル投資フォーラム編『サステナブル投資残高調査』各年版。

社会的責任投資フォーラム編『日本 SRI 年報』各年版。

Schmidheiny, S., Zorraquin, F., (1996) World Business Council for Sustainable.

Development, *Financing Change: The Financial Community, Eco-Efficiency, and Sustainable Development*, The MIT PRESS.

Sparkes, R., (2002) *Socially Responsible Investment: A Global Revolution*, John Wiley & Sons.Ltd.

牛山積 (1991)『現代の公害法』到草書房。

US SIF, Report on Socially Responsible Investing Trends in the United States.

US SIF, Report on US Sustainable, Responsible and Impact Investing Trends.

第6章

責任投資原則と ESG 投資を巡る国際的潮流

第1節　はじめに

　本章では，責任投資原則と責任投資／ESG 投資について，その背景や動向を検討する。

　現在，年金基金や保険会社，信託銀行，資産運用会社等の機関投資家が責任投資を拡大している。責任投資とは，投資の意思決定や投資先選定のプロセスの中に投資先企業の環境，社会，ガバナンス面の非財務的な評価を統合し，リスクを適切に管理しながら，長期的なリターンを創出することを目指す投資のアプローチである[1]。責任投資は，環境，社会，ガバナンスの頭文字をとってESG 投資やサステナブル投資とも呼ばれる。従来，環境や社会への配慮度合いを評価基準として投資先企業を選定するエコファンド等の投資信託商品は，社会的責任投資（Socially Responsible Investment：SRI）と呼ばれているが，責任投資や ESG 投資は，投資信託のような特定のファンドの中で行われるSRI とは異なり，機関投資家が運用する全ての資産に環境，社会，ガバナンス面の評価を組み込む投資手法という意味で区別される[2]。この投資手法は，特にインテグレーション（integration）とも呼ばれる。

　今日の責任投資の拡大は，2006 年に国連が責任投資原則（The Principles for Responsible Investment：PRI）を発表し，多くの機関投資家が賛同し署名したことが契機になっていると言われている。そこで本章では，まず第2節で国連責任投資原則を中心に概観し，責任投資原則がどのような背景や政策的意図をもって公表され，それが責任投資／ESG 投資の拡大にどのようにつながっていったのかを概観する。その上で，第3節で，責任投資／ESG 投資を巡る

機関投資家の取り組みの現状と課題を把握することを試みたい。

第2節　責任投資原則とESG投資

1.　責任投資に対する関心が高まっている背景

　責任投資／ESG投資の流れがグローバルに加速している背景には，地球の持続可能性を脅かす様々な問題，とりわけ気候変動（地球温暖化）問題に対して国連をはじめとする国際機関と金融業界が持つ強い危機感がある[3]。実際，国連は，1992年に地球サミットを開催して以降，地球のサステナビリティ実現を目的とした様々な取り組みを推進しているが，近年は，企業や金融機関を直接的な取り組み主体としたイニシアティブが増えている（図表6-1）。

　さらに，気候変動に対する懸念が高まっている中で，パリ協定が合意，発効し，脱炭素の取り組みが政策面と経済活動の両面で急速に進んでいる。パリ協定が2016年11月に発効し，今世紀末までの気温上昇を2℃未満に抑えるというコミットメントに国際的な資金フローも歩調を合わせなければならないという認識が高まっている。パリ協定が合意されたCOP21をホストしたフランスで制定された世界で初めて機関投資家に気候リスクに関する情報開示を義務づける法律や，気候関連財務情報開示タスク・フォースが，2017年7月にG20金融安定理事会に提出した勧告案等はこれらの具体的な動きである。

　このような取り組みが多くの金融機関に影響を与え，資金運用にESG要素を組み込む動きを加速させている。これらの取り組みのうち，金融機関，特に機関投資家が責任投資を採用する動きが加速する契機になった2006年公表の国連責任投資原則（PRI）について整理しておきたい。

図表 6-1　サステナビリティをテーマとした国際機関及び企業・金融機関関連のイニシアティブ

年	会議・イニシアティブ名	内容
1972	国連人間環境会議	・経済成長と環境問題をメインテーマとした初の国連会議。人間環境宣言及び環境国際行動計画を採択
1992	国連環境開発会議（地球サミット）	・顕在化する地球環境問題を人類共通の課題と位置付け，「持続可能な開発」という理念の下に環境と開発の両立を目指しリオ宣言，気候変動枠組条約，生物多様性条約等を採択
1992	国連環境計画・金融イニシアティブ（UNEP FI）	・地球サミットを契機に持続可能な金融を促進することを目的に設立された国連環境計画（UNEP）と世界の金融機関との間のパートナーシップ。ESG への配慮を統合した経済的発展と金融システムの構築に取り組む
2000	国連グローバル・コンパクト（UNGC）	・企業や団体が持続可能な成長を実現するための世界的な枠組み作りに参加する自発的な取り組み ・署名企業・団体は，人権保護，不当労働の排除，環境保全，腐敗防止に関わる 10 の原則に賛同し，その実現に向けて努力する
2006	国連責任投資原則（PRI）	・年金基金や運用機関等の機関投資家が ESG 課題の投資への影響を理解し，ESG 要因を投資の意思決定に組み込むことを促進するために UNEP FI と UNGC により設立
2015	持続可能な開発目標（SDGs）	・国連持続可能な開発サミット開催時に採択された 2030 年までの新たな開発目標。17 の目標と 169 のターゲットから構成 ・貧困撲滅に向け取り組むべき課題をより広く捉え，経済，社会，環境の各側面に横断的に関わる課題を広く包含 ・SDGs 達成に企業が果たし得る大きな役割を強調
2015 -17	G20 金融安定理事会タスク・フォースによる気候変動関連財務情報開示	・G20 財務相・中央銀行総裁会議の要請に基づき金融安定理事会（FSB）が金融機関が考慮すべき気候変動に伴う課題を検討 ・FSB が設置した気候関連財務ディスクロージャータスクフォース（TCFD）が 2017 年 6 月に最終報告書を発表
2015	パリ協定	・2015 年 12 月に開催された国連気候変動枠組条約第 21 回締約国会議（COP21）で合意された 2020 年以降の地球温暖化対策の枠組み ・途上国を含む全 196 の条約加盟国・地域が参加。産業革命前からの気温上昇を 2℃ 未満に抑え，1.5℃ 未満を目指すことに合意

（出所）各団体のホームページ及び環境省持続可能性を巡る課題を考慮した投資に関する検討会『ESG 検討報告書』（2017）を参考に作成。

2. 国連責任投資原則（PRI）

⑴　PRI 策定の経緯

　PRI の策定は，2005 年の初頭に当時のコフィ・アナン国連事務総長が，世界の大手機関投資家のグループに責任投資推進のための原則の策定を呼びかけたことが契機とされる。アナン事務総長の呼びかけに応じて世界の大手機関投資家が協力し PRI が策定され，2006 年 4 月にニューヨーク証券取引所で発表された[4]。署名金融機関数は当初の 100 機関から 2017 年には 1700 機関を超えるまでに増加している。

　PRI は，責任投資に対する関心が高まっている理由として，① 金融において ESG 課題が重要であるとの認識の広がり，② ESG 課題を資産運用プロセスに組み込むことが顧客と受益者に対する投資家の受託者責任の一部であるとの理解，③ 企業の業績，投資収益，市場行動に短期主義が及ぼす影響の懸念，④ 投資家が行使する権利と所有者としての責任に対する政策からの要請，⑤ 責任投資を通じて差別化を図る競合他社からの圧力，⑥ 投資家，顧客，受益者の倫理的動機，の 6 点を指摘しており，持続可能な発展の実現という国際社会の目的実現のために，金融機関が SRI とは明確に異なる次元で資産運用全体に ESG 考慮を組み込むことを求めている[5]。PRI に署名する機関投資家の数及び運用資産総額が一貫して増加していることは，機関投資家が少なくとも認識レベルにおいては，PRI が指摘するこれらの問題意識を共有していると言える。

⑵　PRI が目指す目的と 6 つの原則

　PRI はそのミッションについて，「私たちの信念と熱意」と題して「経済効率性が高く，持続可能なグローバル金融システムは，長期的な価値を創出する上で不可欠である。このようなシステムは，長期にわたる責任ある投資に報いて，環境や社会全体に利益をもたらす[6]」と述べている。

　この認識に基づき，PRI は，持続可能なグローバル金融システムの実現を，① PRI の 6 原則の採択と実施のための協力促進，② 優れたガバナンス（Good

図表 6-2　PRI 6 原則

1. 私たちは投資分析と意思決定のプロセスに ESG 課題を組み込む
2. 私たちは行動する資産保有者となり，資産所有方針と実践に ESG 課題を組み込む
3. 私たちは投資対象の企業に対して ESG 課題の適切な情報開示を求める
4. 私たちは資産運用業界が本原則を受け入れ，実践するよう働きかける
5. 私たちは本原則実践の効果を高めるために協働する
6. 私たちは本原則実践に関する活動状況や進捗状況を報告する

（出所）PRI brochure（2016）（日本語訳）6 頁及び水口（2013）64 頁を参考に筆者作成。

governance），誠実さと説明責任（Integrity and accountability）の強化，③市場の慣習や構造，規制内における持続可能な金融システムに対する障害の除去（Addressing obstacles to a sustainable financial system that lie within market practices, structures and regulation.）という 3 つの方法で目指すとしている。このように，PRI では，持続可能なグローバル金融システム（Sustainable global financial system）の実現こそが，PRI の目指すゴールであると強調し，そのゴールを実現する手段として署名機関がコミットすべき 6 つの原則を提示している。6 原則の具体的な内容は図表 6-2 のとおりである。

　この 6 原則をまとめると，PRI 署名機関は，投資分析・意思決定のプロセスに ESG 課題を統合し（原則 1），アセット・オーナーは資産所有方針・実践に ESG 課題を反映させ（原則 2），投資先企業へ情報開示を要求し（原則 3），PRI 原則普及のために他の機関投資家に働きかけを行い（原則 4），PRI 原則の効果を高めるために他の署名機関と協働し（原則 5），活動状況を PRI 事務局に報告する（原則 6）という，一連の行動を求められる。

　PRI は，署名機関が責任投資原則の 6 つの原則を広く実践することで責任投資の普及を目指すとしており，目的の実現のため，PRI 署名機関が，環境，社会，ガバナンスの ESG 課題が投資に及ぼすインパクトを理解し，ESG 要因を投資の意思決定に統合するために PRI 事務局が様々な支援メニューを整備し提供している。

⑶　PRI 署名機関の推移と現状

　ここで，PRI 署名機関の推移と現状をカテゴリー別と国別の 2 つの観点から見ておきたい。

① カテゴリー別の状況

　PRIに署名した機関投資家の総数は2017年8月現在1755機関であり，カテゴリー別では，年金基金等のアセット・オーナー（Asset Owner）が349機関，運用機関（Investment Manager）が1182機関，サービス提供機関（Service Provider）が224機関となっている[7]（図表6-3）。

　図表6-4は，PRI署名機関数と運用資産総額の2006年4月から2017年4月までの推移を示したものである。これらを見ると，署名機関の総数と署名機関の運用資産総額は2006年以降一貫して増加している。また，全署名機関が運用する資産合計は68兆ドルに達している。ただし，署名機関の総数と署名機関の運用資産総額の推移に比べてアセット・オーナーの署名機関数と運用資産

図表6-3　PRIのカテゴリー別署名機関数

カテゴリー	署名機関数
アセットオーナー	349
運用機関	1,182
サービス提供機関	224
合計	1,755

（注）署名機関数は2017年8月14日現在。
（出所）PRIホームページ（https://www.unpri.org/about）をもとに作成。

図表6-4　PRI署名機関数と総運用資産の推移

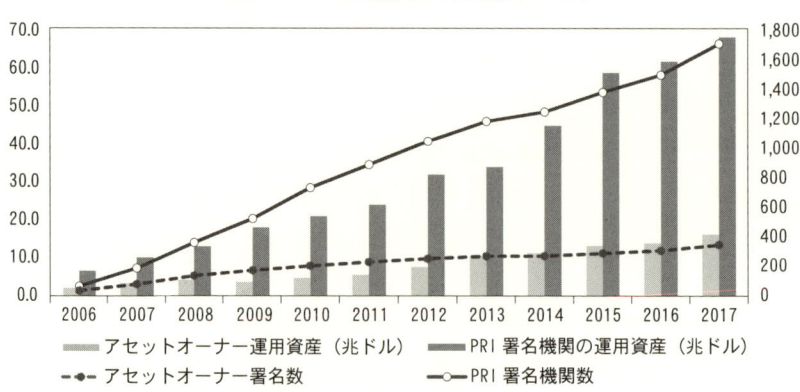

（出所）PRI HP（https://www.unpri.org/about）をもとに作成（閲覧日：2017年8月14日）。

総額の伸びが相対的に低い点には留意しておく必要がある。

　通常，年金基金等のアセット・オーナーは，図表 6-5 が示すように，いわゆるインベストメント・チェーンの上流に位置づけられ，運用機関に資産の運用を委託することから，ESG 配慮に関して，運用機関に影響力を行使できる立場にある。これを，水口（2013）では「ESG の階層構造」として示し，その中で各アセット・オーナー，運用機関，ESG 評価機関を位置付け説明している（図表 6-6）。

　図表 6-5 と図表 6-6 からわかるように，責任投資の量的及び質的な普及のた

図表 6-5　インベストメント・チェーン

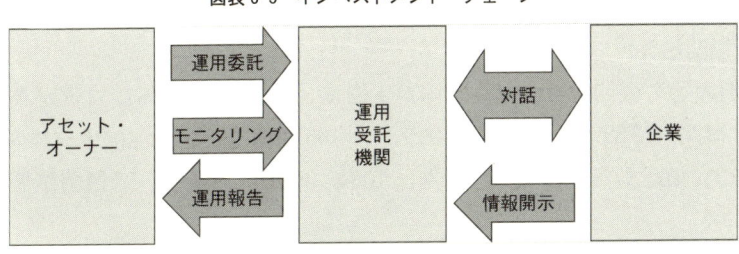

（出所）環境省（2017）3 頁。

図表 6-6　ESG 投資の階層構造

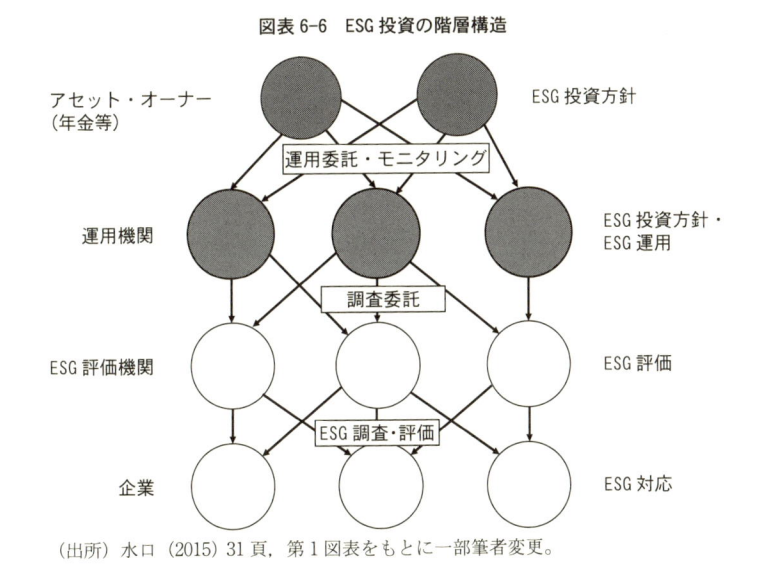

（出所）水口（2015）31 頁，第 1 図表をもとに一部筆者変更。

めには年金基金等のアセット・オーナーの行動が鍵を握っている。PRIでも一貫してより多くのアセット・オーナーがPRIに署名することの重要性を強調し，署名機関増加に向けた取り組みを行っている。また近年は，国際NPOがアセット・オーナーの責任投資への取り組みをランキングして，取り組みが遅れているアセット・オーナーの取り組みを促す取り組みも行われている（この取り組みについては第3節で詳述する）。

② 国別の状況

　PRI署名機関数の国別の状況について，総数の上位10か国を図表6-7に，各カテゴリーの上位15か国を図表6-8に示した。これらの図表から言えることは以下のような点である。

〈署名機関総数〉

・国別の署名機関総数では，米国が1位で329機関（18.7%），2位が英国で242機関（13.8%），以下，3位フランス166機関（9.5%），4位オーストラリア123機関（7%）と続く。日本は10位（3.2%）であり，57機関が署名している。

・上位10か国の署名機関数の合計は1314機関となり全体の約75%を占める。日本を除けばPRI署名機関数の上位はすべて欧米諸国であり，責任投資は欧米の機関投資家が主導していることがわかる。

〈カテゴリー別〉

・カテゴリー別では，アセット・オーナーの署名機関数1位は英国，運用機関とサービス提供者の署名機関数1位は米国となっている。

・オランダはアセット・オーナーの署名機関数が42機関と英国に次いで多い。

・日本はアセット・オーナーで10位（4%），運用機関で11位（2.7%），サービス提供機関で7位（4.9%）である。

・近年国際金融市場でプレゼンスを高めている中国は各カテゴリーとも上位15位には入っていない[8]。

(4) PRI署名機関の質の担保に向けた取り組み

　PRIに署名した機関は，署名後は6原則の実践を求められるが，取り組みは署名機関まかせにせず，PRI事務局が定期的にレビュー（審査）することに

図表6-7　PRI署名機関総数国別順位（2017.7.4現在）

順位	国	署名機関数	割合
1	米国	329	18.7%
2	英国	242	13.8%
3	フランス	166	9.5%
4	オーストラリア	123	7.0%
5	カナダ	97	5.5%
6	オランダ	97	5.5%
7	スウェーデン	75	4.3%
8	スイス	66	3.8%
9	ドイツ	62	3.5%
10	日本	57	3.2%
小計		1,314	74.9%
合計		1,755	100%

（出所）PRI HP（https://www.unpri.org/about）をもとに
作成（閲覧日：2017年8月14日）。

図表6-8　PRI署名機関数カテゴリー別上位20か国（2017.7.4現在）

	アセット・オーナー (Asset Owner)			運用機関 (Investment Manager)			サービス提供機関 (Service Provider)		
順位	国名	署名機関数	%	国名	署名機関数	%	国名	署名機関数	%
1	英国	46	13.2%	米国	253	21.4%	米国	45	20.1%
2	オランダ	42	12.0%	英国	160	13.5%	英国	36	16.1%
3	オーストラリア	34	9.7%	フランス	138	11.7%	スイス	16	7.1%
4	カナダ	32	9.2%	オーストラリア	77	6.5%	フランス	14	6.3%
5	米国	31	8.9%	カナダ	56	4.7%	オーストラリア	12	5.4%
6	スウェーデン	20	5.7%	スウェーデン	51	4.3%	ブラジル	12	5.4%
7	ドイツ	17	4.9%	オランダ	49	4.1%	日本	11	4.9%
8	ブラジル	15	4.3%	スイス	41	3.5%	カナダ	9	4.0%
9	フランス	14	4.0%	ドイツ	36	3.0%	ドイツ	9	4.0%
10	日本	14	4.0%	南アフリカ	35	3.0%	南アフリカ	9	4.0%
11	フィンランド	11	3.2%	日本	32	2.7%	オランダ	6	2.7%
12	スペイン	10	2.9%	スペイン	32	2.7%	スペイン	5	2.2%
13	スイス	9	2.6%	フィンランド	24	2.0%	イタリア	5	2.2%
14	南アフリカ	8	2.3%	ルクセンブルク	22	1.9%	スウェーデン	4	1.8%
15	デンマーク	7	2.0%	ブラジル	21	1.8%	ルクセンブルク	4	1.8%
	（小計）	310	88.8%		1,027	86.9%		197	87.9%
	署名機関合計	349	100%		1,182	100%		224	100%

（出所）PRI HP（https://www.unpri.org/about）をもとに作成（閲覧日：2017年8月14日）。

なっている。すなわち，署名機関は，署名後1年間の猶予期間を過ぎると，原則の実践状況についてPRI事務局に透明性報告（Transparency Report）と呼ばれる報告書を提出し，レビューを受けなければならない。報告内容はレポーティング・フレームワークと呼ばれる報告の枠組みに沿って多岐にわたり，PRI事務局は報告内容を原則ホームページで公開している。

　PRIの年次報告書では，過去1年間にPRIに署名した全機関を掲載し紹介する頁があるが，同じ頁に署名機関リストから削除（delist）された機関も掲載されている[9]。例えば，2016年版の年次報告書では，2015年4月1日から2016年3月31日の間にPRIに署名した223機関を掲載する一方で，署名リストから削除された103の機関をすべて掲載している。このうち11機関が，他のPRI署名機関による買収または合併，親会社のPRI署名による子会社の署名廃止が理由であり，別の2機関が報告とアセスメントプロセスに参加することができなかったことが理由であるとしている。その他の90機関については，署名リストからの削除理由が明記されていないため特定できないが，PRIは，その他の削除理由には，年会費の未払い，倒産等による業務の停止，自主的な脱退等があるとしている。合併，買収，親会社の署名等による署名リストからの削除は合理的な理由があると考えられるが，それ以外の理由で削除された92機関については，責任投資への取り組みが十分でなかった可能性がある。一方で，これらの機関を署名リストから削除するPRI事務局には，署名機関の数を単に増やすだけでなく，署名機関の質を維持しようという決意が感じられ，この点は評価に値すると考えられる。

(5) PRIの成果と課題

① 成果

　PRIの大きな成果は，環境や社会的側面を投資の中で考慮する責任投資／ESG投資は，従来のSRIのように投資信託のような特定のファンドの中で行う投資だけではなく，運用資金のすべてにおいて行うことであり（インテグレーション），それが投資のスタンダードになるべきであるという考え方を明確に示し，賛同する機関投資家に署名を求めた点である。実際，2006年のPRIの発表以降，多くの機関投資家がPRIに署名し，機関投資家の運用資産

に占める責任投資／ESG 投資の割合が大きく増えたことで，責任投資がメインストリームの投資に統合される流れが加速したと言える。特に欧米の政府系基金や公的年金が率先して署名し，世界の機関投資家の責任投資拡大をリードした。

　一方，日本の機関投資家の場合は，当初一部の民間運用機関や保険会社，企業年金がいち早く署名したものの，その数は限定的であった。また，特に欧米との比較において公的年金が署名していない点が指摘されていた。

　しかし，日本においては，2014 年以降，機関投資家の投資行動を責任投資へ促す大きな流れが起きている。まず，2014 年 2 月に「日本版スチュワードシップ・コード」が公表され，機関投資家が投資先企業との建設的な対話を通じて中長期的な価値創造に努めることが明示的に求められるようになり，年金基金や信託銀行，投資顧問会社等の数多くの機関投資家が自主的に受け入れを表明した。

　翌年の 2015 年 6 月には，東京証券取引所に上場する企業を対象とした「コーポレートガバナンス・コード」が導入され，対象企業に対して，自らの持続的成長と長期的な価値創造のために幅広いステークホルダーとの協働が不可欠とし，協働を通じて ESG（環境，社会，ガバナンス）課題に積極的・能動的に対応することを促した。

　このような中，国民年金と厚生年金の積立金を運用する世界最大規模のアセット・オーナーである年金積立金管理運用独立行政法人（Government Pension Investment Fund：GPIF）が 2014 年 5 月にスチュワードシップ・コードの受け入れを表明，翌 2015 年 9 月には PRI への署名を発表した。今後 GPIF に追随する日本の公的年金の PRI への署名が増えることが期待される。

② 課題

　一方で PRI の課題は何か。機関投資家の PRI 署名が増えたことにより，投資行動の中での責任投資及び ESG 投資が，SRI が拡大した時に指摘されたような特殊な投資手法ではなく，メインストリームの投資手法であるとの認識が広がったのは大きな成果であるが，一方で，PRI の 6 原則が署名機関に求めているような，例えば，ESG 要素を投資方針や具体的な運用プロセスの中に制

度的に統合することなどを，署名した機関投資家はどの程度実現しているのだろうか。

　PRI事務局が毎年発行している年次の進捗報告書（PRI Report on Progress）の2015年版の中では，以下の3点が課題として指摘されている[10]。

a.　アセット・オーナーの一層の取り組みが必要

　PRI（2015）は，近年PRI署名機関数は増えたが，アセット・オーナーの署名数は相対的に少なく，今後さらにアセット・オーナーのPRIへの署名を増やすことが課題であると指摘している[11]。また，PRI署名機関の運用資産は59兆米ドルに達し，資産運用の専門家が管理運用する資産の63%がPRI署名機関の運用機関によって運用されるようになった一方で，PRIに署名するアセット・オーナーが保有している運用資産は全体のわずか19%と少なく，しかもアセット・オーナーが保有する資産の75%はヨーロッパのアセット・オーナーに集中している点を指摘しており，ヨーロッパ以外の地域のアセット・オーナーの責任投資への取り組みが必要と指摘している[12]。

　アセット・オーナーのPRIへの署名が進まないことのより本質的な問題点は，アセット・オーナーが責任投資に取り組まなければ，多くの場合アセット・オーナーから運用委託を受けて運用を行う運用機関の責任投資への取り組みも拡大・進化しないという点にある。PRI（2015）でも，「アセット・オーナーのPRI署名はまだ少ない。アセット・オーナーは，運用機関への運用委託を通じて責任投資を促進する立場にあるが，責任投資がどのように運用機関によって実施されるかについての詳細は多くの場合不明である[13]」と指摘し，責任投資への取り組みが十分ではないアセット・オーナーの存在が，資産運用業界全体に責任投資が普及する障害になっている点を指摘している。

b.　ESG要素の運用方針・運用プロセスへの統合が不十分

　責任投資に関する2点目の課題として，ESG要素の運用方針・運用プロセスへの統合が不十分という点が指摘されている。PRI（2015）では，「上場株式投資において，運用機関の責任投資への取り組みは，一見飽和点に達したようにみえるが，ESGの企業価値評価への体系的な統合はほとんど行われてお

らず，ESG 考慮がどのように投資の意思決定に影響したかを文書化している運用機関はほとんどいない」[14] と指摘し，多くの署名機関の責任投資への取り組みが未だ形式的なものにとどまっており，ESG 課題の具体的な運用プロセスへの統合は十分ではないと指摘している。

c. 気候変動戦略が不十分

　機関投資家の責任投資活動における課題の 3 点目は気候変動戦略の策定が急がれる点である。PRI（2015）では，「署名機関は気候変動を考慮してはいるが，正式な戦略を開示している機関はまだほとんどない。気候変動への包括的な対応策を策定した署名機関もあるが，まだ広くは普及していない[15]」と，署名機関の現状の気候変動対応が不十分な点を指摘し，早急に投資活動の中での気候変動戦略を策定することを求めている。

　以上の 3 つの課題は，いずれも，責任投資／ ESG 投資が PRI への署名という形式的なレベルから投資プロセスの中に ESG 課題をインテグレーションするという本質的に重要な取り組みになるため，第 3 節において，より詳細に分析することにしたい。

図表 6-9　PRI が署名金融機関に求めている具体的なアクション

アセット・オーナーに求めるアクション
・責任投資方針を確実に行動につなげ，ESG 配慮をメインストリームの投資方針に統合する
・運用機関を選定する際に具体的な責任投資戦略を検討し，契約書の中で ESG 固有の条項を設ける
運用機関に求めるアクション
・企業を評価する際に ESG が及ぼすインパクトを文書化する
・ポートフォリオの環境面，社会面におけるインパクトをポジティブ，ネガティブ両面から測定する
・責任投資戦略と投資手法について業界の理解を促進するために，PRI を通じまたは独自に調査や議論に貢献する

（出所）PRI（2015）をもとに筆者作成。

第3節　責任投資の現状

　前節では，責任投資／ESG投資について，責任投資に対する関心が高まっている背景と国連責任投資原則（PRI）を中心に概観した。前節で責任投資の課題として触れたが，PRIに署名しただけでは真に責任投資に取り組んでいることにはならない。PRIの6つの原則を実践し，特に，投資方針や投資プロセスにESG要素を組み込んで初めて責任投資／ESG投資に取り組んでいると言える。また，責任投資／ESG投資がインベストメント・チェーン全体に広がることが重要である。そこで，本節では，世界の機関投資家がどの程度具体的に責任投資／ESG投資に取り組んでいるかについての全体像をとらえることを試みた。

1. 責任投資の現状の把握方法

　世界の機関投資家の責任投資への取り組みの現状を把握しようとする場合，少数のアセット・オーナーや運用機関の取り組みを個別に概観しただけでは全体的な傾向を判断することはできない。そこで，本節では，グローバルに活動を展開するアセット・オーナー・ディスクロージャー・プロジェクト（Asset Owner Disclosure Project：AODP）という国際NPOが，世界の上位500の年金基金等のアセット・オーナー及び世界の主要50運用機関を対象に実施した各機関の気候変動リスクへの対応を評価し，2017年に結果を公表したAODP Global Climate Index 2017を概観し，機関投資家の責任投資に対する国際的な取り組みの現状を把握することにしたい[16]。

2. AODP Global Climate Index 2017の評価手法

(1)　評価のフレームワーク

　AODP Global Climate Index 2017は，運用資産を20億ドル以上保有するア

セット・オーナー 500 機関及び世界のトップ運用機関 50 機関を,「気候関連財務情報開示に関する FSB タスク・フォース（TCFD）」が開示すべき情報とした 4 つの中核的要素である,「ガバナンス」,「戦略」,「リスクマネジメント」,「指標と目標」を評価の基本的なフレームワークとして採用している[17]。具体的には, この 4 つの中核要素を「ガバナンスと戦略」,「ポートフォリオにおけるカーボンリスク・マネジメント」,「指標と目標」の 3 つに再構成し, 以下の観点から評価を行っている。

① ガバナンスと戦略

　気候リスクを管理するための組織体制, 気候リスクに関する原則・方針とそれらの投資プロセスへの統合度が評価されている。

② ポートフォリオのリスクマネジメント

　気候変動に関連する財務リスクと機会を評価し, 管理するために使われる様々なツール及びアプローチの多様さと有効性（エンゲージメント, 議決権行使, ポートフォリオのマネジメントツール等）が評価される。2017 年評価では, ① 気候変動関連の議決権行使及び ② 座礁資産リスクの評価が重点的に評価されている。

③ 指標と目標

　ポートフォリオにおける気候変動リスクを測定, 監視, 比較するために用いられる重要指標を意味し, 2017 年評価では, ① ポートフォリオの炭素排出量及び ② 低炭素資産への投資の定量把握が中心的な評価対象になっている。

(2)　具体的な評価手法

　AODP Global Climate Index 2017 の具体的な評価手法は, 上記（1）で見た 3 つのフレームワークに基づき, アセット・オーナー 500 機関及び運用機関 50 機関に対して, 37 の質問項目から構成されるアンケートへの回答を依頼し, 調査に対する回答と公表情報をもとにスコア化し, 最終的に AAA から D までの格付を付与する形で評価を行っている[18]。評価されるのは, ポートフォリ

オの気候変動リスクを適切に管理できているかという機関投資家の対応能力である。気候変動対策として何ら取り組みを行っていないと判断された機関は得点がゼロとされ，Xと評価される（図表6-10）。

　A，B，C，D，Xの各評価はそれぞれ，リーダー，挑戦者，傍観者，落伍者という名称でカテゴリー化され，A，B，Cの各評価はさらに3つに細分化される。注意すべきは，平均的な取り組みはC評価になっていることである。したがって，財務格付等から想起される一般的なイメージと異なり，CC，

図表6-10　AODP格付の定義

カテゴリー	評価	アセット・オーナー	運用機関
リーダー	A-AAA	上位7%	上位4%超
挑戦者	B-BBB	7%-14%	4%-20%
学習者	C-CCC	14%-22%	20%-46%
傍観者	D	22%-60%	46%-94%
落伍者	X	得点ゼロ（下位40%）	得点ゼロ（下位6%）

（出所）AODP Global Climate Index 2017, p.2を筆者翻訳。

図表6-11　AODP格付定義の詳細

評価	カテゴリー	意味	取り組みの水準
AAA		最優秀の精鋭グループ（Elite）	すべての分野において最優秀のパフォーマンスを示している
AA	リーダー	優秀（Excellent）	すべての分野において優秀なパフォーマンスを示している
A		極めて強い（Extremely strong）	複数の分野において強いパフォーマンス示している
BBB		非常に強い（Very strong）	複数の分野において先進的な取り組みを行っている
BB	挑戦者	強い（Strong）	複数の分野において先進性を高めている
B		進んでいる（Advancing）	より広い分野に取り組みを拡げている
CCC		平均より上（Above average）	少なくとも1つの分野で相当レベルの具体的な行動を行っている
CC	学習者	進みつつある（Developing）	少なくとも1つの分野で複数の行動を徐々に行っている
C		平均（Average）	少なくとも1つの分野で行動を開始している
D	傍観者	平均以下（Below average）	気候変動が投資に及ぼすインパクトについて限定的にしか情報開示していない
X	落伍者	ゼロ評価（Zero score）	気候変動が投資に及ぼすインパクトについて考慮しているという証拠がない

（出所）AODP Global Climate Index 2017, p.74を筆者翻訳。

CCC, B-BBB という評価は，平均よりも高い取り組みということになる。それぞれの格付に AODP が与えている定義は図表6-11 のとおりである。

3. AODP Global Climate Index 2017 結果の概要

⑴ アセット・オーナーの状況
① 全体の状況

AODP Global Climate Index 2017 の結果について，アセット・オーナーの全般的な状況は図表6-12 のように示される。これを見ると，まず，気候変動に対して全く活動を行っていないグループ（落伍者）が 201 機関と全体の40％を占めていることが目につく。逆に言えば，残りの60％のアセット・オーナーは何らかの取り組みを行っているということになるが，その中でも，平均以下の取り組みと評価されるグループ（傍観者）が 187 機関と圧倒的に多い。平均以上の取り組みを行っていると評価される「学習者」，「挑戦者」，「リーダー」の３つのカテゴリーにランクインしたアセット・オーナーは112 機関と全体の約２割に過ぎない。アセット・オーナーの責任投資の取り組みは，全体の２割の少数派が取り組みを先導しているということがわかる。

ただし，前年と比べた場合，全般的に取り組みが進んでいるとは言える。すなわち，X 評価の付いた「落伍者」は前年の246 から 201 機関に 18％減少す

図表6-12　評価カテゴリー毎のアセット・オーナー数

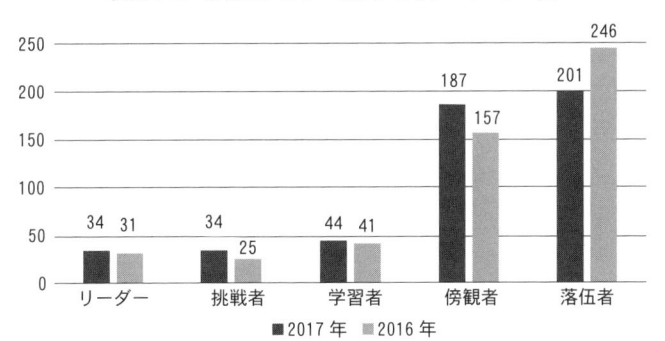

（出所）AODP Global Climate Index 2017, p.6 を筆者翻訳。

る一方，リーダーは31から34，「挑戦者」は25から34機関に増加している。気候変動の財務リスクを認識し，最初の一歩を踏み出しているグループと評価される「傍観者」は，前年の157から187機関と19%増加している。

② 個別アセット・オーナーの状況

　次に個別のアセット・オーナーの評価はどのようになっているか見てみたい。図表6-13は，アセット・オーナーのリーダーグループ（格付AからAAA）の一覧を示したものである。AODPはリーダーグループについて以下のようにコメントしている。

・格付A以上と評価されたリーダーグループは34機関であり，前年の31機関から増加している。

・国別では，米国7，オーストラリア6，オランダ4，スウェーデン4，フランス4，英国4，フィンランド2，デンマーク1，ニュージーランド1，ノルウェー1となっており，米国，オーストラリア，ヨーロッパ諸国のアセット・オーナーが主導している。日本を含むアジアのアセット・オーナーは1機関も入っていない。

・最上級のAAAと評価されたアセット・オーナーは17機関あり，前年の12機関から5機関増加している。

・1位はオーストラリアのLocal Government Super（LGS），2位は英国のThe Environment Agency Pension Fund（EAPF）（環境庁年金基金）である。これらの2つの年金基金は，昨年も2位と1位であり，ガバナンスと戦略，ポートフォリオのリスクマネジメント，指標と目標の3つの全分野において現時点で最も高い水準の取り組みを行っている。

・新たにリーダーグループに入った機関は，AA評価のフランスの保険会社AXAとA評価の米国の年金基金TIAAである。この2つの年金基金は，ポートフォリオのリスクマネジメントが相当改善した結果，昨年のBBB格付から上昇した。

・大手オランダの年金基金であるPFZWは昨年のAAからAAAに上がった。また，今回9位でAAA評価が付与されたフィンランドの保険会社Ilmarinen Mutual Pension Insurance Companyは昨年のD格付けから大き

図表 6-13　アセット・オーナーのリーダーグループ（A-AAA）一覧

2017年順位	2017年格付	アセット・オーナー名	組織形態	国
1	AAA	Local Government Super (LGS)	年金基金	オーストラリア
2	AAA	The Environment Agency Pension Fund (EAPF)	年金基金	英国
3	AAA	New York State Common Retirement Fund (NYSCRF)	年金基金	米国
4	AAA	First State Super	年金基金	オーストラリア
5	AAA	Stichting Pensioenfonds ABP (ABP)	年金基金	オランダ
6	AAA	Pensioenfonds Zorg en Welzijn (PFZW)	年金基金	オランダ
7	AAA	Kommunal Landspensjonskasse Gjensidige Forsikringsselskap (KLP)	年金基金	ノルウェー
8	AAA	Fjärde AP-Fonden (AP4)	年金基金	スウェーデン
9	AAA	Ilmarinen Mutual Pension Insurance Company	年金基金	フィンランド
10	AAA	Elo Mutual Pension Insurance Company	年金基金	フィンランド
11	AAA	Fonds de Réserve pour les Retraites (FRR)	政府系ファンド (SWF)	フランス
12	AAA	Church Commissioners for England	基金	英国
13	AAA	Pensionskassernes Administration (PKA)	年金基金	デンマーク
14	AAA	Etablissement de retraite additionnelle de la Fonction Publique (ERAFP)	年金基金	フランス
15	AAA	New Zealand Superannuation Fund	政府系ファンド (SWF)	ニュージーランド
16	AAA	Sjunde AP-Fonden (AP7)	年金基金	スウェーデン
17	AAA	United Nations Joint Staff Pension Fund (UNJSPF)	年金基金	米国
18	AA	AustralianSuper	年金基金	オーストラリア
19	AA	Wespath Investment Management (Wespath)	年金基金	米国
19	AA	Vision Pooled Superannuation Trust (VPST)	年金基金	オーストラリア
21	AA	Bedrijfspensioenfonds voor de Landbouw (BPL)	年金基金	オランダ
22	AA	Unilever Pension Funds	年金基金	オランダ
23	AA	AXA Group	保険会社	フランス
24	AA	Caisse des Dépôts (CDC)	政府系ファンド (SWF)	フランス
25	AA	Andra AP-Fonden (AP2)	年金基金	スウェーデン
26	AA	Aviva Insurance	保険会社	英国
27	AA	Tredje AP-Fonden (AP3)	年金基金	スウェーデン
28	AA	California Public Employees Retirement System (CalPERS)	年金基金	米国
29	AA	California State Teachers' Retirement System (CalSTRS)	年金基金	米国
30	A	The Church of England Pensions Board (CEPB)	年金基金	英国
31	A	BT Financial Group	年金基金	オーストラリア
32	A	University of California Retirement System (UC Regents)	基金	米国
33	A	TIAA Global Asset Management (TGAM)	年金基金	米国
34	A	Victorian Superannuation Fund (VicSuper)	年金基金	オーストラリア

（出所）AODP Global Climate Index 2017, p.12 を一部筆者翻訳。

く改善した。

・英国の保険会社Aviva、米国CalSTRSおよび唯一の企業年金である Unilever年金基金が新たにAAグループに加わった。この3基金はすべて昨年のA格付から改善している。

・米国はリーダーグループで最大の7機関が入っているが、AODP Global Climate Index 2017が評価した米国のアセット・オーナーの4%にすぎない。次に、下位グループである落伍者カテゴリーを見てみる。落伍者グループと評価される X 評価は昨年の246機関から45機関（19%）減少し201機関となった。気候変動リスクに関して取り組みを行っていないアセット・オーナーは急速に減少していると言えるが、それでもまだ全体の約40%（運用資産12兆ドル）を占めている。

図表6-14は、アセット・オーナーの落伍者グループの中で運用資産が大きいアセット・オーナーを示したものである。

これらのアセット・オーナーは、主に中東の政府系ファンドであるソブリン・ウェルス・ファンド（SWF）や中国のアセット・オーナーに占められている。AODPは、これらのアセット・オーナーの気候変動問題に対する認識と行動が欠如していることを批判的にコメントしている。一方で、前年の2016年評価時に落伍者グループであった、アブダビ投資機構、日本のかんぽ

機関名	国	運用総額（10億ドル）
China Investment Corporation	China	$814
SAMA Foreign Holdings (Saudi Arabian Monetary Agency)	Saudi Arabia	$654
Kuwait Investment Authority	Kuwait	$592
SAFE Investment Company	China	$568
全国共済農業協同組合連合会（全共連）	日本	$477
Thrift Savings Plan (TSP)	USA	$458
China Life Insurance (Group) Company	China	$445
Hong Kong Monetary Authority	China	$406
Qatar Investment Authority	Qatar	$304

図表6-14　アセット・オーナーの落伍者グループ（運用資産が大きい順）

（出所）AODP Global Climate Index (2017), p.16 （一部修正の上筆者翻訳）。

生命，日本生命の3機関が，その後ディスクロージャーの改善や低炭素資産への投資を行った結果，X評価から脱却しD評価に上昇したと好意的にコメントしている。

③ アセット・オーナーの国別の状況

　図表6-15は，個別のアセット・オーナーの格付をもとに，アセット・オーナーが属する国毎に集計したものである。ここから以下のような点が見て取れる。

・1位スウェーデン，2位ノルウェー，3位ニュージーランド，4位フィンランド，5位オーストラリアと上位を北欧諸国とオーストラリア，ニュージーランドが占め，これらの国におけるアセット・オーナーの気候変動リスク対策の先進的な取り組みが浮き彫りになった。1位のスウェーデンは，年金基金の40%がリーダーグループに属しており，前年の30%からさらに上がっている。

・フランスはリーダーグループにおけるアセット・オーナーが昨年の21%からの31%まで増加したが，ニュージーランドとフィンランドがトップ10外から3位と4位に上昇したため6位に順位を下げた。しかし，フランスでは，世界で初めて機関投資家に気候変動リスクに関する情報開示を義務づけ，2016年1月に発効したため，次回調査でフランスの機関投資家の順位がどう変化するかがグローバルな広がりと合わせて注目されるとAODPはコメントしている。

・英米は，英国が9位，米国が15位であった。英国はトップ10にはとどまったが，リーダーグループに占める割合が前年の14%から9%に減少し，やや足踏み状態が続いている。一方，米国は，9位から15位に順位を落とし，カナダ（14位）の後塵を拝するようになった。米国を拠点とするアセット・オーナーは，一部の年金基金の先進的な取り組みが注目され，あたかも米国の年金基金すべてが気候変動リスクに真剣に取り組んでいるような印象を抱きがちであるが，AODPの報告書を読むと二極化している実態が浮き上がる。リーダーグループに入っている米国のアセット・オーナーはわずか4%に過ぎず（昨年は5%），4兆5000億ドルもの資産を運用する63%は落伍者

図表 6-15　アセット・オーナーの国別の状況

ランク	格付	国名	アセット・オーナーの割合		運用資産額に占める割合		アセット・オーナー合計数	資産運用金額合計（億ドル）	2016年ランキングにおけるアセットオーナーの割合	
			リーダーG	落伍者G	リーダーG	落伍者G			リーダーG	落伍者G
1	BBB	スウェーデン	40%	0%	37%	0%	10	3,850	30%	0%
2	BBB	ノルウェー	25%	0%	6%	0%	4	9,920	25%	0%
3	BB	ニュージーランド	50%	0%	46%	0%	2	470	0%	50%
4	BB	フィンランド	33%	0%	30%	0%	6	2,060	0%	14%
5	B	オーストラリア	21%	0%	18%	0%	29	8,870	18%	3%
6	B	フランス	31%	15%	42%	3%	13	19,610	21%	21%
7	B	オランダ	18%	0%	43%	0%	22	1,540	17%	11%
8	CCC	デンマーク	13%	0%	11%	0%	8	3,170	10%	20%
9	CC	英国	9%	12%	14%	5%	43	31,710	14%	23%
10	CC	アイルランド	0%	0%	0%	0%	2	510	0%	0%
14	D	カナダ	0%	24%	0%	9%	25	13,490	0%	44%
15	D	米国	4%	63%	17%	43%	183	103,820	5%	67%
17	D	スイス	0%	29%	0%	26%	21	9,310	0%	33%
21	D	日本	0%	26%	0%	18%	23	57,020	0%	58%

（出所）AODP Global Climate Index 2017, p.24 を筆者翻訳。

　グループである。AODP は，これらの米国のアセット・オーナーに対して，「気候リスクに関してどのような取り組みを行っているか全く開示されていない」と厳しくコメントしている。

・米国は機関投資家の層が厚く，資産運用総額で世界最大の規模を持つ。低炭素投資においても米国は絶対額ではリードしている。米国のアセット・オーナーが開示した環境関連の投資（green investments）は，550億ドルと対前年比2倍に拡大し，昨年のトップであったオランダの470億ドルを上回った。しかし割合で見るとここでも物足りない実態が浮き上がる。米国で運用されている全資産に対する環境投資の割合はわずか0.5％に過ぎず，オランダの平均3.1％に比べて大きく見劣りしている。AODP が指摘するように，米国のより多くのアセット・オーナーが，北欧諸国やオーストラリア，ニュージーランドのアセット・オーナーの気候変動リスクへの取り組みを追

随し，今以上に気候変動リスクを意識した投資を行うならば，世界の低炭素
経済への移行をより加速させることができるであろう。

・中国においては，2 兆 6,000 億ドルという運用資産を有するアセット・オー
ナーの 67％ が「落伍者」という評価になった。これは中国における全運用
資産の 80％ 以上である。再生可能エネルギーの加速的な普及を目指したグ
リーン金融の推進等は評価される一方で，情報開示における透明性の欠如が
評価を下げていると AODP は指摘している。

・カナダ（14 位），スイス（17 位），および日本（21 位）はリーダーグループ
に入っているアセット・オーナーは皆無であり，一層の取り組み強化が求め
られている。

　国別の状況のうち，日本のアセット・オーナーの状況をもう少し詳しく見て
おきたい。

　図表 6-16 は，アセット・オーナーを対象とした AODP Global Climate
Index 2017 の順位のうち，日本のアセット・オーナーの上位 10 機関を抜き出
したものである。日本のアセット・オーナーの中では，1 位 MS&AD 保険グ
ループ，2 位 SOMPO ホールディングス，3 位第一生命と大手生損保が上位を
占めた。4 位には，年金積立金管理運用独立行政法人（GPIF）がランクイン

図表 6-16　日本のアセット・オーナーの評価

格付	順位	昨年比	アセットオーナー名
C	97	↑ 95	MS&AD 保険グループ
D	113	↑ 74	SOMPO ホールディングス
D	146	↓ 13	第一生命
D	149	↑ 55	年金積立金管理運用独立行政法人（GPIF）
D	176	↑ 81	日本生命
D	207	↑ 50	勤労者退職金共済機構
D	213	↑ 44	国民年金基金連合会
D	218	↓ 26	東京海上ホールディングス
D	218	↓ 26	三井住友フィナンシャルグループ
D	236	↓ 32	T/D ホールディングス

（出所）AODP Global Climate Index 2017, p.59 を筆者翻訳。

し，5位に日本生命が続いた。1位のMS&AD保険グループのみ平均的な取り組みとされるC評価であり，評価対象の世界500のアセット・オーナーの中では97位であった。他の日本のアセット・オーナーはすべてD評価であり，上位を独占したヨーロッパ，オーストラリア，ニュージーランド等の国のアセット・オーナーに比べて一層の取り組みが求められる状況である。全般的に日本のアセット・オーナーの順位は昨年よりも上がっている機関が多く，このペースで取り組みを強化し，上位グループとの差を縮めることが期待される。

⑵　運用機関の状況

① 全般的な状況

　⑴では，アセット・オーナーを対象としたAODP Global Climate Index 2017の結果を見ながら，気候変動リスクに関するアセット・オーナーの責任投資の取り組み状況を概観した。次に，同様の手法により，合わせて43兆ドルの運用資産を持つグローバルトップ50の運用機関の気候変動問題への対応を評価したAODP Global Climate Index 2017の結果を概観したい。主要50機関の評価結果の全体像は図表6-17が示すとおりである。また，図表6-18は，運用機関とアセット・オーナーの格付を比較したものである。

　平均的な取り組みを行っているとの評価（C評価）以上の運用機関は50機関中23機関と全体の46%であり，評価された運用機関のほぼ半分が，気候変動がもたらすリスクと機会を管理するために具体的な行動を行っていることが明らかになった。これはアセット・オーナーの23%を大きく上回る。

　さらに，落伍者（X評価）と評価されたのは3機関（全体に占める割合は6%）のみであった。一方，アセット・オーナーの落伍者の比率は40%と高い。トップ50の運用機関を見る限り，気候変動リスクに対する認識と行動は運用機関がアセット・オーナーより先行していると言えそうである。

　ただし，運用機関ではヨーロッパの2つの運用機関がA評価以上のリーダーグループと評価された（全体の4%）のに対し，アセット・オーナーのリーダーグループの割合は7%であった。リーダーグループの層の厚さという意味ではアセット・オーナーが先行していると言えよう。

　また，BBB-Bと評価された挑戦者グループは，50機関中8機関であり全体

図表 6-17　運用機関のカテゴリー別評価（母数 50）

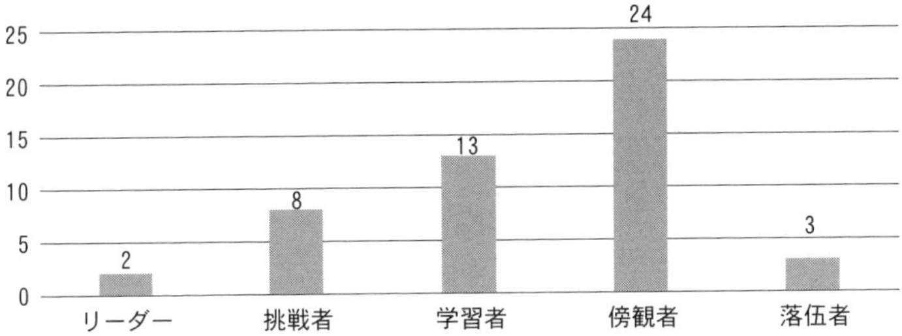

（出所）AODP Global Climate Index 2017, p.8 を筆者翻訳。

図表 6-18　格付毎のアセット・オーナーと運用機関の比較

カテゴリー	評価	実数		割合	
		アセット・オーナー	運用機関	アセット・オーナー	運用機関
リーダー	A-AAA	34	2	7%	4%
挑戦者	B-BBB	34	8	7%	16%
学習者	C-CCC	44	13	9%	26%
傍観者	D	187	24	37%	48%
落後者	X	201	3	40%	6%
合計		500	50	100%	100%

（出所）AODP Global Climate Index 2017 をもとに筆者作成。

の 16% である。一方，全体の 48％にあたる 24 の運用機関が気候変動に関連する財務リスクを認識するための取り組みを始めたばかりという評価の D 評価である。運用機関の取り組みについてもまだ底上げの余地が大きいと言える。

② 個別運用機関の状況

　次に，個別の運用機関の評価結果を概観したい。図表 6-19 は評価対象である 50 の運用機関の評価の一覧を示したものである。これを見ると，アセット・オーナーだけでなく運用機関の取り組みにおいても，ヨーロッパの運用機関がトップを独占するなど，取り組みが先行していることがわかる。

図表 6-19 評価対象全運用機関の評価

順位	格付	運用機関名	国籍
1	AAA	APG Asset Management	Netherlands
2	AA	Legal & General Investment Management	UK
3	BBB	Aviva Investors	UK
4	BBB	M&G Investments	UK
5	BBB	Schroders Investment Management	UK
6	BB	Allianz Global Investors	Germany
7	BB	Natixis Global Asset Management	France
8	BB	AXA Investment Managers	France
9	B	Deutsche Asset Management	Germany
10	B	HSBC Global Asset Management	UK
11	CCC	UBS Global Asset Management	Switzerland
12	CC	Aegon Asset Management	Netherlands
13	CC	Standard Life Investments	UK
14	CC	BNP Paribas Investment Partners	France
15	C	Goldman Sachs Asset management	USA
16	C	BlackRock Inc USA	USA
17	C	Aberdeen Asset Management UK	UK
18	C	J.P. Morgan Asset Management USA	USA
18	C	Morgan Stanley USA	USA
20	C	Amundi	France
21	C	PIMCO	USA
22	C	Credit Suisse	Switzerland
23	C	AllianceBernstein	USA
24	D	Dimensional Fund Advisors	USA
25	D	State Street Global Advisors	USA
26	D	Columbia Threadneedle Investments	USA
27	D	Generali Investments Europe	Italy
28	D	RBC Global Asset Management	Canada
29	D	Northern Trust Asset Management	USA
30	D	Franklin Templeton Investments	USA
31	D	Insight Investment	UK
32	D	MFS Investment Management	USA
33	D	Macquarie	Australia
34	D	三井住友トラストグループ	日本
35	D	BNY Mellon Invest Management, EMEA	USA
36	D	Mellon Capital Management	USA
37	D	T. Rowe Price	USA
38	D	Wellington Management	USA
39	D	Vanguard	USA
39	D	Invesco	USA
39	D	Legg Mason	USA
42	D	Principal Global Investors	USA
43	D	Wells Capital Management	USA
44	D	Federated Investors	USA
45	D	PGIM (formerly Pramerica Investment Management)	USA
46	D	Capital Group	USA
46	D	野村アセットマネジメント	日本
48	X	Fidelity Investments	USA
48	X	Affiliated Managers Group	USA
48	X	New York Life Investment Management	USA

（出所）AODP Global Climate Index 2017, p.19-20 （一部筆者翻訳）。

　1位はオランダの APG Asset Management で唯一 AAA 格付を取得している。同社は，⑴で見たアセット・オーナーの評価において AAA 評価が付与されているオランダの年金基金 ABP の子会社であり，ガバナンスと戦略，ポートフォリオの気候変動リスク管理，指標と目標の3つの能力分野のすべてで1位となっている。

　2位には英国の Legal & General Investment Management が続き，AA 評価を得ている。同社もまたガバナンスと戦略，リスクマネジメントの両方で2位，指標と目標で3位とすべての能力分野で高い評価を得ている。同社を筆頭に，英国の運用機関は上位10位中5機関がランクインしている。

　米国は調査対象となった50の運用機関中27機関を占め，運用資産でも30兆ドルと全体の70%を占める。しかし，図表6-19を見る限り，米国の運用機関全体としては気候変動リスクへの取り組みは相当遅れていると言わざるを得ない。米国の運用機関の取り組みの中で相対的に高い評価を得たのは，Goldman Sachs Asset Management や Blackrock など C 評価を得た6つ運用機関であるが，一方で，全く取り組みを行っていないとの評価（X 評価）である落伍者グループに入った3機関はいずれも米国の運用機関である。そのうちの1社が Fidelity Investments である。AODP は，同社が開示している公表情報の中で，気候変動，責任投資，ESG 投資についての言及が全くなく，気候変動に関する方針も行動も不明であると批判しているが，その要因の1つとして，Fidelity の顧客であるアメリカのアセット・オーナーの3分の2が落伍者グループであり，Fidelity が運用する資金の94%がこれらのアセット・オーナーから委託されたものであるということから，これらのアセット・オーナー側が Fidelity のような運用機関に，ESG 投資を採用するように働きかけを行っていないことが問題であると指摘している。

⑶　各能力分野の評価結果

　前項までに，機関投資家による責任投資への取り組みの現状を，現在最も喫緊の ESG 課題の一つである気候変動問題への対応を例に，AODP Global Climate Index 2017 の評価結果をもとに，アセット・オーナーと運用機関それぞれについてランキングを見てきた。これにより，気候変動に対する機関投資

図表6-20　AODP Global Climate Index 2017の評価フレームワークと項目

① ガバナンスと戦略
・気候変動リスクに関する原則・方針とプロセスへの統合度 ・気候変動リスクを管理するための組織体制とアプローチ
② ポートフォリオのリスクマネジメント
・気候変動に関連する財務リスクと機会を評価し，管理するために使われる様々なツールとアプローチの多様さと有効性（エンゲージメント，議決権行使，ポートフォリオのマネジメントツール等） ・2017年の重点評価項目は気候変動関連の議決権行使及び座礁資産化リスクの評価
③ 指標と目標
・ポートフォリオにおける気候リスクを測定，監視，比較するために用いられる重要指標を評価 ・2017年の重点評価項目はポートフォリオの炭素排出量及び低炭素資産投資の定量把握

（出所）AODP Global Climate Index 2017, p.31 を筆者要訳。

家の取り組みについて，どのアセット・オーナーと運用機関の取り組みが進んでいるかが，国別・地域別の傾向とともに概観できた。

　しかし，順位を見るだけでは責任投資の取り組みを本質的に理解できない。重要なことは，具体的な取り組みの内容及び到達点を把握することである。そこで，本項では，AODP Global Climate Index 2017調査結果のCapability review（組織能力のレビュー）というセクションの内容を中心に，機関投資家の現状での気候変動リスクに対する具体的な取り組み内容の到達点をアセット・オーナーと運用機関それぞれについて見ていくことにしたい。

　本章第3節2のAODP Global Climate Index 2017の評価手法で提示したように，AODP Global Climate Index 2017の評価フレームワークと項目は，「気候関連財務情報開示に関するFSBタスク・フォース」が開示すべき情報とした4つの中核的要素である，「ガバナンス」，「戦略」，「リスクマネジメント」，「指標と目標」を「ガバナンスと戦略」，「ポートフォリオにおけるカーボン・リスク・マネジメント」，「指標と目標」の3つに再構成した上で，評価のフレームワークとして採用している。各要素における具体的な評価項目は図表6-20に示すとおりである。

　以下，これらの評価フレームワーク及び評価対象項目の各評価結果を概観していく。

① **ガバナンスと戦略**

　ガバナンスと戦略において現在焦点となっている取り組みは，気候変動リスクに関する原則・方針とそれらの運用プロセスへの統合度及び気候変動リスクを管理するための組織体制の2点である。この分野における機関投資家の取り組みの現状を要約すると下記のようになる。

a.　アセット・オーナー
〈気候変動リスクに関する原則・方針と運用プロセスへの統合〉
・アセット・オーナーの42%が何らかの形で気候変動リスクの考慮を投資方針に組み入れている（前年比82%の増加）。
・全体の15%に相当する73のアセット・オーナーが，資産の運用を委託する運用機関の選定プロセスの中で気候変動リスクへの対応を考慮している（前年比30%の増加）
・アセット・オーナーの20%が運用機関との契約書の中に気候変動のリスクマネジメントに関する条項を設けている（前年比12%の増加）。
〈気候変動リスクに対応する組織体制の構築〉
・気候変動リスクへの考慮を投資プロセスに含めることに責任を持つスタッフまたはチームを設置しているアセット・オーナーは67から89機関に増加している。しかし，全体ではまだ18%と少数派である。
・リーダーグループ（格付A–AAA）を構成するアセット・オーナーは，34機関のうち33機関（97%），挑戦者グループ（格付B–BBB）は83%が気候変動リスクを投資方針に組み込む専任スタッフを配置しており，組織体制の構築は，アセット・オーナーの先進グループでは当然の取り組みになっている。

b.　運用機関
〈気候変動リスクに関する原則・方針と運用プロセスへの統合〉
・運用機関の90%が気候変動リスクの考慮を投資方針の枠組に組み入れており，アセット・オーナーの42%と比べて高い割合である。
・運用機関の36%が気候変動に関する特定の方針を独立した方針として，ま

たは ESG/ 責任投資方針における具体的な項目として規定している。

・運用機関の 70% が環境問題をカバーする議決権行使方針を策定している。そのうちの 20% が気候変動に関する株主議決への支持を明示的に表明している（50% は気候変動に関する株主決議を個別ベースで検討するとしている）。

〈気候変動リスクに対応する組織体制の構築〉

・運用機関の 68% が投資プロセスの中で気候変動リスクを考慮するスタッフまたはチームを設置している。

② ポートフォリオのリスクマネジメント

　ポートフォリオのリスクマネジメントでは，前述したように，気候変動に関連する財務リスクと機会を評価し，それらを管理するために使われる様々なツールとアプローチの多様さと有効性（エンゲージメント，議決権行使，ポートフォリオのマネジメントツール等）が評価されている。AODP2017 年評価では，気候変動関連の議決権行使及び座礁資産化リスクの評価が重点的に評価されている。以下にそれぞれ概観する。

a.　気候変動関連の議決権行使

　気候変動に対する懸念が高まっていることに伴い，気候関連の株主決議の数は増加し続けているが，パリ協定の合意を受け，この動きはさらに加速している。機関投資家としても運用ポートフォリオのリスクマネジメントの観点から，積極的な議決権行使が求められている。そこで，AODP2017 評価では，アセット・オーナーと運用機関それぞれについて，気候変動関連の議決権行使の状況を調査し，評価している。評価結果の概要は以下のとおりである。

・アセット・オーナーは，全体の 16% が過去 1 年間の間に気候変動に関する株主決議に少なくとも 1 回賛成投票を行った（前年の 12% から上昇）。アセット・オーナーのリーダーグループに限ってみれば，34 機関中 31 機関（91%）が気候変動に関する株主決議を支持している。

・運用機関は，全体の 64% が 2016 年の株主総会シーズン中に少なくとも 1 件の気候変動に関連する株主決議に賛成投票を行った。

図表 6-21　気候変動問題に関する議決権行使状況

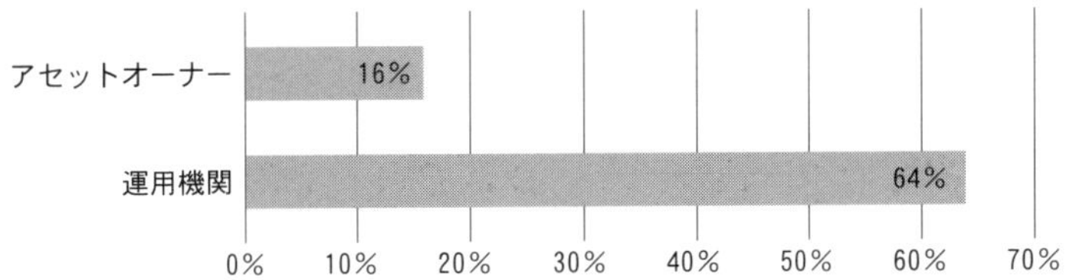

(出所) AODP Global Climate Index 2017, p.42 を筆者翻訳。

図表 6-22　BlackRock 社のエクソンモービル株主への書簡

企業名：エクソンモービル，米国
開催日：2017 年 5 月 31 日
提案：議案 12：気候変動方針が及ぼすインパクトに関する報告
取締役会の推奨：反対
BlackRock の投票：賛成
(前略)
　エクソンモービル社（エクソン）はニューヨーク証券取引所に上場されているグローバルなエネルギー会社です。BlackRock は，投資家に長期的に経済的なインパクトを及ぼすと信じる様々なコーポレートガバナンスの課題について，この数年間，エクソン社と直接，個別に対話を行ってきました。私達の対話の内容に関連する事案が株主提案の中にありました。その一つが気候変動リスクの管理と報告の問題です。

　過去 1 年間，私達はエクソン社の気候関連リスクの報告について，同社と直接対話を行ってきました。私達はまた株主提案者とも彼らの見解をよく理解するために対話を行いました。私達は，エクソン社が気候関連リスクに関する情報開示を強化することが長期的に株主の最良の経済的利益になると信じています。したがって，私達は，国連気候変動枠組条約の下のパリ協定において示された摂氏 2 度目標に焦点をあてた株主提案に賛成投票しました。(以下省略)

(出所) https://www.blackrock.com/corporate/en-br/literature/press-release/blk-vote-bulletin-exxon-may-2017.pdf をもとに筆者翻訳。

・運用機関の 50% が，会社に気候変動の影響評価についての報告を義務づけることを提案したエクソンの株主総会における株主提案において，経営陣の反対方針にも関わらず，賛成票を投じた。このことは，今後急速に進む脱炭素経済への移行が，エクソンのような石油メジャーの経営戦略に及ぼす影響を投資家が懸念していることを象徴する動きと言える。図表 6-22 は米国の大手運用機関の Blackrock が株主宛の書簡の中で，本件経緯について説明したものである。
・気候変動関連の株主総会決議に賛成して議決権を行使したアセット・オー

ナーの地域別の内訳は，オセアニアが 48%，ヨーロッパが 21% であったが，米国を拠点とするアセット・オーナーは 14% にすぎず，米国のアセット・オーナーの取り組みは，全般的には他地域と比べ相対的に遅れていることが明らかになった。

b.　座礁資産化リスクの評価

パリ協定で合意された 2℃目標によって，今後燃焼可能な化石燃料が事実上決められ，地球上に存在する可採埋蔵量の 3 分の 2 に相当する約 2 兆 2,300 億トンの化石燃料が事実上使うことができなくなったと言われている。このため，石油や石炭，天然ガスなどの化石燃料は，価値が大きく毀損する可能性が高い資産という意味で今や「座礁資産」（Stranded assets）と呼ばれ，貨幣換算で 20 兆〜30 兆ドルと推定されている。

2℃目標による CO_2 排出量削減によって，化石燃料はエネルギー源として活用できず，今後資産価値が下がる可能性が高い。その場合，石油や石炭，天然ガスなどの化石燃料を扱って事業を行う業界は，資産価値の減損処理の必要性が生じ，財務体質が大きく棄損するリスクを抱える。そして，そのような化石燃料業界に投資し，株式や社債を保有している機関投資家も大きな財務リスクを抱えることになる。そのため既に一部の年金基金や運用機関は，座礁資産化するリスクのある企業の株式を売却する動きを加速させている（Divestment）が，売却に至らなくても，保有するポートフォリオ構成銘柄の座礁資産化リスクを把握することは機関投資家にとって極めて重要な取り組みになっている。このような問題意識に基づき，AODP2017 評価においても，アセット・オーナー 500 機関及び運用機関 50 機関の座礁資産化リスク評価への取り組みを評価している。

図表 6-23 は，アセット・オーナーと運用機関それぞれの座礁資産化リスク評価の実施状況を示したものである。それを見ると，ポートフォリオレベルでの座礁資産化リスクを測定したアセット・オーナーは昨年の 24 機関から 30 機関に増加したが，全体の割合はわずか 6% とまだ極めて少数派である。一方，運用機関では 50 機関中 6 機関が化石燃料企業の株式に対する座礁資産化リスクのエクスポージャーを評価しており（12%），実施割合としてはアセット・

図表 6-23 座礁資産化リスク評価の実施状況

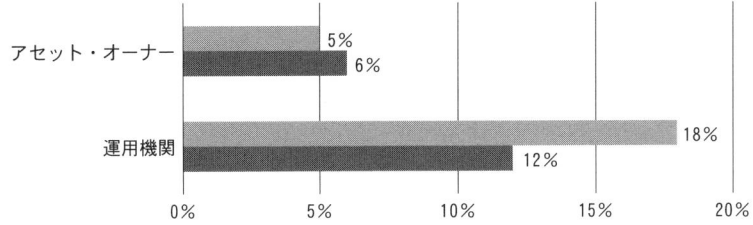

（出所）AODP Global Climate Index 2017, p.46 を筆者翻訳。

図表 6-24 アセット・オーナーの座礁資産化リスク評価

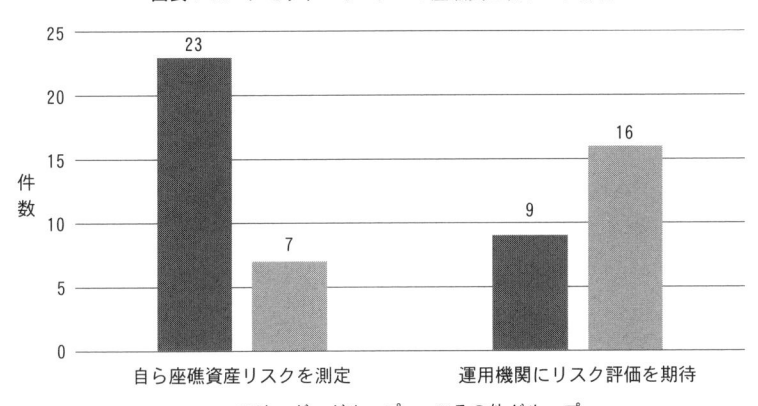

（出所）AODP Global Climate Index 2017, p.46 を筆者翻訳。

オーナーよりも高い[19]。この点に関連して，アセット・オーナーについては，リーダーグループのアセット・オーナーは自ら座礁資産化リスクの評価を実施する割合が高い一方，リーダーグループ以外のアセット・オーナーは，運用機関に座礁資産化リスクの評価の実施を期待するアセット・オーナーが多いという結果が示されている（図表 6-24）。この理由は今後より詳細に分析する必要があるが，アセット・オーナーの規模の大小が関係している可能性がある。すなわち，小規模な年金基金等では自ら座礁資産化リスクを評価するリソースが不足しているため，運用を委託する運用機関に対して運用ポートフォリオの座礁資産化リスクの評価を求めていると考えられる。

　いずれにせよ，座礁資産リスクの評価は，一部の先進的なアセット・オーナーや運用機関の取り組みが注目されているが，全体としては取り組みが遅れている。座礁資産化リスクの評価が広がらない潜在的な原因として，座礁資産の認識，測定，コスト把握の困難性等が指摘されているが，気候変動リスクが高まる中で座礁資産化リスクは，受益者利益に直結し，また，投資先に対するエンゲージメントにも密接に関連する喫緊の対応が求められる課題であるため，今後より多くのアセット・オーナー及び運用機関が取り組みを加速することが期待される。

③ 指標と目標

　指標と目標は，ポートフォリオにおける気候変動リスクを測定，監視，比較するために用いられる重要指標を評価する。AODP Global Climate Index 2017 評価では，アセット・オーナーと運用機関双方においてポートフォリオの炭素排出量の把握と低炭素資産投資の定量把握が評価されている。

a．ポートフォリオの炭素排出量の把握

　ポートフォリオの炭素排出量の把握とは，ポートフォリオへ組み入れられている個々の企業の炭素排出量を把握し，ポートフォリオ全体としても総排出量を定量的に把握することを意味する。

　ポートフォリオの炭素排出量を計算しているのは，アセット・オーナーが 500 機関中 66 機関（2016 年は 52 機関）の 13%，運用機関は 50 機関中 10 機関で 20%であった（図表 6-25）。実施割合で見れば運用機関の方が先行している。ただ AODP は，アセット・オーナーの全体の 5%にあたる 25 機関が，ポートフォリオの炭素排出量の定量把握にとどまらず削減目標まで設定しているとしており，これが現時点におけるベストプラクティスとなっている。

b．低炭素資産投資の定量把握

　低炭素資産への投資は，全般的な傾向としてはグローバルで拡大の流れが続いている。AODP（2017）によれば，機関投資家によるディスクロージャーが改善し，より多くの資本が低炭素経済の移行のために投資されている状況が明

図表 6-25　機関投資家によるポートフォリオの炭素排出量の把握

	アセット・オーナー	運用機関
リーダー	31	2
挑戦者	21	5
学習者	12	2
傍観者	2	1
落伍者	0	0
合計	66	10
母数	500	50
割合	13%	20%

（出所）AODP Global Climate Index 2017
記載データをもとに筆者作成。

らかになったとしている。

　アセット・オーナーについては，AODP Global Climate Index 2017 評価対象 500 機関合計で 2,030 億ドルが再生可能エネルギー関連等の低炭素投資に向けられている。増加率を見ても，2015 年から 2016 年まで 63％，2016 年から 2017 年まで 68％増加しており，低炭素投資へ資金が急速に向かっていることが明らかになっている。ただし，直近のデータでも全体の運用資産に占める割合はまだ 0.5％に過ぎない。

　アセット・オーナーの個別機関の低炭素投資の取り組みについては，英国の The Environment Agency Pension Fund（環境庁年金基金）が運用資産の 26％を低炭素投資に振り向けており，最も高い評価を得た。一方，低炭素投資の絶対額においてはオランダの ABP が 1 位であった。

　運用機関については，母数となる全 50 機関が運用する資産の中の 950 億ドルが低炭素投資と識別された。しかし，全体の運用資産に占める割合はわずか 0.2％であった。個別の運用機関の中では，APG Investment Management が運用資産に占める割合（9.4％）と絶対額（410 億ドル）で 1 位の評価であった。2 位は BNP Paribas で運用資産に占める割合が 3.4％，絶対額が 210 億ドルであった。

　地域別で見た場合，ヨーロッパの運用機関の低炭素資産への投資及びそれら

図表 6-26　指標と目標：気候変動問題への対応 3 分野評価上位 10 機関（アセット・オーナー）

順位	ガバナンスと戦略	順位	ポートフォリオの炭素リスク管理	順位	指標と目標
1	The Environment Agency Pension Fund	1	Local Government Super	1	First State Super
2	Local Government Super	2	The Environment Agency Pension Fund	1	Fjärde AP-Fonden
3	Stichting Pensioenfonds ABP	3	New York State Common Retirement Fund	1	Fonds de Réserve pour les Retraites
4	Aviva Insurance	4	California State Teachers' Retirement System	1	Tredje AP-Fonden
5	Wespath Investment Management	5	Stichting Pensioenfonds ABP	5	Vision Pooled Superannuation Trust
6	First State Super	6	Pensionskassernes Administration	6	Elo Mutual Pension Insurance Company
7	Church Commissioners for England	7	Pensioenfonds Zorg en Welzijn	7	Pensioenfonds Zorg en Welzijn
8	Pensionskassernes Administration	8	Unilever Pension Funds	8	Local Government Super
8	Unilever Pension Funds	8	Ilmarinen Mutual Pension Insurance Company	8	Kommunal Landspensjonskasse Gjensidige Forsikringsselskap
10	New York State Common Retirement Fund	10	Wespath Investment Management	10	New York State Common Retirement Fund

（出所）AODP Global Climate Index 2017, p.33 を筆者翻訳。

図表 6-27　指標と目標：気候変動問題への対応 3 分野評価上位 10 機関（運用機関）

順位	ガバナンスと戦略	順位	ポートフォリオの炭素リスク管理	順位	指標と目標
1	APG Asset Management	1	APG Asset Management	1	M&G Investments
2	Legal & General Investment Management	2	Legal & General Investment Management	1	APG Asset Management
3	Aviva Investors	3	Schroders Investment Management	3	Legal & General Investment Management
4	HSBC Global Asset Management	4	Aviva Investors	4	Natixis Global Asset Management
5	Deutsche Asset Management	5	AXA Investment Managers	4	Dimensional Fund Advisors
6	Allianz Global Investors	6	Allianz Global Investors	6	Allianz Global Investors
7	Schroders Investment Management	7	M&G Investments	7	BNP Paribas Investment Partners
8	Standard Life Investments	8	Aegon Asset Management	8	AXA Investment Managers
9	Goldman Sachs Asset management	9	UBS Global Asset Management	9	Aviva Investors
10	BNP Paribas Investment Partners	10	Deutsche Asset Management	9	Deutsche Asset Management

（出所）AODP Global Climate Index 2017, p.35 を筆者翻訳。

の定量把握が顕著であった。低炭素資産として開示された資産総額の98％が
ヨーロッパの運用機関によるものであり，合計16の運用機関が運用資産の
1.2％にあたる933億ドルを低炭素資産投資に振り向けていた。アジア太平洋
地域で低炭素投資を定量把握している運用機関は皆無であった。米国では，ア
セット・オーナーによる低炭素資産投資は550億ドルが投資されているが，絶
対額では1位であるものの，割合では米国のアセット・オーナーが運用する全
資産のわずか0.5％に過ぎなかった。同様に，米国の運用機関が行っている低
炭素資産投資は14億ドルで，全体の0.3％であった。

　低炭素資産投資は，低炭素資産への投資が実施され，そのことが定性的に開
示されても，定量把握されていないことが多い。全ての資産クラスの中でどの
資産を低炭素資産として認定するか等，把握方法に課題があることが指摘され
ている。この課題を解決するような新たな方法論の開発が待たれる。

第4節　まとめ

　本章では，まず第2節で，国連責任投資原則を中心に，責任投資／ESG投
資が，どのような国際的な潮流の中で，ファンドでの運用が中心であった従来
のSRIの枠を超え，メインストリームの投資の中で実施されることが求めら
れるようになってきたのかということを概観した。次に第3節において，機関
投資家の責任投資／ESG投資への取り組みの全体的な状況をAODP Global
Climate Index 2017の評価結果を見ることで把握することを試みた。これらに
よりわかったことは以下のような点である。

　PRI署名機関になることは，ESGを機関投資家の投資プロセス全体の中で
考慮する第一歩にはなるが，当然のことながら，PRI署名機関になっただけで
は，責任投資／ESG投資を真に実践していることにはならない。機関投資家
が責任投資／ESG投資を実質的に行っているかどうかは，やはり個別の取り
組みレベルまで見ていく必要がある。その際，インベストメント・チェーンの
中でのアセット・オーナーと運用機関の関係性を理解し，その上で個々の取り
組みをそれぞれ見ていく必要がある。

　次に，サステナビリティに関連する様々な課題の中で，現在，気候変動問題が喫緊の課題として焦点となっており，機関投資家も取り組みを進めているが，アセット・オーナーも運用機関も気候変動問題に対する先進的な取り組みを行っている機関はまだ少数派であり，及ぼしているインパクトも限定的であった。そのような全体的な状況の中で，一部のヨーロッパとオーストラリア，ニュージーランドのアセット・オーナーと運用機関が先進的な取り組みを行って業界をリードしていた。

　ヨーロッパの先進的なアセット・オーナーと運用機関は，気候変動問題への対応方針の投資方針への組み込みや専任スタッフの配置は当然のこととして，運用ポートフォリオのリスクマネジメントとして気候変動問題に対する積極的な議決権行使と座礁資産リスクの定量評価を実施している。また，ポートフォリオの炭素排出量を把握するとともに，削減目標の設定も行っている。さらに，低炭素資産への投資も積極的に行っている。

　米国の機関投資家の取り組みについては，アセット・オーナー，運用機関ともに，一部の先進的な取り組みを行っている機関と具体的な取り組みを行っていない大多数の機関に2極化している状況が明らかになった。資産運用金額の大きさ等，米国の機関投資家が持つ大きな影響力を考えれば，取り組みの全体の底上げが早急に求められる。

　気候変動問題に対する日本の機関投資家の取り組みについては，アセット・オーナー，運用機関ともに先進的な取り組みを行っているヨーロッパのアセット・オーナーと運用機関に比べて，取り組みが大幅に遅れていることがわかった。日本の機関投資家においては，現在，投資方針の中に気候変動問題の考慮を組み込む動きが進んでいると考えられるが，それ以外の上記で述べたような取り組みまで踏み込んで行っている日本のアセット・オーナーと運用機関はまだほとんどなく，今後の取り組みが期待される。

（竹原正篤）

注

1　PRI ホームページ。英文は "Responsible investment is an approach to investing that aims to incorporate environmental, social and governance (ESG) factors into investment decisions, to better manage risk and generate sustainable, long-term returns."

2　水口（2013），69 頁。

3　環境省 持続可能性を巡る課題を考慮した投資に関する検討会（2017）『ESG 検討会報告書』，8 頁。

4　PRI は国連グローバル・コンパクトと UNEP 金融イニシアティブが共同事務局を務め，現在はロンドンに事務所が置かれている。

5　PRI brochure 日本語版（2016），5 頁。

6　原文は以下のとおり。"We believe that an economically efficient, sustainable global financial system is a necessity for long-term value creation. Such a system will reward long-term, responsible investment and benefit the environment and society as a whole"

7　PRI は署名機関をアセット・オーナー（資産保有者），運用機関，サービス提供機関という 3 つのカテゴリーに分類している。

8　中国の機関投資家の署名数は，2017 年 7 月現在，運用機関が 5，サービス提供機関が 1 であり，アセット・オーナーの署名機関数はない。

9　PRI Annual Report (2016) "NEW AND DELISTED SIGNATORIES", p.59.

10　"PRI Report on Progress (2015)"（2015 年 9 月 8 日発表）。48 か国 936 の機関投資家を分析した結果を要約している。

11　PRI Report on Progress (2015), p.5 原文の記述は下記のとおり。"The PRI is reaching more investors than ever, but needs to do better amongst asset owners"

12　PRI Report on Progress (2015), p.5 原文の記述は以下のとおり。"The assets under management of PRI signatories reached US$59 trillion, demonstrating widespread awareness of responsible investment. However, we estimate that while 63% of professionally managed assets are managed by PRI signatory investment managers, just 19% of assets are held by PRI signatory asset owners (and 75% of this is European asset owners)".

13　PRI Report on Progress (2015), p.5 原文の記述は以下のとおり。"Fewer asset owners are signatories. They promote responsible investment through their interactions with managers, but the detail of how responsible investment will be implemented by managers is often missing."

14　PRI Report on Progress (2015), p.5 原文の記述は以下のとおり。"In listed equity, responsible investment activity amongst investment managers appears to have reached saturation point, but systematic integration of issues from across the ESG spectrum into company valuation is rare, and few managers are documenting how ESG considerations have affected decisions."

15　PRI Report on Progress (2015), p.5 原文の記述は以下のとおり。"Signatories are considering climate change, but few report having formal strategies. Although some signatories have developed comprehensive responses to climate change, this does not appear to be widespread."

16　AODP Global Climate Index は，従来はアセット・オーナーのみを対象に評価を行っていたが，2017 年レポートから世界の主要 50 の運用機関の評価も行っている。なお，運用機関の調査対象が 50 機関と年金基金等のアセット・オーナーの調査対象 500 機関と比べて少ない点について，AODP は，運用機関はトップ 50 の運用機関がグローバルな運用資産の 70％ を超える 43 兆ドルを管理するなどセクターの集中度が高いためだとしている。

17　AODP は，従来は異なる評価のフレームワークを採用していたが，FSB TCFD の報告案公表を受けて，同報告案が示したフレームワークに整合させた。このような評価のフレームワークを採用した理由として，AODP は，「アセット・オーナーと運用機関が，将来の情報開示の義務化の可能性に備えることを手助けするために，評価基準を FSB 勧告に合わせた」とコメントしている。

18　回答辞退機関についても，公表情報に加え情報提供を求めるなどして，AODP のアナリストが全機関を評価している。

19　図表 6-23 で示した「座礁資産化リスク評価の実施状況」について，「座礁資産化リスクを考慮していない」,「座礁資産化リスクを評価している」という 2 つの回答の選択肢のいずれも選択しなかったアセット・オーナー及び運用機関は，"We manage these risks at the company/asset level"と回答している。これは，座礁資産化リスクという個別のリスクを取り出しての評価はしていないが，企業または資産全体のレベルでリスクを見る場合に座礁資産化リスクもある程度考慮しているということであると考えられる。

参考文献

Asset Owner Disclosure Project（2017）*"AODP Global Climate Index 2017"*.

環境省持続可能性を巡る課題を考慮した投資に関する検討会（2017）『ESG 検討会報告書』。

水口剛（2013）『責任ある投資―資金の流れで未来を変える』岩波書店。

水口剛（2015）「英国機関投資家にみる環境・社会に配慮した投資行動の研究」『産業研究（高崎経済大学地域科学研究所紀要）』第 51 巻第 1・2 号。

日本版スチュワードシップ・コードに関する有識者検討会（2014）『日本版スチュワードシップ・コード：責任ある機関投資家の諸原則』。

Principles for Responsible Investment（2015）*"PRI Report on Progress 2015"*.

Principles for Responsible Investment（2016）*"Annual Report 2016"*.

Principles for Responsible Investment（2016）『責任投資原則パンフレット（日本語版）』。

東京証券取引所（2015）『コーポレートガバナンス・コード～会社の持続的な成長と中長期的な企業価値の向上のために』。

第7章

Investment Managers の ESG 戦略

第1節　ニッセイアセットマネジメント：ESG 投資への考え方

1. はじめに

　2014 年のスチュワードシップ・コード導入以降，中長期視点での投資及び企業分析が重視されるようになっている。署名機関には「投資先企業やその事業環境等に関する深い理解に基づく建設的な『目的を持った対話』などを通じて，当該企業の企業価値の向上や持続的成長を促すことにより，『顧客・受益者』の中長期的な投資リターンの拡大を図る」[1] とする「スチュワードシップ責任」が生ずることになるからである。

　この投資家の投資視点の中長期化により，投資判断の中で求められる情報の中で，非財務情報，その中でも，ESG 情報が相対的に重要になってくると考えている。ここでは，ESG 要因を活用した投資手法（以下，ESG 投資）について考察するとともに，今後の ESG 投資にとって重要な課題となる事項を取り上げたい。

2. 投資視点の中長期化と非財務情報の重要性の高まり

　企業から投資家に提供される「IR 情報」は，「財務情報（financial information）」と「非財務情報（non-financial information）」から構成される。「財務情報」とは，会計情報などの定量的な情報である。

(1)　非財務情報とは

　これに対し，今，統合報告書などで話題となっている「非財務情報」とは定量的な数値で表現されないが，将来業績予測に資する情報であり，企業が，「論理的」に，企業価値創造プロセス，ビジネスの機会／リスクなどを，投資家に伝える際に使用する情報群－と定義したい。もう少し，概念的にいうと，「非財務情報」とは，単なる「財務情報を含まない」情報という意味にとどまらず，企業活動全般を包括的に示す情報ということもできる。

　投資家は，この非財務情報を，受け取ることにより，将来業績予想（シナリオ）をイメージすることができるようになるのである。実は，企業とアナリストとの対話の中や日本企業のアニュアルレポートなどを通じ，多くの非財務情報が，すでに，やりとりされている。投資家にとって，重要な非財務情報には以下のようなものがあろう。

　〈企業として目指す方針（経営理念）〉
　・如何にして，中長期的に，企業価値を増大させるのか？
　〈ビジネスモデル〉
　・企業価値創出の仕組み，優位性
　・経営環境の変化が与える影響，その対応方針
　〈コーポレートガバナンス〉
　・資本効率への意識，的確な事業戦略，執行能力
　・ステークホルダーとの関係

(2)　企業価値分析と非財務情報の役割

　投資家／アナリストにとって，もっとも重要なタスクは，「企業価値評価（分析）」業務である。アナリストの企業分析／投資判断に際し，「財務情報」，「非財務情報」とも，重要である。しかし，その重要度は，企業を長期でみるか（長期投資家），短期でみるか（短期投資家）によって異なってくる。

　投資家にとって，「企業価値は，将来キャッシュフローの現在価値の総和」であるが，アナリストは，Cash を直接，予想できない。企業の過去の財務業績の分析を行うことが，長期業績予想の出発点となっており，この意味で，財務情報は非常に重要である。

図表 7-1-1　非財務情報の重要生の高まり

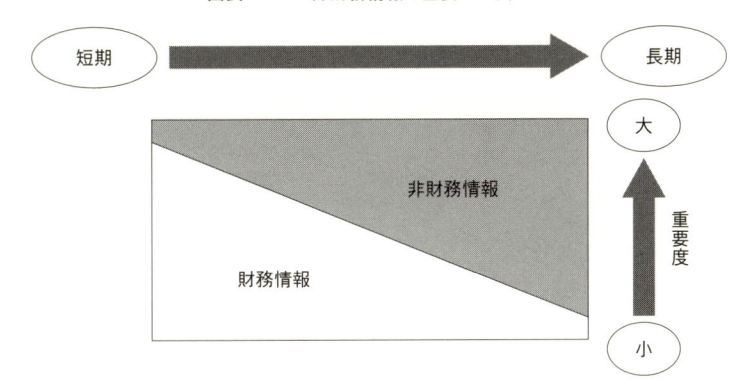

(出所) 井口「ESG の視点から企業価値プロセスを示す」武井一浩著『コーポレートガバナンスの実践』第 1 章, 日経 BP 社。

　一方, 企業を分析するスパン (期間) が長期化するに従い, 足元の財務業績の分析だけでは不十分となる。非財務情報を収集, 企業活動の全体像を把握した上で, 将来業績を予想することが必要となる。このように分析が長期化すると, 「非財務情報」の相対的重要度が高まることになる。

3.　広がる ESG 投資

　ここまで, 投資家の投資視点の中長期化と非財務情報の企業価値評価に与える影響を論じてきたが, この非財務情報の中でも, 特に, 重要なファクターとして, 抽出されるのが, E：Environmental (環境), S：Social (社会), G：Governance (ガバナンス) の頭文字をとった「ESG」ファクターである。非財務情報は多岐にわたっているため, 投資の観点から, 非財務情報を整理, 分析, 評価するためのツールともいえる。ESG 投資とは, この「ESG」ファクターに配慮し運用をおこなうことである。近年, 投資家の世界で, 広がっている, ESG 投資について触れる。
　ESG 投資は, スチュワードシップ・コード導入に伴う投資視点の中長期化とともに, 国連責任投資原則 (PRI) が推進する形で大きく広がっている ESG 投資とは, 投資に際し「ESG」の側面に配慮し, 運用を行うことである。一昔

図表 7-1-2　財務情報，非財務情報，ESG 情報

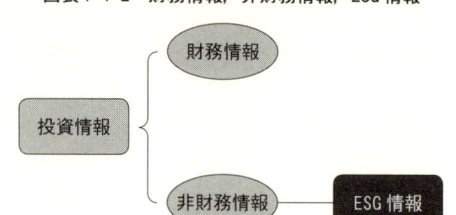

（出所）井口「企業価値向上のイメージを描写する情報開示」，北川哲雄編著
『スチュワードシップとコーポレートガバナンス：二つのコードが変え
る日本の企業・経済・社会』第5章，東洋経済新報社。

前までは，ESG 投資は，SRI 投資（社会的責任投資）の一つとされていた。
SRI 投資では，従来の財務分析による投資基準に加え，社会・倫理・環境と
いった点などにおいて社会的責任を果たしているかどうかを投資基準にし，投
資行動をとる投資手法である。

　古くからある例として，タバコ，ギャンブル，武器に関連する企業への投資
をしないことなどが挙げられる。また，環境に優しい企業か，法律遵守してい
るかなどが基準に加えられることも多い。宗教的な配慮がなされることもあ
る。

　しかし，この「社会的責任投資の考え方」は，受益者から預かった資産の運
用パフォーマンス拡大にのみ全力を尽くさなければならない「受託者責任」と
相容れないところがあるため，運用業界全体の流れとまでには至らなかった。
このような中，運用パフォーマンス拡大に重点を置く ESG 投資が注目を集め
ている。

　PRI の活動目的には，「機関投資家が，ESG の問題を投資の意思決定や株主
としての行動に組み込み，長期的な投資パフォーマンスを向上させ，受託者責
任をより果たすことを目的としています。そして，責任投資の実践は，投資行
為を通じて持続可能な社会に貢献し，社会的な利益とも整合すると考えられま
す」[2] と書かれている。

　この PRI に署名，趣旨に賛同している運用機関は，各々のやり方で，ESG
投資に取り組んでいる。例えば，米大手年金基金カルパースは，長期間加入す
る年金加入者のことを考えれば，持続可能性（Sustainability）を重視するのは

当然であり，「われわれの持続可能性へ向けた取り組みの目的は，年金加入者のため，リスク調整後リターンの達成にある」としている。また，この目的達成のため，ESG を“投資における戦略的課題”と位置づけている[3]。

　このように，世界の ESG 投資の大きな流れは，「長期投資を通じ，まずは，（顧客のために）“長期的なリターン”の最大化を目指す。そして，その投資行動が，究極的には，持続可能性（Sustainability）へのサポートという形で，社会貢献にもつながる」という考え方が主流となってきているものと考える。

　経営学の分野で，ポーター教授が，企業の社会的貢献に対し，従来の寄付的な概念から脱し，事業と社会が価値を共有し，事業活動を通じ，社会貢献も可能とする，「CSV（Created Shared Value）」を提唱している。この資産運用版が，ESG 投資と考えてよいのかもしれない。

4. 非財務情報（ESG 評価）の長期業績予想・投資判断へ与える影響

　非財務情報及び ESG 評価の長期業績予想・投資判断に与える影響について考察する[4]。私の属する運用会社は，5 年間の将来業績予想と ESG 評価（企業価値拡大の持続性への確信度に応じ調査対象企業を 4 つのグループに区分）を行っており，ここではこの 2 つの数値を用いる。当社の例ではあるが，中長期指向で投資を行っている投資家に一般的に見られる傾向と考えている。

(1)　非財務情報（ESG 評価）が業績予想に与える影響

　図表 7-1-3 は，日本企業約 400 社に対し行ったアナリストの将来 5 年間の売上高の予想を ESG の評価で括り直したものである。黒の太線は，最も ESG 評価の高い「レーティング 1」[5]の企業群に対する売上高のアナリスト予想，点線の「レーティング 2」は 2 番目の企業群に対する予想，実線の細線は 3 番目に対する予想－を表している。ESG 評価の最も高いレーティング 1 の企業群の「売上高予想」が最も高く行われていることが確認できる。

　ESG 評価の高い企業とは，前節で議論したように，非財務情報に対する ESG の視点での評価と影響度の分析から企業価値拡大（将来の業績拡大）の持続性が予想される企業のことを意味する。したがって，ESG の評価が高い

図表 7-1-3 ESG 評価が投資判断に及ぼす影響

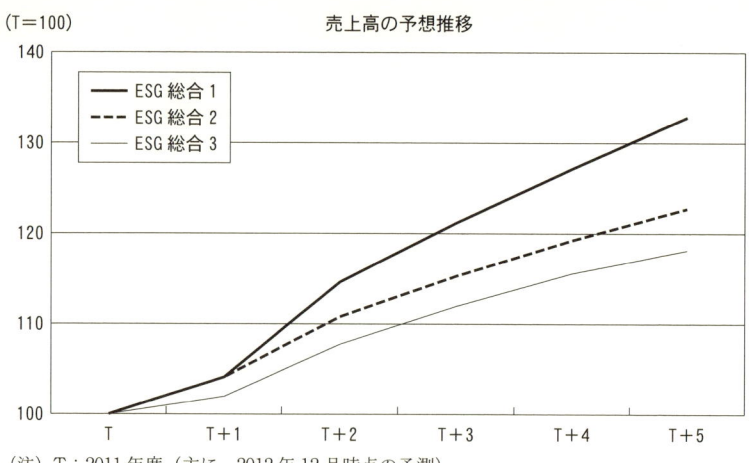

(注) T：2011 年度（主に，2012 年 12 月時点の予測）。

(出所) 井口「非財務情報（ESG ファクター）が企業価値評価に及ぼす影響」証券アナリストジャーナル Vol.51，Aug2013。

企業については持続的成長に対する投資家の確信度が高まり，将来においても強めの業績予想を行うことになるのである。図表 7-1-3 に示したように，このように ESG 評価は投資家の投資判断にも大きな影響を与えることとなる。

⑵ ESG 投資における今後の課題

ここまで論じた考え方はいつの時代も変わるものではないが，社会の意識の変化に伴い分析対象となる企業の行動やビジネスモデルも大きく変化するため，投資家としては ESG 投資の考え方をさらに進化させる必要が出る場合がある。

① 急速に変容する社会の意識と企業行動の変化

2016 年は，EU 離脱の方向性を決めた英国の国民投票や米国の大統領選挙によるトランプ候補勝利など市場関係者の予想を超える事態が発生した。この背景には，社会的な富の偏在に対する不満を一因とするグローバル主義及び資本主義（市場メカニズム）への反発があったと言われている。このため，グロー

図表 7-1-4　日本企業の取締役会における ESG の重視（オムロン）株式会社

2016 年度　取締役会運営方針

　取締役会は，コーポレート・ガバナンス委員会による評価結果および昨今の環境変化を踏まえ，以下の取り組みを通じて，執行への権限移譲を進めるとともに，これまでの取り組みに加え，さらに中長期の経営戦略に関する議論を充実させ，取締役会としての監督機能の強化に取り組みます。

・取締役会は，2017 年度からの中長期経営計画の策定に向けて，中長期の経営戦略を踏まえた中期経営計画の議論を充実させること

で，監督機能のさらなる向上を図ります。

・取締役会は，機関投資家をはじめ社会の関心が高まりつつある ESG の課題について，当社が企業の社会的責任を果たす観点から，ESG に関する方針を整理し，実践する仕組みを構築していきます。

・取締役会は，短期的な課題については執行への権限移譲を進め，中長期の経営課題に対する監督機能を強化する体制を構築していきます。

（出所）オムロン「統合レポート 2016」。

バルの投資家のコミュニティー[6]では，現状の資本主義は維持可能ではなく，なんらかの修正が必要との意見も多く聞かれる。また，2015 年 12 月にグローバルの環境問題に対し合意されたパリ協定（COP21）や 2015 年 9 月に国連サミットにて日本を含む各国が取り組むべき目標として採択された SDGs（持続可能な開発目標）など，経済社会の状況の深刻化と“企業”という経済主体の社会における存在感の高まりから，企業行動への期待が大きくなっている。このような状況の中，企業は自社の中長期的な収益・利益の成長を計画する場合においても，社会との共存についてこれまで以上に真剣に考えなければならない状況となっている[7]。

　日本では経営者の高額報酬や株主への過大な株主還元などはなく，欧米諸国とは状況が大きく異なる。しかし，環境問題や SDGs といったグローバルの潮流が日本企業にも適用されたように，社会と共存しつつ，株主のためにも企業利益・収益性を増加させる取り組みの強化と見える化が求められることになろう。

　オムロン株式会社ではすでにアニュアルレポート[8]の中で，取締役会の議論において持続的な事象（ESG）を重視することを宣言している。他にも日本企業の何社かに同様の取り組みが見られるが，今後このような先進的な取り組みが多くの日本企業にも広がっていくことが予想される。

② 求められる ESG 投資の進化

　このように，企業の行動が変化すると予想される中，ESG への分析をさらに進化させることが必要となる。もちろんレピュテーションリスクや法的リスクといった株主価値へのマイナスの影響をいかに防ぐかという視点もあるが，変化という機会を利用して新規ビジネスモデルの創造あるいはビジネスモデル改良により株主価値を高めることができる企業を見極めることも重要となろう。

　このような投資家の状況を企業がアニュアルレポートなどで掲載する「マテリアリティ・マップ」を援用して考える。図表 7-1-5 では，横軸：「（株主価値に関わる）企業自身の重要課題」，縦軸：「社会的重要課題」としている。この図でアナリストの調査活動にとって重要な箇所は右象限の上方部分「企業自身の重要課題（大）かつ社会的に重要課題（大）」（Ⅰの部分）とその下に位置する「企業自身の重要課題（大）かつ社会的に重要課題（小）」（Ⅱの部分）となる。社会の価値観の変化に伴い，投資家は図のⅠの部分をより深く，そして詳細に見る必要が生じてきているものと考える。

　今後，投資家には前記した様々な事象を理解する包括的な視点（意識）が求められるものと考える[9]。ただし，投資家にとっての「情報の価値」はファンダメンタルズ分析の中に落とし込むことができて初めて発生するものであるこ

図表 7-1-5　マテリアリティ・マップにおける投資家の重要事項

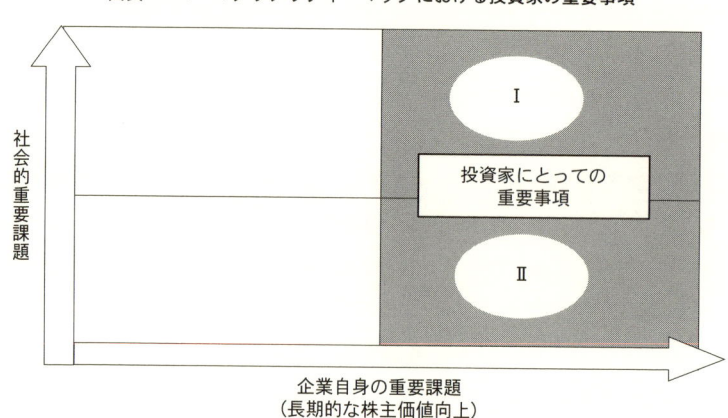

（出所）井口作成。

とには留意する必要がある。日本版スチュワードシップ・コードの改訂に伴い，原則3（当該企業の状況の的確な把握）の指針にESG要素への考慮が加えられたが，この文脈に沿ったものとなろう。

　このようなファンダメンタルズ分析のプロセスの中でのESGや非財務情報に対する理解は，投資家の企業活動に対する分析をより深めることとなり，企業経営者との意識の共有化を深めることにもつながるものと考える。また，その結果，より建設的な対話を進めることにも役立つと考える。一方，投資家にとっては足もとの社会の変化や企業行動の変化が業種横断的かつ現在進行形で発生しており，業務をサポートするための組織的な対応や工夫が必要とされる場面もあろう。ただ，組織的サポートがあったとしても最後にその情報を咀嚼し，自らの長期業績予想モデルに落とし込む役割は個々の投資家にあるものと考える。

5. 最後に

　現状の環境問題や社会問題の波は一過性のブームではなく，企業行動の構造的な変化である可能性が高い。このような中，投資家は，現状以上に長期の視点で経営者と時間軸を合わせるよう努め，企業の本当の姿・価値を理解する必要があるであろう。このことは企業との建設的な対話を通じ，投資先企業の一段の株主価値向上にもつながるものと考える。

（井口譲二）

※本稿に記載の論考・意見は執筆者の所属する企業・団体とは関係なく，執筆者個人の見解となる。

注
1　スチュワードシップ・コードに関する有識者検討会（2014）。
2　PRI（2013），1頁。
3　CalPERS（2012），pp.1-5.
4　井口（2013）。
5　ESG評価の高い企業とは，企業価値拡大の持続性が高いと判断される企業。
6　2016年6月に開催されたICGN（International Corporate Governance Network）の年次総会での調査では90％近い投資家が「資本主義に何らかの変革が必要」と回答している。
7　Stephan Davis, John Lukomnik, David Pitt-Watson（2008）：社会の要請により，インベストメ

ントチェーンが変わらざるを得ないこと状況を論じている。

8　オムロン株式会社（2016）。

9　井口（2013）。

参考文献

CalPERS（2012）*Towards Sustainable Investment, taking responsibility.*

デイビス, S., ルコムニク, J., ピット-ワトソン, D., (2008)『新たなる資本主義の正体』ランダムハウス講談社。

井口讓二（2013）「非財務情報（ESG ファクター）が企業価値評価に及ぼす影響」『証券アナリストジャーナル Vol.51』日本証券アナリスト協会。

井口讓二（2014）「ストーリーのあるコーポレートガバナンス」『旬刊商事法務 No.2030』公益社団法人商事法務研究会。

井口讓二（2015）「第1章 ESG の視点から企業価値創造プロセスを示す」『コーポレートガバナンスの実践』日経 BP 社。

井口讓二（2015）「企業価値向上のイメージを描写する」『スチュワードシップとコーポレートガバナンス』東洋経済新報社。

井口讓二（2017）「新しい時代の証券アナリストの役割」『証券アナリストジャーナル Vol.51』日本証券アナリスト協会。

オムロン株式会社（2016）「統合レポート 2016」。

Principle for Responsible Investment（2013）「ESG 投資基準の導入」。

第2節　野村アセットマネジメント：
運用会社に求められる社会的使命を果たすために

1.　運用会社に求められる社会的使命

　2014年2月に導入された日本版スチュワードシップ・コードは，その後3年の月日を経て，2017年5月に改訂がなされた。同コードは2015年6月に制定されたコーポレートガバナンス・コードと共に車の両輪の一つと位置づけられ，「責任ある機関投資家」としての役割を定めた7つの原則である。

図表 7-2-1　コーポレートガバナンス・コードとスチュワードシップ・コード

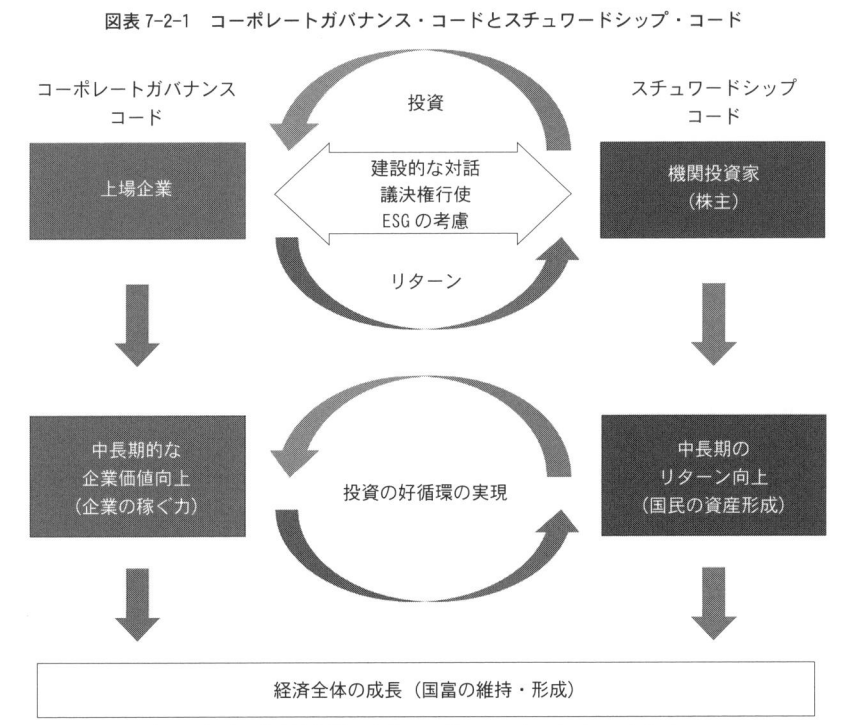

（出所）金融庁及び経済産業省資料等を参考に野村アセットマネジメント作成。

投資先企業の価値創造や持続的成長を促し，中長期的な投資リターンの拡大を目指すための，投資家としての心構えを定めているが，その背景には日本経済の持続的成長，豊かな社会の実現，そして国民の資産形成がある。機関投資家は単にリスクを取って，リターンの獲得を目指す投資行動に留まらず，投資先企業と様々なステークホルダーとの関係性の中で，将来の成長サイクルに繋がるインベストメント・チェーンの最適化まで視野に入れた，役割と責任を果たすことが求められている。

政策サイドも，日本全体の投資資金の循環を促す為の仕掛け作りを行っている。例えば，株式市場に関わるところでは，JPX 日経インデックス 400 のような新しい指数の創設。また，個人投資家のところでは NISA が 2014 年に導入され，最近ではジュニア NISA（2016 年 4 月〜）や個人型確定拠出年金（愛称 iDeCo）（2017 年 1 月〜），つみたて NISA（2018 年 1 月〜）も導入されている。

日本の個人金融資産は，1800 兆円を超えると言われているが，そのうち投資信託が占める割合は僅か 5％にすぎない。このことは，日本の国民の資産形成がまだまだ十分ではないと同時に，投資資金が世の中で十分に循環していないということを意味している。一つ一つの施策は一見関係がないようにも見えるが，実は投資の循環を日本全体として後押しするために関連づけられた，重要な施策となっている。運用会社も企業との建設的な対話を通し，国の成長戦略にコミットする姿勢が問われている。

2. 野村アセットマネジメントにおけるスチュワードシップ活動

このような日本におけるスチュワードシップ・コードの導入以降の動きは，加速度的に進んでいる。そしてこれに伴い，日本企業のガバナンス改革や運用会社の ESG への取り組みなど，日本の資産運用業界を取り巻く環境の変化が海外からも大きく注目され始めてきている。

野村アセットマネジメントでは，2001 年の議決権行使委員会の設置以降，15 年以上にわたり責任投資への取り組みを進めてきているが，2 つのコード導入を受けて様々な施策を打ってきている。例えば，2015 年 12 月には，それま

で議決権行使を中心に議論していた委員会と，ESG 関連について取り扱ってきた委員会を統合することで，委員会体制を「責任投資委員会」として一本化すると共に，独立社外取締役を陪席者に加え，議論に社外の目を取り入れることで，組織運営の強化を図っている。また 2016 年 4 月には，国内外におけるスチュワードシップ活動を推進するための専任部署「責任投資調査部」を立ち上げている。

　2016 年 9 月には「利益相反管理方針」を策定し，野村グループ内で発生し得る利益相反問題を適切に管理するための方針として改めてグループ内外に示している。同時に，特に議決権行使時に発生し得る利益相反の問題を監督する第三者委員会として，メンバーの過半が独立社外取締役で構成される「責任投資諮問会議」を設置した。利益相反問題を管理する責任者として，利益相反管理統括責任者（チーフ・コンフリクト・オフィサー）も任命している。

　そもそも，議決権行使時における利益相反問題は，ひとつひとつの議案を株主価値の観点から適切に判断していれば，自然と回避できる問題である。最終的には運用会社が独自に定める基準に基づき自らの責任で議案を判断するにしても，多様な論点を確認しながら議論を尽くすことが大切であり，そういった狙いを込めて，それまで契約していた外部の議決権行使助言会社を複数化し，議決権行使基準と議案判断の高度化を狙った対応も行っている。

　2017 年 4 月には，欧州のエンゲージメント・サービス会社と契約し，外国株式におけるエンゲージメント活動の強化も行っている。これは単に海外企業に対するエンゲージメントへの対応に留まらず，海外における ESG に係る知見を深めることで，日本企業が国際社会で現実として直面する ESG 課題に関しても，適切に対話ができるよう自らの実力を高めるための取り組みである。また，同時期に，日本企業に対する議決権行使結果の個別開示を，業界他社に先駆けてスタートさせている。これは日本版スチュワードシップ・コードの改定前の話である。

　これら一連の取り組みは，まさにコードでも示されている通り，「運用会社が利益相反の問題をクリアし，真の実力を備えているか？」という，世間からの問いに答える為に実施している。エンゲージメントで投資先企業に「企業価値の向上と持続的成長」への取り組みを求める前に，運用会社が自らのガバナ

ンス強化を行い，スチュワードシップ活動の為のプロセス高度化に努め，それと同時に情報開示を進めることで，透明性向上と説明責任を果たすための「見える化」を推し進めたのである。なお，このような取り組みは一度行えば終わりというわけではなく，不断の努力が必要とされることであり，今後もより良い仕組みへの改善と運営のために工夫を加えていく所存である。

改訂された日本版スチュワードシップ・コードでも求められている「議決権行使結果の個別開示」に関しては，今でも賛否両論がある。例えば，「個別開示することで基準通りに行使しなければならないという意識が強くなり，議決権行使が形式的になるのではないか？」，「結果が分かってしまうため，企業が運用会社と直接対話をする必要性を感じなくなるのではないか？」，「議決権行使が甘いと言われないために，必要以上に議案判断が厳しくなるのではないか？」といった懸念や質問はよく聞かれる。

実際，様々な悪影響を懸念して，個別開示を見送っている機関投資家も存在する。しかしながら野村アセットマネジメントでは，そういった懸念もある程度は認めつつ，全体のメリットの方が遥かに大きいと判断し，個別開示に踏み切っている。

その理由の1つ目は，「運用業界の透明性と信頼性の向上」である。運用会社は投資家から資金を預かっている身であり，何よりも透明性と信頼性が求められるビジネスを担っている。個別開示を行うことによって運用会社の透明性が高まれば，それは運用会社の信頼性の向上につながり，貯蓄から投資への流れを生み出し，日本全体の投資資金の好循環に繋がると考えている。

2つ目の理由は「適度な緊張感と規律の向上」である。議決権行使結果を個別開示することで，開示する運用会社と，開示される投資先企業との間において，常に一定の緊張感が生まれる。それによって双方の規律が高まる方向に作用し，これまで以上に真剣に対話に向き合うという効果が期待できると考えている。

3つ目の理由は「日本のコーポレート・ガバナンス改革のさらなる加速」である。個別開示を始めてからマスコミ各社が個別議案の判断について，複数の運用会社の判断結果を比較しながら，様々な角度から観察し，分析を加えた上で報道する機会が飛躍的に増えた。

報道内容については必ずしも正確でないものも散見されるが，これまで議決権行使に馴染のなかった人の目にも触れる機会が増えた。このことにより，否応なしに議決権行使を通した日本企業のガバナンスのあり方について，資産運用業界を超えて議論が活発化したと感じている。

　企業においては，世間から批判的に見られるような行動や組織の在り方については，改めなければならないという意識が自然と働くと同時に，運用会社についても，議決権行使の方針とそれに基づく判断について，より世間の注目が集まることにより，議決権行使の高度化がさらに求められる方向に突き動かされる。

　以上の流れは，間違いなく，日本企業のガバナンス改革をさらに加速させることになるであろうし，また，運用会社の実力の向上にも寄与するものになると考えられる。これはすなわち，日本企業の企業価値の向上に起因する株価上昇を受けての投資リターンの向上につながり，最終的には最終受益者の利益に資することになると考えられる。

3.　投資先企業における「情報開示」の重要性

　さて，コードの話に戻そう。国の大きな目標である「企業の稼ぐ力」と「国民の資産形成」の強化に向けて，企業と機関投資家それぞれの役割や責任を明確にするために，2つのコードが定められたわけである。

　まさにそれぞれが車の両輪となることで，投資される企業側の「企業価値の向上と持続的成長」を実現していく必要がある。投資する機関投資家側は，投資先企業との目的を持った建設的な対話（エンゲージメント）と議決権行使を通して，企業の執行と監督という2つの機能の向上を働きかける訳であるが，それと同時に得られた情報を活かし，投資判断の精度向上，運用パフォーマンスの向上へとつなげていく必要もある。それがないと国民の資産形成は実現しない。

　つまり運用会社と投資先企業は，WIN-WIN の関係である必要があり，エンゲージメント，議決権行使に加え，得られた情報の運用への応用（インテグレーション）という3つを常に一体としたスチュワードシップ活動が運用会社

図表 7-2-2　野村アセットマネジメントのスチュワードシップ活動の全体図

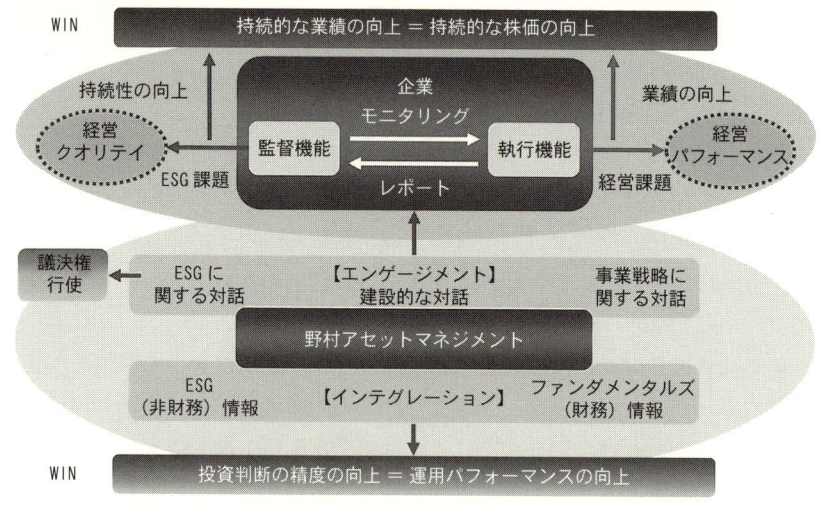

（出所）野村アセットマネジメント作成。

には求められる。その際，常に直面するのが企業の「情報開示」の問題である。

　企業と対話するにしても，議決権を行使するにしても，企業の開示情報が必要とされる。企業の開示情報がないと，投資先企業を正しく把握し理解することはできず，十分に対話を行うことも正しい議案判断を下すこともできない。

　ましてや，正しい運用意思決定を下すことは困難である。機関投資家の仕事は，「リスク」を取って「リターン」を得ることである。「将来への不確実性」に投資をする為には，「開示情報」はその「不確実性を見極め，投資判断の確実性を上げる」ためにも必要不可欠である。

　その一方で，企業側の情報開示への姿勢はどうであろうか？　確かな数字は把握されていないが，日本の上場企業約 3,700 社の内，IR 活動を行っているのは 1,000 社にも満たないと推測される。またアニュアル・レポートを公開しているのは，600 社ほどと言われており，IR 活動を行っている企業の約 3 分の 1 は，必要最低限の情報開示しか行っていないことになる。

　一般的に，日本企業の情報開示は，グローバルに見ても遅れていると言われ

る所以である。また，情報開示を積極的に行っている企業についても，その内容は十分とはいえないものも多い。その背景には，「できていないことは開示したくない」，「満点の内容になったら開示したい」という意識が強いことがあるのではないだろうか？

　機関投資家から見ると，100点満点の情報はそれほど重要ではないことが多い。むしろ，30点，40点程度の回答の方が遥かに重要である。それをリスクと見るのか，いずれ70点，80点になる将来のオポチュニティと見るのかによって，その投資先企業に対する見方が変わってくるからである。

　また，十分にできていないことを開示して貰う方が，それがリスクとしてしっかりと認識されているという意味で，その企業に対する信頼感も変わってくるであろうし，今後のエンゲージメントの強化にも繋がってくる。企業は，自らの事業戦略や目指す方向性を考える中で，認識すべき課題とその重要度合い（マテリアリティ）をきちんと特定し，自ら進んで開示していく姿勢が必要である。

　企業の「情報開示」を考える中で，最近注目されているのが「ESG」と呼ばれる「非財務情報」の重要性である。企業がビジネスを営む上で，もはや非財務的要素（ESG）と無関係ではいられなくなっている。

　例えば，海外で開発プロジェクトを始めようと思えば，その土地における環境や社会への配慮は当然必要になってくる。現地対応における初動や，問題発生後の対応を誤れば，プロジェクト自体がなかなか思うように進まず，余計なコストと時間ばかりかかってしまう。問題が長引いてしまったがために，事業撤退，特別損失を余儀なくされた事例も現実に発生している。そもそも，環境問題を背景としたダイベストメント（投資引き上げ）という，グローバルな流れが高まりつつある中で，最初からやるべきではなかったという案件もある。

　これらは比較的分かり易い事例ではあるが，企業の日々の業務の中にも労務管理やサプライチェーン・マネジメントなど，ESG課題は非常に多い。ESGは非財務情報なので，目に見えないし，そのリスクも価値も漠然として把握できない。目に見えないが故にどこにリスクが潜み，どこにビジネスチャンスに繋がる糸口があるのかも分からない。分からないからこそ，企業はESG課題とその重要性を把握し，手立てを講じ，その情報をきちんと開示しておく必要

がある。

　そこで最近注目されているのが「統合報告書」である。「統合報告書」とは，これまで IR や財務部門が作成し開示していた「財務情報」と，CSR や広報部門が作成していた「非財務情報」を統合させたものである。

　「統合報告書」は，企業と投資家が短期的思考に陥ることなく，より長期目線で企業の本質を捉えていこうという試みである。その背景には，前述したように企業における ESG 課題が大きくなる中で，現時点での非財務要素が，将来の財務状況に与える影響が無視できなくなってきていることがある。

　例えば，将来ある産業で構造変化が起こり，これまでとは全く違った製品が生み出されたとしよう。そうすると調達する原材料や必要とする技術も変わってしまい，必然的に求められる人材も変化してしまう。サプライチェーンも大幅に見直さなくてはならず，それまでとは異なる顧客層にアプローチする必要も生じよう。当然，業界内での競争優位性も変化していく。

　このように，現在から将来に亘る「時間軸」の中で，非財務的な課題とその重要度を見極め，財務情報へと落とし込んでいくことが，これからの企業の情

図表 7-2-3　財務情報と非財務情報の開示

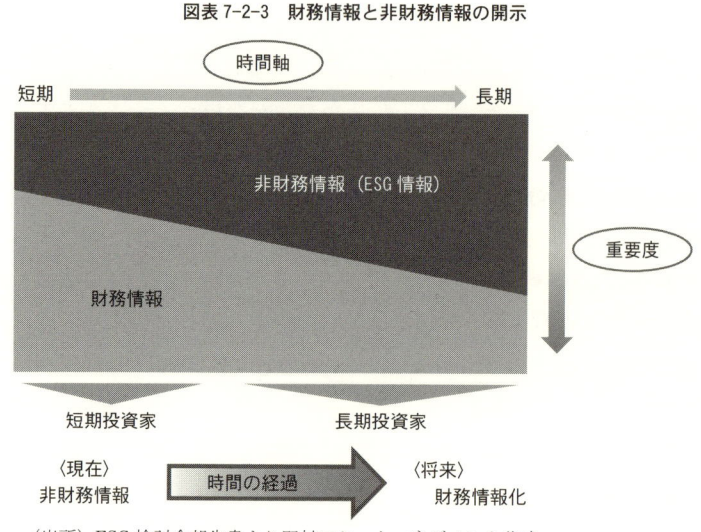

（出所）ESG 検討会報告書より野村アセットマネジメント作成。

報開示には求められてくる。問題は，「どのように統合するか？」である。投資家に情報を正しく伝える為には，分かり易い開示が必要不可欠である。但しこれは統合報告書の形式面だけの問題ではなく，企業の中で財務部門と非財務部門を統合し，最終的にどのようにマネジメントの意思決定にまで落とし込んでいくかという本質的な問題が問われているのである。

4.　企業の情報開示が効果的・効率的に活用されるために

　グローバルには，情報開示に関するガイドラインがいくつか存在する。例えば，GRI（Global Reporting Initiative）は，UNEP（国連環境計画）の公認団体として，サステナビリティに関する国際基準「サステナビリティ・レポーティング・ガイドライン」を策定している。2000 年 6 月に第 1 版が発行され，現在 2013 年 5 月に発行された第 4 版（所謂 G4）が最新であるが，企業の持続性に関する情報開示の指南書的位置づけとなっている[1]。

　IIRC（the International Integrated Reporting Council）は，Accounting for Sustainability（A4S）プロジェクトと GRI などによって 2010 年に設立された，企業の財務情報と非財務情報を統合した報告書のフレームワークを開発している国際的な団体である。IIRC は，持続可能な社会の構築に向けた企業の取り組みと，財務パフォーマンスを関連付けて体系的に開示する統合報告によって，事業活動と ESG への取り組みの関連性を明らかにすることを目的としており，2013 年 12 月に IIRC フレームワークを公表している。統合報告書を作成する多くの企業が参考としている[2]。

　上記の 2 つは欧州の団体であるが，一方，米国には有名な SASB（Sustainability Accounting Standards Board）がある。こちらも，企業の非財務情報（ESG 情報）開示の基準作りを進めている組織であり，2012 年 10 月に発足している。重要な指標（マテリアリティ）を業界ごとに特定することで，シンプルなミニマム・スタンダードを提示すると共に，各企業の開示情報を比較可能にすることを目指している。GRI と IIRC は企業の独自性を重視している一方，SASB は業界ごとに開示すべき共通項を示しているという点で，大きく異なっている[3]。

　情報開示における問題を論じるとき，この2つのアプローチの違い，すなわち企業の独自性と開示項目の特定化は，常に議論になるポイントである。企業の独自性とは，すなわち企業の情報開示における自由演技ということであるが，企業ごとに深く考えるプロセスを与え，創造性を発揮させるという大きな特徴がある。

　一方，ある程度の開示内容を特定化していくことは，企業間の比較可能性と情報の網羅性を飛躍的に向上させる。企業が勝手に開示情報を選別してしまっては，投資家にとって決して使い勝手のいい報告書とは言えなくなってしまう。

　参考にすべきガイダンスが多様であるのと同じように，企業には情報開示を行う際に使用できる開示ツールが複数存在しているということが，さらなる問題を生じさせている面もある。

　例えば，日本においては，代表的な法定開示書類と言えば有価証券報告書であり，多くの投資家が企業分析を行う際に活用している。一方，企業と対話する際は，ESG 情報も含めてより深く理解するために，統合報告書やコーポレート・ガバナンス報告書を活用することが多くなってきている。

　また，投資家が議決権を行使する際には，株主総会の招集通知に添付されている事業報告等を読むのが一般的である。日本では，株主総会向けに企業の最新の情報としてアップデートされているものは，ウェブ等を除けば主に事業報告になってしまうということから，最近では招集通知の添付書類における情報開示の充実に努めている企業も少なくない。

　機関投資家にとっても，招集通知に詳しい記載がなければ，総会議案の判断を誤る可能性もあるため，なるべく丁寧な情報提供を求めているという事情もある。これは議決権行使の結果が個別に開示されることに伴い，機関投資家がより深く定性判断を加え，判断の高度化を進めている動きによるものでもある。

　その他にも，企業は様々なステークホルダーとの関わりがあり，マルチ・ステークホルダー向けに，CSR レポートや，サステナビリティ報告書といったものも発行されている。

　このように，様々なステークホルダーを対象に，様々な開示ツールを活用し

て企業は情報開示を行っているわけであるが，それ故に，報告書の作り手も読み手も若干混乱している節がある。折角作っても，必要な対象者に必要な情報が届かない，あるいは読者から求められている内容と開示している内容との間にギャップがあったのでは，何のために開示を行っているのか分からなくなってしまう。日本も早急に情報開示の交通整理をするべきであると思うが，そこで参考になるのが英国 FRC（Financial Reporting Council）による企業の情報開示改革である。

　英国のアニュアル・レポートは法定開示書類である年次報告書にあたるが，株主総会前に必ず発行され，議決権行使に必要な情報は，基本的にすべて取得できるようになっている。2013 年 6 月に，これまで構成されていた① Corporate governance report（企業統治報告書），② Remuneration report（報酬報告書），③ Financial statements（財務報告書），④ Director's report（取締役報告書）に加え，⑤ Strategic report（戦略報告書）が加えられることになった。英国 FRC では以上の 5 つの項目を，企業が報告すべき，かつ投資家が知るべき情報として定義したのである。

　また 2015 年 12 月は，「Clear and Concise」を公表している。これは，非財務情報を明確（Clear）に，かつ簡潔（Concise）に書くためのガイダンスである。このように聞くと，報告書を薄くすることだと勘違いする企業が出てくるかもしれないが，求められているのは簡略化ではなく，Materiality（重要性）や Relevance（関連性）な面の充実であり，Audience（読み手）とのコミュニケーションである。

　例えば，役員報酬は財務状況や KPI を反映したものであることが分かるようにするなど，読者が全体の繋がりがハッキリと理解できるように開示することを求めたのである。同様の動きは米国 SEC でもあり，企業の年次報告書は誰が読んでも理解できるように，Plain English（分かりやすい英語）で書くように指導されている。

　加えて英国 FRC は，2016 年 10 月に「Business Model Reporting」を公表している。これは，企業のビジネスモデルについて，投資家は何を知りたいのかをまとめ，企業にその開示を促すとともに，開示の重要性を共有するものである。投資家がこの情報を知りたい理由は，どこでどのように利益を生んでい

るのかという，ビジネスモデルの情報が企業評価の土台となる為であり，企業側にきちんとした情報開示を求めたのである。企業にとっても，投資家に正しく理解して貰うと共に，取締役会が自らのビジネスを正しく理解していることを示すことができる，また，企業の内部における理解の共有化が進むというメリットが生じる。

　足元では，英国 FRC は「Risk と Viability に関する開示」に取り組んでいる。アニュアル・レポート（法定開示書類）の中で経営が自らの言葉で，事業のリスク（Risk）とその存在性（Viability）について，説明するよう求めるものである。現在の企業の立ち位置と基本的なリスク項目を把握するために，例えば将来を見通す為にどのような手法を用いているのか，また，その期間設定と理由は何なのか，事業を存続させるための合理的な期待と予測されるリスクは何か，それらを定義する際の重要な前提など，一種のゴーイングコンサーン・ステートメントの作成を求め始めている。

　以上は，英国 FRC による企業の情報開示を改善させるための一連の取り組みであり，その為の指針作り，グッドプラクティスの積み上げ努力である。日本でも有価証券報告書に MD&A[4] の項目はあるが，内容のさらなる充実が求められる。特に日本の企業で開示が不十分と言われているのは，コーポレート・ガバナンスに係わる記載である。特に取締役会の構造と役員報酬，経営へのインセンティブ・スキームの話については，もっと紙面を割くべきである。

　株主は，経営陣を監督する権利を取締役会に委任している立場である。いわば取締役は株主の代理人である。その取締役会がどのように経営の実力を高めようとしているのかが，株主の最大の関心事である。取締役会が経営のすべてを，手取り足取り指導することは不可能である。しかし，少なくとも会社は健全な経営の土台となるコーポレート・ガバナンスについては，しっかりと株主に対し説明責任を果たすべきであると考える。

　上記のように，「情報開示」の環境を整備・統一化していくことで，様々なメリットが生じる。1つ目は「対話の共通言語化」である。投資家と企業が同じ「言葉」を使って対話でき，それにより「相互理解」が進むことが期待できる。

　2つ目は「社内における認識の共有」である。会社のマネジメントが考えて

図表 7-2-4　「価値協創ガイダンス」の全体像

価値観	ビジネスモデル	持続可能性・成長性	戦略	成果と重要な成果指標(KPI)	ガバナンス

事業環境，外部環境への認識

1.1.企業理念と経営のビジョン	2.1.市場勢力図における位置づけ	3.1.ESGに対する認識	4.1.バリューチェーンにおける影響力強化，事業ポジションの改善	5.1.財務パフォーマンス	6.1.経営課題解決にふさわしい取締役会の持続性
	2.1.1.付加価値連鎖（バリューチェーン）における位置づけ		4.2.経営資源・無形資産等の確保・強化	5.1.1.財政状態及び経営成績の分析（MD&A等）	
1.2.社会との接点	2.1.2.差別化要素及びその持続性	3.2.主要なステークホルダーとの関係性の維持	4.2.1.人的資本への投資	5.1.2.経済的価値・株主価値の創出状況	6.2.社長，経営陣のスキルおよび多様性
			4.2.2.技術（知的資本）への投資		
	2.2.競争優位を確保するために不可欠な要素	3.3.事業環境の変化リスク	4.2.2.1.研究開発投資	5.2.戦略の進捗を示す独自KPIの設定	6.3.社外投資のスキルおよび多様性
	2.2.1.競争優位の源泉となる経営資源・無形資産	3.3.1.技術変化の早さとその影響	4.2.2.2.IT・ソフトウェア投資		6.4.戦略的意思決定の監督・評価
	2.2.2.競争優位を支えるステークホルダーとの関係	3.3.2.カントリーリスク	4.2.3.ブランド・顧客基盤構築	5.3.企業価値創造と独自KPIの接続による価値創造設計	6.5.利益分配の方針
	2.2.3.収益構造・牽引要素（ドライバー）	3.3.3.クロスボーダーリスク	4.2.4.企業内外の組織づくり		6.6.役員報酬制度の設計と結果
			4.2.5.成長加速の時間を短縮する方策	5.4.資本コストに対する認識	
			4.3.ESG・グローバルな社会課題（SDGs等）の戦略への組込	5.5.企業価値創造の達成度評価	6.7.取締役会の実効性評価のプロセスと経営課題
			4.4.経営資源・資本配分（キャピタル・アロケーション）戦略		
			4.4.1.事業売却・徹底戦略を含む事業ポートフォリオマネジメント		
			4.4.2.無形資産の測定と投資戦略の評価・モニタリング		

（出所）経済産業省価値協創のための統合的開示・対話ガイダンス―ESG・非財務情報と無形資産投資―（価値協創ガイダンス）。

いることを社内で「共有化」でき，それにより「企業価値向上」に向けた社内における取り組みが強化されることが期待できる。

　3つ目は，「効率化と比較可能性の向上」である。開示ツールがある程度整備されることで「作り手」と「読み手」ともに「効率化」が期待できるととも

に，企業間比較も容易になり，企業に対する正しい理解も促進されることになる。

　これらを実現するためには，企業と投資家との合意形成が必要であり，その為にも「建設的な目的を持った対話」の促進が必要不可欠である。日本でも，2017年5月に経済産業省から『価値協創のための統合的開示・対話ガイダンス―ESG・非財務情報と無形資産投資―（価値協創ガイダンス）』が発表された。これは「企業の情報開示や投資家としての対話の質を高めるための「共通言語」として機能する」（本文より）ことを目的に作成されたものである。日本においても，今後ますますの改善が期待される。

5.　最後に

　日本では投資先企業とのエンゲージメントは，一般的にはパッシブ運用の役割であると言われている。株式を保有している投資先企業において何か問題が起きた時，アクティブ運用では売却可能であるが，パッシブ運用ではベンチマークから外れない限り，原則として保有し続けなければならないからである。投資先に改善を働きかけるエンゲージメントは，パッシブ運用においてこそ必要であると言われる所以である。

　しかしながら，投資先企業と対話するためには，当該企業に対する深い知識や理解が必要となってくる。これは長年の運用調査経験がなければ不可能であり，求められるスキルはアクティブ運用の領域である。そういう意味で長年，アクティブ運用とパッシブ運用とで明確に仕切られていた資産運用の世界は，パッシブ運用におけるエンゲージメントの必要性が求められることで，足元では融合が起き始めている。

　また，融合という点では，ESG も同様である。企業の開示担当者からよく聞く話は，「ESG が重要だと言うけれども，IR の現場で質問が出たことはない」というものである。それもその筈である。これまで企業の IR 部門と直接対話していたのは，主にアクティブ運用の運用調査担当者たちである。彼らは主に企業のファンダメンタルズを中心に分析している者たちであり，最大の関心事は企業の事業戦略や財務状況である。

　一方，非財務の中でも環境や社会問題にフォーカスした ESG 課題を扱っていたのは，主に海外で普及している ESG 投資家やそれを支援する格付け会社である。彼らは企業の公開情報をもとに勝手評価と勝手格付けを付与し，投資対象を選定する，あまり表に出てこない投資家たちであった。

　しかしながら，ESG が企業の持続性と深く関わる問題となっていることは，これまで述べてきた通りである。日本でも 2017 年 7 月に GPIF（年金積立金管理運用独立行政法人）が ESG インデックス運用を開始したが，アクティブ運用の世界でも，非財務情報が財務情報と同様に活用されているのは周知の事実である。このようにアクティブ運用とパッシブ運用でのスキルの融合，財務情報と非財務情報の企業分析における融合と，運用会社には従来と異なる分野におけるノウハウを融合させた新たな実力が求められるようになってきている。

　野村アセットマネジメントでは，年間 5,000 件を超える投資先会社との対話の機会に恵まれており，その内，約 2,000 件は当社における個別ミーティングである。2,000 件のうち約 4 割は，役員クラス以上の方々との対話である。また，ESG に関する対話も年々増加してきている。このような豊富な対話の機会を通じて，我々としてはさらなる実力を養っていかなければならないが，統合報告書をはじめとした企業の開示情報は，投資先企業との対話における重要なツールのひとつである。

　統合報告書に限って言えば，日本企業は先進的取組みを進めている。グローバルで発行されている約 1,600 社の統合報告書のうち，約 400 社が日本企業のものであり，日本は統合報告書を発行している企業数が，世界で最も多い国であると言われている。とはいえ，野村アセットマネジメントの運用ポートフォリオには 2,000 社超の日本企業が存在しており，言い換えると，その中のわずか 400 社が「統合報告」を現在採用しているに過ぎず，まだまだ改善の余地が多いことは明らかである。

　エンゲージメントの目指すところは，企業の価値創造と持続的な成長の実現にあることは疑いのないことである。この目標を達成するためには，企業は高品質なコーポレート・ガバナンスを実現していく必要性がある。企業が情報開示を進めていくことは，企業の透明性を高め，株主への説明責任を果たしてい

図表 7-2-5　野村アセットマネジメントが目指すインベストメント・チェーン（投資の連鎖）の実現

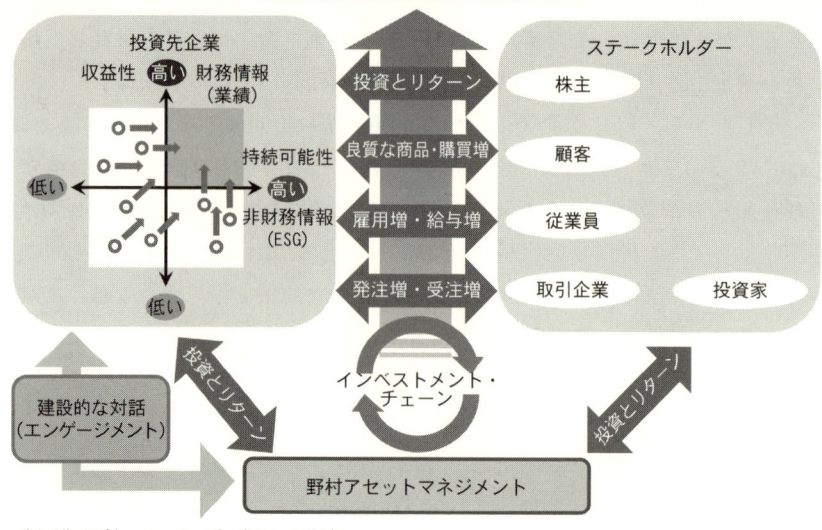

（出所）野村アセットマネジメント作成。

くことになり，それは必然的にコーポレート・ガバナンスの改善に繋がってい
くものであると考えられる。

　引き続き野村アセットマネジメントでは，企業との豊富な対話の機会を活用
しながら情報開示を促すとともに，建設的な対話を継続的に行っていくこと
で，日本企業全体の発展に貢献するという，インベストメント・チェーンの中
の運用会社としての社会的使命を適切に果たしていきたいと考えている。

（今村敏之）

注

1　詳細については，Global Reporting Initiative（2015）G4 Sustainability Reporting Guidelines を
　参照されたい。
2　詳細については，The IIRC（2013）THE INTERNATIONAL ＜IR＞ FRAMEWORK を参照さ
　れたい。
3　詳細については，SASB（2017）SASB INDUSTRY STANDARDS を参照されたい。
4　Management Discussion & Analysis of Financial Condition and Results of Operation の略。

参考文献

Corporate Value Reporting Lab（2017）「国内自己表明型統合レポート発行企業リスト　2017 年版（2017 年 9 月現在）」。

FRC（2014）*Guidance on the Strategic Report.*

FRC（2015）*Clear & Concise Developments in Narrative Reporting.*

FRC（2016）*Lab project report: Business model reporting.*

Global Reporting Initiative（2015）*G4 Sustainability Reporting Guidelines.*

IR 協議会（2017）「第 24 回「IR 活動の実態調査」。

経済産業省（2017）「価値協創のための統合的開示・対話ガイダンス─ESG・非財務情報と無形資産投資─（価値協創ガイダンス）」。

SASB（2017）*SASB INDUSTRY STANDARDS.*

The IIRC（2013）*THE INTERNATIONAL <IR> FRAMEWORK.*

第 3 節　損保ジャパン日本興亜アセットマネジメント：持続可能なインベストメント・チェーンを目指して

1. 損保ジャパン日本興亜アセットマネジメントの投資哲学

　私たち損保ジャパン日本興亜アセットマネジメント（以下，SNAM）は 1993 年の日本株運用開始以来，一貫した投資哲学を掲げ，それを実践してきた。それは，『いかなる資産も本来の投資価値を有しており，市場価格は中長期的にはこの投資価値に収束する。したがって，市場価格と投資価値の乖離が超過収益の源泉となる』という考え方である。

　アセットマネジメント・ビジネスを展開する機関投資家としての SNAM の社会的使命の一つは，「責任ある投資家の立場を自覚した良質なアクティブ運用を提供することである」との信念に基づき，創業来一貫して，中長期の視点から評価した企業の本源的価値を投資判断の基準とするアクティブ運用を中心に事業展開を行っている。

　また，投資先企業の価値向上や持続的成長に関心を払いながら中長期的な投資収益の獲得を目指すアクティブ運用では，財務情報のみならず ESG 情報（E＝環境，S＝社会，G＝企業ガバナンス）などの非財務情報についても的確に把握することが求められると考えている。加えて，適切な投資価値を導き出すためには，企業の業績動向の把握と予測にとどまらず，企業が抱える潜在的なリスクについても的確に把握し，評価することが求められている。

　さて，一般に，SNAM が提供している運用商品の価値は，一義的には優れた運用成果で決まる。しかしながら，運用成果はファンドマネージャーが直接作り出すものではないと，SNAM は考えている。「運用成果の源泉は，投資先の企業がそれぞれの事業から産み出す中長期的な収益である。ファンドマネージャーはインベストメント・チェーンの中でお客様と企業の橋渡しをしているに過ぎない」というのが当社の考え方である。

2.　SNAM の投資戦略

　株式運用では，いろいろな哲学や考え方を持つ多彩なプレーヤーが参加して株式市場を形成し，日々の株価を決定している。そのなかで，あえて投資手法を二分すると，株価の割安度に注目して投資を行うバリュースタイルと，企業の将来性に着目して投資を行うグローススタイルに分けられる。当社は，運用開始以来，バリュースタイルに専念してきた。

　また，別の見方で投資手法を二分すると，「どこの企業でもよいから，明日の株価を当てよう」という投資手法と，「特定の企業の価値を長期的に分析し，その価値に投資しよう」という手法に分けられる。当社は，後者に特化している運用機関である。

　株価は株式市場で決定される。しかし，市場で決められた価格がいつでも適正であるとは限らない。過去を振り返っても，急激な価格変動が観測されているが，株式市場は企業の経済価値に対し，一時的に過大な評価，または過小な評価を下すことがある。そこで，投資家は市場価格に頼らない，企業の経済価

図表 7-3-1　投資価値（本源的価値）

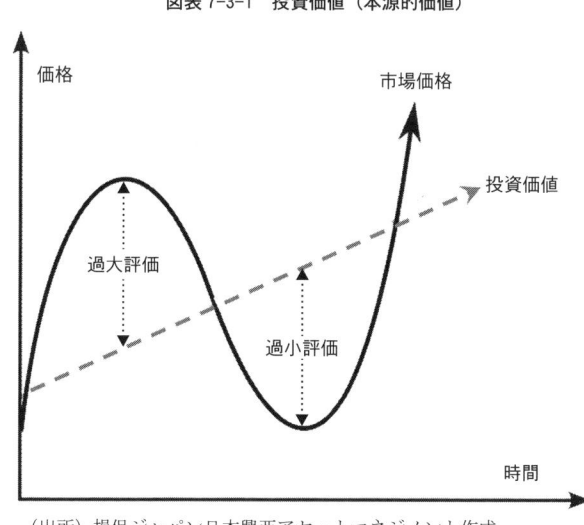

（出所）損保ジャパン日本興亜アセットマネジメント作成。

値を見定めることが重要となる。

　この，企業が本来有している経済価値を，SNAM では「投資価値＝企業の本源的価値」と呼ぶ。市場で実際に売買されている価格を「外」の価値とすれば，この投資価値は「内」の価値であり，「内在価値」や「フェア・バリュー」とも言われる。当社では，配当水準や企業の経営成績（利益）などの財務情報を中心に分析することで，投資価値を導き出している。

　SNAM では，この本源的価値と株価（市場価格）とを比較して，株価が割安な水準にあれば投資を行い，株価が割高な水準にいたれば売却を行うというスタイルを一貫して行っている。また，投資ポートフォリオの構築においては，全体のリスク水準等を勘案しながら，より割安な企業から組み入れを行っている。これが当社の投資戦略である。このように割安度に基づいて投資判断を行っていることから，前述のように，自らの投資スタイルをバリュースタイルと規定している。

図表 7-3-2　バリュー投資における割安度分析

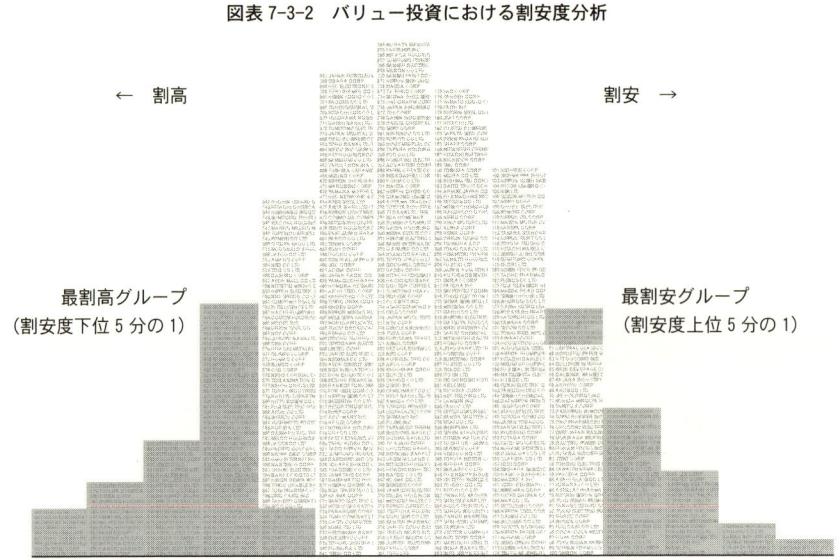

（出所）損保ジャパン日本興亜アセットマネジメント作成。

3. スチュワードシップ・コードとどう向き合うか

　運用開始以来 20 年以上にわたり，中長期の投資価値に基づくアクティブ運用を一貫した運用手法のもとで実践してきた経験は当社の強みである。SNAM では，様々な産業や企業に対する投資経験を持つ社内のアナリスト，ファンドマネージャーの知見を活かし，投資先企業や投資候補企業の企業価値の向上と，持続的成長に資する建設的な対話を行っているが，本項では，その内容について詳述したい。

　当社は良質なアクティブ運用の実践は，それ自体がスチュワードシップ責任を果たすものであり，インベストメント・チェーン全体の最適化に資する重要なルーツとしての社会的価値があると考えている。

　企業のファンダメンタルズを深く理解するアクティブ運用の関心事は，投資先企業の中長期的な価値向上や持続的成長である。このようなアクティブ運用の価値基準は，企業の経営判断基準と同期し，両者の建設的な対話（エンゲージメント）を促進することにある。すなわち，運用の実践がコーポレート・ガバナンスとしての機能を持っていると考えている。

　SNAM は，責任ある投資家の立場を自覚した良質なアクティブ運用を提供するため，アナリストやファンドマネージャーが，投資先企業や投資候補企業と日常的に対話を行える関係を構築している。そのうえで，投資判断基準である中長期の視点から評価した本源的価値を理解することを対話の軸とし，その源泉となる付加価値創造およびその分配のプロセスの把握に努めている。

　対話に際しては，当社側が企業を把握することだけにとどまることがないように，当社側の先方企業に対する理解をフィードバックし，株式市場における先方企業の評価等に関する当社なりの考え方も紹介するなどして，企業にとっても価値のある建設的な対話となるよう心掛けている。また，ミーティングの形態や相手方の役職などの形式的な側面にはこだわらず，対話の目的を果たすうえで効率的，効果的な方法を選択している。

　SNAM では，投資先企業が「中長期的な価値向上や持続的成長を遂げる」という期待像に向けた経営を進めていくことを望み，その実現に向けて投資先

企業に働きかけを行っている。万一，期待像に反する経営姿勢が見られれば，企業に対して改善を求めていく方針を持っている。

改善を求める行動の一環として，スチュワードシップ・コードにおいて重要な位置を占めると考えている投資先企業の議決権の行使を行うが，この行使は当社が定めている理念に則って行われている。具体的には，コーポレート・ガバナンスを構成する主要な要素である取締役・監査役（会），報酬制度，内部統制システム，コンプライアンス，投資家リレーション等の項目において，それぞれが期待される役割や機能を適切に果たしているかを吟味し，議案の賛否を判断している。

冒頭に紹介した SNAM が一貫して掲げている投資哲学，『いかなる資産も本来の投資価値を有しており，市場価格は中長期的にはこの投資価値に収束する』のもとで行うアクティブ運用においては，企業価値向上と持続的成長が投資リターンの源泉である。このような運用哲学と運用手法で，顧客の中長期的な投資収益を追求してきた当社にとって，金融庁から公表された「日本版スチュワードシップ・コード」の理念は，当社の運用方針と極めて親和性の高い考え方だと認識している。

また，当社は目指す企業像として，「お客さまの中長期的な資産形成に資する最高品質の商品・サービスを提案・提供し，『日本一お客さまのことを考える資産運用会社』となること」を掲げている。「日本版スチュワードシップ・コード」の精神は，当社の目指す企業像とも合致すると考えている。

投資業務においては，上場企業に対する株式投資などを通じて，顧客から委託された資金の投資収益を最大化することが目的である。この目的の達成を目指し，運用会社として受託者責任を果たすための行動は，投資先企業やその先にある社会・経済全体の持続的発展にも同時に寄与するものであることが望まれる。

「投資収益の最大化」と「社会・経済全体の持続的発展」が両立するインベストメント・チェーンの一端を担うことが機関投資家の責務であり，引き続きスチュワードシップ責任を果たしていきたいと考えている。

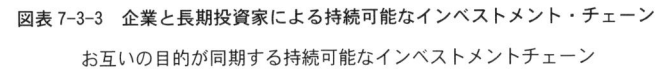

図表7-3-3　企業と長期投資家による持続可能なインベストメント・チェーン

お互いの目的が同期する持続可能なインベストメントチェーン

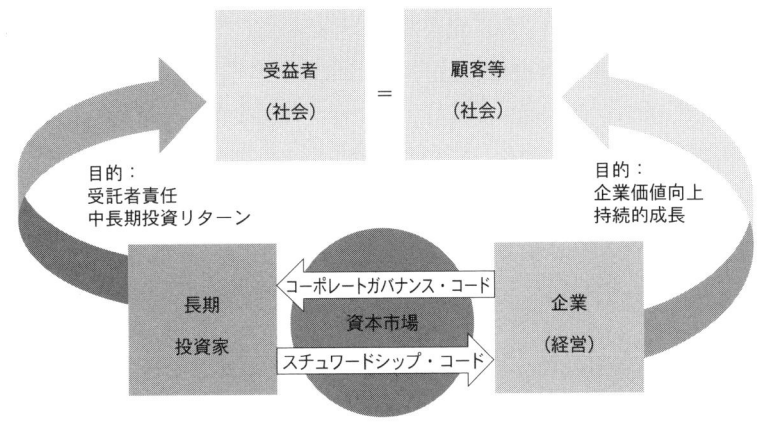

（出所）損保ジャパン日本興亜アセットマネジメント作成。

4.　企業価値とは何か

　SNAM に資金を委託している顧客・受益者の多くは，企業の最終投資家であると同時に従業員や消費者，取引先などとして，投資先企業との間で別の係わりを持つステークホルダーでもある。したがって，受託者責任を果たすために投資収益を最大化しようとする行動が，同時に投資先企業の価値向上や持続的成長を促し，ひいては社会・経済全体の持続的発展に繋がるものであることを期待している。

　長期投資家の関心事は，「長い時間軸でいかに企業が価値を増やせるか」という点にある。単に売り上げ，利益が増えるだけでなく，取引先の利益，従業員の給料など，さまざまなステークホルダーへの分配がバランス良く増加し，企業価値が向上することを望んでいる。

　なぜならば，短期投資家にとって従業員の給料は「コスト」でしかないが，長期投資家にとっては，将来の「リターン」の源泉となるからである。こうした長期投資家の目線は，持続的成長を目指す企業の目的と同期するものであ

る。

　企業価値向上や持続的成長に関心を払いながら，中長期的な投資収益の獲得を目指すアクティブ運用では，企業を的確に把握したうえで適切な投資価値を評価することが運用の成否を左右する。このプロセスを適切に確保するため，当社は社内のアナリストによる独自のリサーチ体制を整え，企業の財務情報および非財務情報を詳細に分析したうえで中長期の予測を行っている。

　具体的には，投資価値評価の基礎となる中長期的な収益力や，財務・資本政策の把握に重点を置いている。そのために，産業の競争環境，個別企業の独自性や競争優位性，各バリューチェーンの関係性や交渉力，それらを取り巻くマクロ経済等をグローバル・ベースで分析している。

　同時に，将来の収益性や成長性に大きな影響を及ぼす ESG（環境・社会・企業ガバナンス）情報などの非財務情報も重視し，その企業の可能性と潜在的なリスクの把握に務めている。また，中長期の投資価値評価に不可欠なバランスシートの予測を通じて，企業の持続性や安定性の精査を加えることで，予測の妥当性や整合性の確認も行っている。

　企業を長期的な視点で評価した本来の企業価値に対して，株価が相対的に割安か割高かのバリュエーション（企業価値評価）を一貫して行ってきた。この

図表 7-3-4　企業と長期投資家の共通の関心事項（対話の軸）

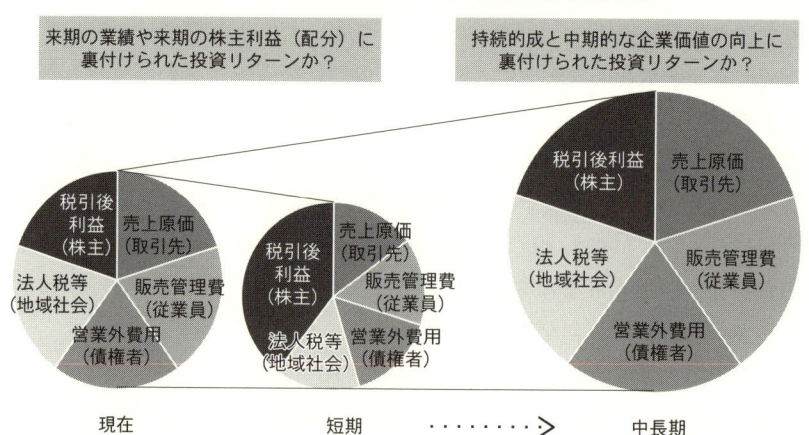

（出所）損保ジャパン日本興亜アセットマネジメント作成。

ような投資哲学とリサーチに対する姿勢が，「株価（株式市場が決定しているもの）」と「投資価値（SNAM の分析から算出されるもの）」の比較評価を可能にしていると考えている。

5.　長期投資とどう向き合うか

　最初に，「長期投資」という言葉に対する，SNAM の考え方・定義を紹介しておこう。一般に，長期投資とは，「長期に渡って保有する投資家」と考える向きが多いように思うが，当社は異なる考えを持っている。

　当社は「長期投資」とは，「長期的目線で投資価値評価を行うこと」と考えている。当社で運用している一部の商品には，「バイ・アンド・ホールド型」と呼ばれる，いったん投資した企業の株式は，そのまま持ち続けることを前提とする投資手法がある。その商品では，当該企業の株式を「長期に渡って保有する」形態を取ることになる。

　一方で，当社の主要商品は「長期的目線で投資をすること」に眼目を置いており，そこでの平均的保有期間は 2 年程度となっている。中には株価の大幅な変動等から例外的に，「先月買った銘柄を今月売る」という投資行動を取ることもある。

　長期投資に対する当社の姿勢は，下記に示した二点に集約されている。当社は責任ある投資家として，投資先企業に対して，資本市場を通じて得た資本を最大限有効に活用しながら，企業価値向上と持続的成長を追求し，株主利益の尊重とともに社会・経済全体の健全な発展に貢献することを求めている。

　一，社会の需要に応え，付加価値を創造し，長期的に利益を生み出すこと
　一，適切な雇用・資本政策を採用し，創造した付加価値を適切に配分すること

　現状，日本国内の年金資金は，TOPIX（東証株価指数）等の主要なインデックスに連動するパッシブ運用への比率を高めている。それは，運用コストの問題であり，パッシブ運用はアクティブ運用に比べて低コストである。

　また，個人の出来高の 80% はデイトレーダーと推計されている。そのため，出来高の割には，中長期のファンダメンタルズに基づいた，主体的な判断によ

る株価形成に寄与している投資家は少ないと考えられている。その意味で，日本の株式市場に厚みは乏しいのである。

その中で，日本の株式市場全体の過去のリターンの低さから，集中投資に対する機関投資家の関心，ニーズは高まっていると感じられる。但し，程度にもよるが，集中投資は分散投資の否定であり，投資の基本原則に反している点や，相対的に高いリターンを追及する点を鑑みればニッチな投資手法であり，アクティブ投資のメインストリームにはならないと考えている。

また，中長期アクティブ投資において，逆インセンティブとなっている事象は何かと言えば，それは公共財特有の典型的な市場の失敗，すなわちフリーライド（ただ乗り）の問題と捉えることができる。

資本市場が，公共のインフラとして健全な価格発見機能と流動性供給機能を維持するためには，一定のコストが必要となるが，この効率的な市場が存在してはじめて成り立つパッシブ運用や短期投資（投機）にとっては，このコストを負担しないことがインセンティブとなるという逆説を孕んでいる。

一方で，効率的な市場を形成する公共的役割は，中長期の投資視点を持つアクティブ運用が担っていると考えられるので，その中長期アクティブ投資を活性化するためには，税制面などでのインセンティブ付与が必要ではないかと考えている。

なお，現状，パフォーマンスの改善を求めて，様々な新たなインデックスが開発されているが，いかなるインデックスであっても，コスト負担を忌避することが目的である以上，フリーライドの問題を解決するものではないと考える。

「パッシブ運用の方が低コストである」と指摘したが，上記のように低コストのパッシブ運用は，アクティブ運用がもたらした，「全体として効率的な市場」の存在があってはじめて成り立つと考えられる。

そのため，当社では，アクティブ運用不要論は，そもそも「誤謬」を孕んでいると考えている。また，以上のような状況を考慮すれば，中長期の投資視点を持つアクティブ投資の存在は，市場に不可欠な存在であると考えている。このような考えの下で，今後とも中長期投資を行い，市場に良質アクティブ運用の提供を続けていくということが，SNAM の長期投資に対する姿勢である。

6. 責任投資とどう向き合うか

本項では，狭義と広義の2つの視点で，当社の責任投資への取り組みを紹介しておこう。

先ず，狭義の視点である。当社は，1999年に日本で2番目となる環境ファンド「損保ジャパン・グリーン・オープン（愛称：ぶなの森）」の運用を開始した，日本における「責任投資」のパイオニア的な存在と自負している。

他の環境ファンドが，往々にして「環境に関わっている企業」にスポットライトを当てたテーマ型投資信託であるのに対し，「ぶなの森」は，これまで紹介してきた SNAM の中長期的な投資価値と，グループ会社である SOMPO リスケアマネジメント株式会社（以下，リスケア社)[1] のアンケートリサーチに基づく環境スコアリングとを組み合わせて投資対象企業を選定しており，SNAM の投資哲学やスチュワードシップ・コードと軌を一にする存在である。

「ぶなの森」以降も，リスケア社との協業の下，個人投資家向けの投資信託では「損保ジャパン SRI オープン（愛称：未来のちから）」や，年金基金・機関投資家向けでは「サステナブル運用」の運用を行っている。

その中で，日本では，2015年9月に GPIF（年金積立金管理運用独立行政法人）が UNPRI（国連責任投資原則)[2] に署名したことを皮切りに，責任投資という考え方が関心を高める状況になっている。世界で責任投資を牽引する UNPRI は，そのイニシアチブを主導し，以下の6つの原則を掲げている。

1. 投資分析と意思決定のプロセスに ESG 課題を組み込みます。
2. 活動的な所有者となり，所有方針と所有習慣に ESG 課題を組み入れます。
3. 投資対象の企業に対して ESG 課題についての適切な開示を求めます。
4. 資産運用業界において本原則が受け入れられ，実行に移されるように働きかけを行います。
5. 本原則を実行する際の効果を高めるために，協働します。
6. 本原則の実行に関する活動状況や進捗状況に関して報告します。

昨今の責任投資では，欧州を中心に SDGs（持続可能な開発目標）に着目す

る動きが強まりつつあり，UNPRI も SDGs を軸にした投資を後押ししている。SDGs は 2015 年 9 月にニューヨークで開催された国連持続可能な開発サミットで採択され，2016 年 1 月に正式に発足したもので，17 の大目標，169 の小目標，200 以上の指標により構成され，2030 年までに貧困や飢餓，エネルギー，気候変動，平和的社会など持続可能な開発のための目標を達成しようとする取組みである。

　UNPRI が 2017 年に公表した，今後 10 年間の取組みを表す BluePrint のなかで，SDGs を推進する広範なアクティブ・オーナーシップを通して，投資家が企業責任の強化を追求するよう奨励すると述べている。

　実際，スウェーデンの基金や運用機関が中心となって署名された Stockholm Declaration や複数のオランダの運用機関など，SDGs を投資の柱と据えることを宣言している機関がある。当社としても，今後の責任投資を考えるうえで，SDGs を巡る動きを重視していきたいと考えている。

　また，近年は温室効果ガス排出に関する関心が高まっており，2014 年にモントリオールで開催された UNPRI の総会で「モントリオール・カーボン・プレッジ」が策定された。「モントリオール・カーボン・プレッジ」に署名をすることで，署名機関はすべてまたは一部のポートフォリオについて，温室効果ガス排出量を年ベースで測定し公表することになっている。

　温室効果ガスの問題は地球規模で取り組むべき喫緊の課題の一つであり，ポートフォリオの排出量の把握は，当社としても不可欠な取り組みであると考え，2017 年 9 月に「モントリオール・カーボン・プレッジ」への賛同を表明した。現在，一部のファンドにおける 2015 年および 2016 年 3 月 31 日時点の温室効果ガス排出量を，ホームページ上で公表している。

　ここまで，環境ファンドや ESG 投資等，狭義の定義に基づき当社の責任投資を紹介してきたが，最後に広義の定義に基づいた当社の責任投資に対する考え方を示しておきたい。

　これまで述べてきたように，当社の企業リサーチの最終的な目的は，企業の本源的価値を算出することである。そのためには，その企業がどのような経営理念・目標と競争戦略を持ち，事業ポートフォリオをどのように展開しようとしているかという「ビジネスモデル」に関すること，どのような経営クオリ

図表 7-3-5 本質的な企業価値評価に必要な情報

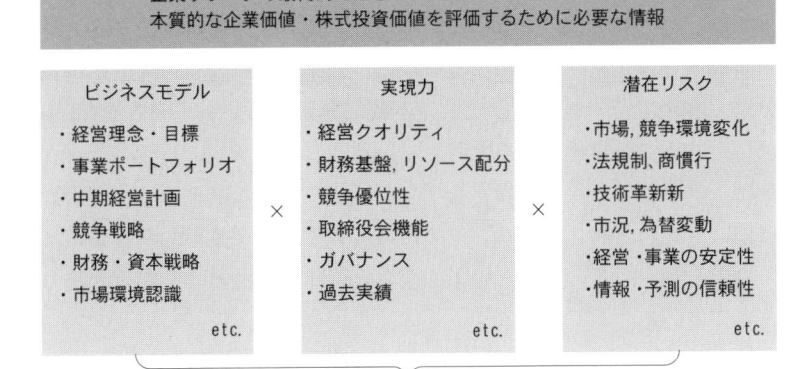

企業リサーチの最終的である
本質的な企業価値・株式投資価値を評価するために必要な情報

ビジネスモデル	実現力	潜在リスク
・経営理念・目標 ・事業ポートフォリオ ・中期経営計画 ・競争戦略 ・財務・資本戦略 ・市場環境認識	・経営クオリティ ・財務基盤, リソース配分 ・競争優位性 ・取締役会機能 ・ガバナンス ・過去実績	・市場, 競争環境変化 ・法規制, 商慣行 ・技術革新新 ・市況, 為替変動 ・経営・事業の安定性 ・情報・予測の信頼性
etc.	etc.	etc.

建設的な対話の具体的内容，統合報告書に記載する項目

（出所）損保ジャパン日本興亜アセットマネジメント作成。

ティを持ち，どのような過去実績を積み重ねてきたかという「実現力」に関すること，先々にはどのような技術革新が待ち構えており，競争環境の変化が起こりうるかという「潜在リスク」の3点についての情報を得ることが必要である。

「ビジネスモデル」，「実現力」，「潜在リスク」の3点には，財務的な情報と非財務的な情報がともに含まれている。このような視点に立てば，当社が算出した本源的価値を用いて行う，すべてのアクティブ運用が広義の責任投資に該当すると考えている。

SNAM では，これまでも環境問題や社会問題に由来して起こる技術革新や競争環境の変化などがもたらす企業の業績変動の可能性を，企業の本源的価値算出の過程に織り込んできた。但し，それは，個別的，暗示的なものであったため，それをより体系的，明示的なものに止揚するための変革に取り組んでいる最中である。

また，新たに ESG 評価と企業業績パフォーマンスとの間に，何らかの因果関係がないか，検証を開始している。こうした取り組みは緒に就いたところではあるものの，当社およびリスケア社の分析によると，複数の E（環境）に関

する項目は，業績パフォーマンスと正の相関を持っているというデータも確認されている。

　以上，述べてきたように，SNAM における責任投資の取り組みは，リスケア社の環境スコアリング等も活用しながら，企業の財務情報，非財務情報の双方を分析した上で，中長期的な企業の本源的価値を算出し，それを 20 年以上も継続していること自体にあると考えている。

　当社は，引き続き一貫した投資哲学を実践し，良質なアクティブ運用の提供を行っていきたいと考えている。そのために必要な，中長期的な企業の本源的価値の算出を行い，その前提としての企業との建設的な対話を深化させていきたいと考えている。

　その上で，狭義の責任投資に関する諸外国の動向や考え方を取り入れつつ，ESG ファンドのパイオニアとして得た独自の経験をもとに，日々，より良い資産管理とアクティブ運用の質的な改善を目指している。

（角田成宏）

注

1　SOMPO リスケアマネジメント株式会社。1997 年設立。環境関連の調査，官公庁の調査，その他リスク評価モデルの開発やリスク評価の実施を行う。

2　正式名称は「United Nations Principles for Responsible Investment（UNPRI＝国連責任投資原則）」。全世界での署名機関数は 1,800 を超える（2017 年 9 月 20 日現在）。SNAM は UNPRI の掲げている方向性は SNAM が以前から指向してきたものと同様であるとの考えに基づき，2012 年に UNPRI に署名を行った。

参考文献

コーポレートガバナンス・コードの策定に関する有識者会議（2015）『コーポレートガバナンス・コード原案』。

ドーア, R., (2006)『誰のための会社にするか』岩波新書。

藤田勉（2016）コーポレートガバナンス改革時代の ROE 戦略　効用と限界』中央経済社。

伊藤邦雄（2014）『新・企業価値評価』日本経済新聞社。

岩井克人（2005）『会社はだれのものか』平凡社。

経済産業省（2016〜17）『持続的成長に向けた長期投資（ESG・無形資産投資）研究会』配布資料。

経済産業省（2017）『価値協創のための統合的開示・対話ガイダンス—ESG・非財務情報と無形資産投資—（価値協創ガイダンス）』。

菊地正俊（2016）『良い株主，悪い株主』日本経済新聞社。

北川哲雄（2015）『スチュワードシップとコーポレートガバナンス』東洋経済新報社。

北川哲雄（2017）『ガバナンス革命の新たなロードマップ』東洋経済新報社。

北野一（2008）『なぜグローバリゼーションで豊かになれないのか──企業と家計に，いま必要な金融力』ダイヤモンド社。

北野一（2014）『日銀はいつからスーパーマンになったのか』講談社。

金融庁（2013〜14）『日本版スチュワードシップ・コードに関する有識者検討会』配布資料。

金融庁（2017）『スチュワードシップ・コードに関する有識者検討会』配布資料。

マッキンゼー・アンド・カンパニー，ティム・コラー，マーク・フーカート，デイビッド・ウェッセルズ［マッキンゼー・コーポレート・ファイナンス・グループ（翻訳）］（2016）『企業価値評価 第6版 上・下』ダイヤモンド社。

中尾剛也（2016）『インベストメント・チェーンにおける長期投資家とは？』FISCO FINANCIAL REVIEW 創刊号。

日興リサーチセンター株式会社（内閣府委嘱調査）（2016）『「平成27年度資本市場における女性活躍状況の見える化と女性活躍情報を中心とした非財務情報の投資における活用状況に関する調査」報告書』。

ニッセイアセットマネジメント編（2014）『スチュワードシップ・コード時代の企業価値を高める経営戦略』中央経済社。

ポーター，M.,（1985）『競争の戦略』ダイヤモンド社。

ポーター，M.,（1985）『競争優位の戦略』ダイヤモンド社。

証券アナリストジャーナル（2016・2017）『企業と証券アナリストの対話の実例シリーズ』日本証券アナリスト協会。

田中一弘（2014）『「良心」から企業統治を考える』東洋経済新報社。

参照 Web（2017.9.30）

オランダの運用機関の SDGs に関する取組みの発表（Sustainable development investments（SDIs）（https://www.apg.nl/pdfs/SDI%20Taxonomies%20website.pdf）

モントリオール・カーボン・プレッジウェブサイト（http://montrealpledge.org/Stockholm Declaration）（https://www.globalreporting.org/resourcelibrary/Stockholm Declaration.pdf）

UNPRI BluePrint（https://blueprint.unpri.org/）

第4節　さわかみ投信：社会と経済のサステナビリティを実現する長期投資

1. 理念

　さわかみ投信株式会社は，日本で最初の独立系直接販売型投資信託運用会社（以下，独立系直販投信）である。経営理念は次の3つを基礎としている。

- ・本格的な長期投資で世の中をおもしろくしていこう。
- ・一般生活者の財産づくりを長期運用でお手伝いさせていただく，さわかみファンドを運用実績と顧客からの信頼で世界一にしていこう。
- ・お金は天下のまわりものである。長期投資で得たリターンは，広く世の中にお返ししていこう

　まず，なぜ一般生活者にとって財産づくりが必要で，長期投資でそれを実践すべきと考えたのか。これは，創業者である澤上篤人が日本も成熟社会となり，戦後の高度経済成長期のような経済成長は見込めないため，お金にも働いてもらう時代が来ると予想していたからである。

　彼は1970年からスイス・キャピタル・インターナショナルにて，金融業界におけるキャリアをスタートさせた。80年から投資顧問を設立する96年まで，ピクテ・ジャパン（現ピクテ投信）の代表取締役を務めた，数少ない日本の高度成長を外側から見た国際金融経験者である。

　1970年代は，世界的にもニクソンショックや石油ショック，景気停滞とインフレに苦しんだ。このような経済環境の下，高度経済成長時代の終焉を迎えた日本は，財政・金融政策の両面から経済発展に努めた。その後，米国との貿易摩擦やプラザ合意によるドルの切り下げ（円の切り上げ）などの逆風があったものの，それを打ち消すための低金利政策や内需主導という名目による不動産・金融へのシフトが平成バブルを生み，その後遺症に長らく苦しんでいる。

　経済的にも，人口動態の面からも成熟化していく日本において，資産形成が必要になるのは，富裕層ではなく一般家庭であると澤上は考えた。その理由

は，実に単純明快である。日本は国債を大量に発行し続けており，1996 年当時，政府の総負債残高は 500 兆円を超え，GDP と同じ水準に達した[1]。当社は，この年に創業されたのである。

　国債の発行，つまりそれは将来の国民が払うことになるわけだが，経済が成長し所得が増え，税金の負担に耐えられる間はそれでも良い。しかし，成熟社会となる中で人口増加は一服し，人口動態の変化などから経済成長は鈍化し，所得は増えにくくなる。当然，わが国でも 1973 年の厚生労働白書にもあるように，人口動態の予測によれば，高齢化社会の到来は予測されていたにも関わらず，国家的には何の対処もしてこなかったことで，社会福祉サービスのレベルは維持され続けてきた。また，社会の構造自体も人口が増え続け，消費が拡大することを前提にしたままになっていた。

　その状況が続くわけもなく，税率を上昇させるか，社会福祉を含めた行政サービス縮小のどちらか，最悪の場合はその両方が起きると予想した。つまり，税金は上がる，将来受け取る年金額は減額されるか，受取年齢はあげられると考えられたのである。実際，欧州では高い付加価値税率の導入は行われており[2]，米国では確定拠出年金が 81 年から導入され，国ではなく個人が老後資金を備えるようになっている。そうならなければ国家財政は将来的に破滅的な状況に陥り，結果として国民にしわ寄せがくる。しかしながら，2017 年現在，日本では消費税の増税や社会保障費の削減は遅々として進まず，財政規律を正そうとする動き（プライマリーバランスの黒字化）も遅れている。

　このままでは，国に頼ってはいられないから，自分でなんとかする時代が来る。それには，一般生活者が安心して預けられ，適正な資産形成が出来る金融商品が必要とされる時代が来ると考え当社は創業した。

　ようやく日本でも，この数年間の間に企業型の確定拠出年金や個人型確定拠出年金が注目されるようになってきたが，他の先進国に比べ自らが将来の資産作りをしなければならないという考えに関して，相当に遅れてしまっていることは否めない。その間に起こった経済環境の変化を振り返ってみても，やはり一般生活者こそが資産運用を行い将来に備えるべきという思いは強まるばかりである。

　「貯蓄から投資へ」というスローガンは以前から使われているものの，未だ

個人金融資産 1,832 兆円のうち，現金・預金は 945 兆円（51.6%），保険・年金・定期保証は 520 兆円（28.4%）となっており，未だほとんどが活用されないままとなってしまっている[3]。

　図表 7-4-1 は，わが国の日本の一般的な家庭における実質的な可処分所得の推移をしめしたものである。実質的な可処分所得は，ここ十数年の間に少しずつ減り続けている。1997 年をピークに，2015 年までの間に月額 47 万 9,302 円から 40 万 8,649 円までおよそ 14.7% も下落している。

　所得である給与自体が伸び悩み，消費税の増税と社会保険料の負担増というダブルパンチがあるにも関わらず，将来は自分で備えなければならない状況に陥っているのが，今の日本の姿である。こうした状況を解決するための方法として，資産運用を広めることを使命として，当社が設立されたのである。

　次に，なぜ長期投資を手段を選んだのかという点も重要である。昨今の投資は，多くの市場参加者が短期的な投資手法を選択している。いわゆる，ショートターミズムの弊害である。特に機関投資家と称されるプロの運用者は短期的な成果を求められるため，持続的な成長を犠牲にしてでも，短期的な成果を求めて投資行動を起こす。そのため，投資行動自体に疑問符がつくようなことも，しばしば行われている。

図表 7-4-1　家計における実質的な可処分所得の推移

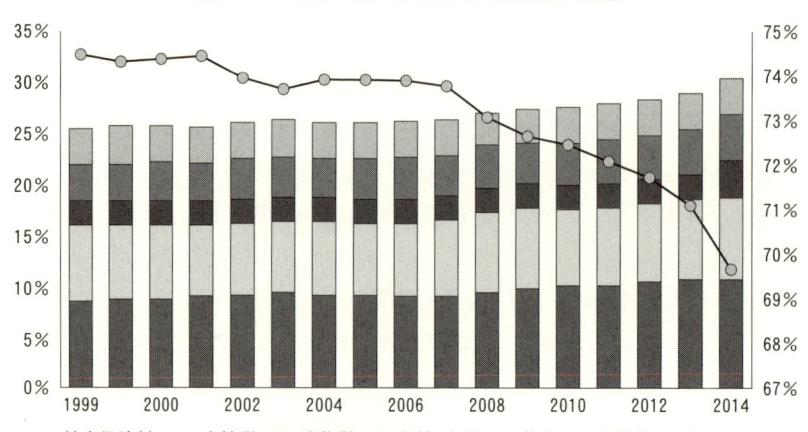

（出所）総務省家計調査よりさわかみ投信作成。

2. なぜ独立系なのか，なぜ直接販売を選んだのか

　なぜ，日本で初めての独立系直販投信という形態を選んだのかは，経営理念にある「一般生活者の」という部分に極めて密接に関係している。これまで，わが国における株式や投資信託などの有価証券の販売，投資信託などの運用の実態は，顧客の資産運用に資するものではなかったのではないだろうか。

　金利が低くなり続け，貸付による収益の拡大が難しくなったことや，金融ビッグバン以降は銀行窓口や郵便局においても，様々な金融商品が販売されるようになったことがあげられるだろう。金融機関は，保険や投資信託の販売手数料による収益向上が図られるようになった。しかし，顧客の都合ではなく販売側の論理，つまりは販売手数料の最大化を目的としてしまう行為が散見されるようになった。

　具体的には，その時の話題に合わせた投資信託を設定し販売することで，顧客のニーズに合わせていることをアピールするのだが，そのブームがひと段落する頃には，新たな投資信託を設定しておき，次々に乗り換えさせるという行為である。資産が増えるのであれば問題ないのだが，顧客は数千本もあるファンドの中から，手数料分・信託報酬分を超える成績を残す投資信託を選ぶことは不可能である。結局，販売サイドが勧める商品を言いなりに買う傾向が強くなってしまう。

　また，ブームに対応したものである為，設計段階で長期の資産形成を考えていない商品も少なくない。話題が終わってしまえば，まともに運用もされなくなり，残された顧客からは結果的に損をしたという声が多く寄せられている。

　また，年金への不満・不安を汲み取り，分配金という形で応える商品が数多く登場したが，実態は販売手数料や信託報酬が高いものや，売れば売るほど販売会社が利するような商品が巨額の資金を集めるケース，元本を取り崩して分配金を出すことで，分配金としては魅力的に見えるものの実態はファンドの資産が減少している商品もあった。

　保険商品においても，販売会社に支払われる手数料が分からず，本当に必要な保険料はいくらなのかが曖昧であった。以前から業界内で問題的はされてい

たものの，結果的に何の対策も取られずに時代は流れてきた。しかし，2015年に金融庁長官に就任した森氏は，金融行政改革を掲げ，金融機関の統治改革や営業姿勢の転換を図る政策を進めている。

　当社が独立系を選んだのは，業界内のしがらみから脱し，真に顧客の為でありたいと考えたからであり，顧客とは富裕層だけではなく，一般生活者と広く定義している多くの人々の役に立ちたいと考えたからである。

　そもそも，当社のような運用会社に求められるのは，顧客の資産を守り増やすことにあるのだが，実態は違っていた。歴史的経緯から，多くの運用会社は銀行や保険，証券会社などの大手金融機関グループの傘下にあるのが通常であった。

　運用会社は商品である投資信託を組成するわけだが，その際に誰の為に作るかという視点がそもそも間違っていたのである。通常，何か新しい商品を世の中に出すときは，最終消費者のニーズにマッチしているのかどうかという視点がポイントとなる。しかし，多くの投資信託の場合はそうではない。自社が属している金融グループ内にある販売会社にとって，儲けられる商品であるという視点で作られてしまっているケースが少なくない。販売現場にとって，薦め

図表 7-4-2　公募株式投資信託の推移（本数）

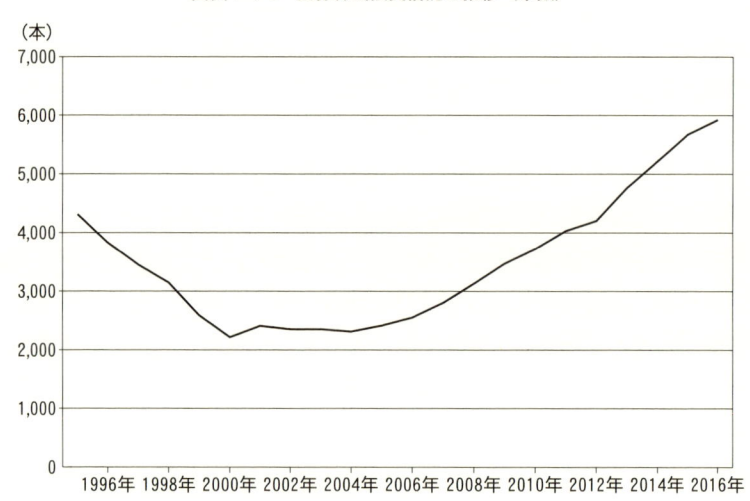

（出所）投資信託協会。

やすい，流行にのった，目新しいテーマで消費者を引き付けられるようなものなのか，という視点である。

　現在，日本で販売されている公募の株式投資信託の本数は，約6,000本である。しかし，アベノミクスが始まる直前の2012年頃は約4,300本だった。市場環境が良くなったことで，投資信託の新規設定が増えていることが分かる。

　しかし，投資信託に限って言えば，長期的に資産形成をすることが目的であり，その商品の価値は運用者などの手によって，後から高めることができるものである。だからこそ運用会社は，その商品の価値を高めることに経営資源を注ぐべきなのだが，親会社の意向から販売に適したものを組成しなければならないとなると，真に顧客の為の運用会社とは言えなくなってしまい，一般生活者の為ではなくなってしまう。このようなことを避ける為に独立系という道を選び，加えてファンドは一本のみである。

　次に，直接販売についてである。当社では，販売による収益を生まないよう販売手数料率を0%にしており，これも一般生活者の為という側面からきている。多くの企業では，営業ノルマというものが存在するだろう。当然ながら金融機関にもそれは存在し，それは何を売ったのかではなく手数料をいくら稼いだかで評価される。

　手数料を増やす為には多くの人に売るか，販売効率を考える富裕層に販売することが重要になる。富裕層であれば一回の取引金額が巨額である可能性があり，少ない顧客数でノルマを達成できると考えられるからだ。しかし，当社は一般生活者の資産形成に寄与することを使命としており，販売手数料をノルマ化することは，一般生活者へアプローチを阻害する要因となりかねない。そこで，手数料を無くし，販売ノルマも無くすことで無理な販売をすることなく，徐々に信頼を重ねていくというスタイルで顧客の裾野を広げている。

　せっかく顧客の資産形成に資する商品を組成したとしても，その投資信託への資金流出入があまりに激しい場合，顧客に示していた運用方針を貫けなくなってしまう可能性がある。特に運用者の考えるタイミングが理解されていなければ，どういう時に資金が必要であるのかといったことは，顧客に理解されることが無い。顧客の資金動向によっては，運用者の思惑とは逆の行動をとらなければならないようになってしまう場合がある。ここぞ，という時に資金が

流出し，せっかくのチャンスを逃してしまえば，顧客にとっても大きな機会損失を生んでしまう。だからこそ，経営方針，運用者の今後の運用方針などを直接訴え，顧客に理解してもらわなければならない。これが直接販売を選択した理由である。

分配金は設定以来 0 円を貫いている。わが国では，長らく毎月分配型ファンドなどが販売の主流をなしていたが，それとは正反対の方針を打ち出していた。その理由は，分配金を出した場合，その分配金に課税されるため，再投資を続けるにしても課税された分だけ，その後の恩恵を得られなくなってしまうからである。

確かに年金と同じように，毎月入金されることでリターンを実感される投資家顧客も多く，そのようなニーズを満たせていないという側面は否定できない。一方で，リターンを得るという目的に照らせば，当然ながら課税を繰り延べられた方が，結果として手にするリターンは高くなる可能性が大きい。

分配金に関して言えば，分配を出す為にファンドの資産を削るような商品まで出てきたことが問題だったわけだが，そういった本質的なことまでもしっかりと顧客に理解していただくためには直販が最適だったのである。

もちろん，この道のりは平坦ではなかった。販売手数料率を 0% にし，信託報酬も 1% という設定当時のファンドは，異例の低コスト商品だったこともあり，設定後約 7 年程は赤字経営が続いた。顧客が増えれば増えるほど管理コストは膨らみ，受益者である顧客に私募債を発行し，債権者になってもらいファンドも会社も支えていただいた。独立系直販の強みとは，このような顧客との 2 人 3 脚で歩める関係性を築けたことにある。

3. 投資方針・投資戦略

さわかみファンドの投資方針は以下の 3 点に集約される。
・徹底的なボトムアップリサーチ（生活者目線で個別の企業に投資する）。
・長期スタンスで円資産を最大化。
・割安な企業を「バイ・アンド・ホールド型」の長期投資を行う（バリュー投資）。

　現在，インデックス型ファンドが主流となっているが，われわれは，個別企業を調査し投資を行うアクティブ型ファンドである。アクティブ型を選ぶ理由は，長期で優れた成績を残すためには，この方が有効であると考えているからだ。

　市場平均のインデックスであれば，優れた企業に投資をしている一方で，不祥事を起こして企業価値が毀損してしまっている企業や，競争に負け企業価値が下がり続ける企業にも投資していることになる。その結果，ポートフォリオは玉石混合となってしまい，せっかく優れた企業の価値が向上しても，ファンド全体の価値はそれほど向上していないことがある。

　わが国の市場平均は，この20年あまり上限と下限を行ったり来たりしているだけになってしまった。また，インデックスの方が信託報酬や販売手数料が低く，投資コストが安いと言われているが，結果的にコスト以上の成績が出れば良いのでアクティブ型の方が有効と考えているからである。

　さわかみファンドは設定来の成績を比べると，TOPIX配当込，日経平均225を18年間で約100%上回っている。当然ながら，諸々のコストは含まれていての話だ。結局，重要なのは，どのような企業を選ぶのかということである。ここで登場するのが「生活者目線」という投資基準である。

　投資家と消費者は表裏一体であるので，消費者目線で生活に必要な企業を選別をすれば，自ずと優れた企業が残るという発想である。通常の株式投資であれば，「株価」が上がりそうな企業にいち早く投資することが必要で，そのような情報を得ることが重要だと考えている人が多い。それは間違いではないものの，なぜ上がる可能性があるのかを理解せずに投資をすることはギャンブルと変わりない。

　その企業がどんな事業を営んでいるのか，何に強みがあるのか，その業界においての立ち位置や競争のルールなどを理解せずに投資してしまえば，運任せの投資になってしまう。新たな商品やサービスなど，これまで使ったことが無いものを買う際には，入念に価格の比較や口コミ，試供品を試すにも関わらず，いざ投資になると株価が上がるかどうか，儲かるかどうかが判断の軸になってしまう。

　株価に目が行ってしまい，企業の中身を見なくなってしまうのだ。株式投資

とは，株価に投資をするのではなく，企業に投資をするものである。企業の本質である商品やサービスに対して，消費者という視点での判断基準を持つことが重要だと考えている。

　金融市場に大きなショックが起こり，市場全体が悲観的になったとしても，人々が生活を続ける限り企業活動は無くならない。確かに消費は落ち込み事業環境は厳しくなるが，企業活動が無ければ社会生活は成り立たず，必ず価値交換が発生し経済は動いていく。そう考えれば，消費者が選ぶ企業を選別することは，景気が悪化していく過程においても，事業が継続される可能性が高く，

図表 7-4-3　投資プロセス

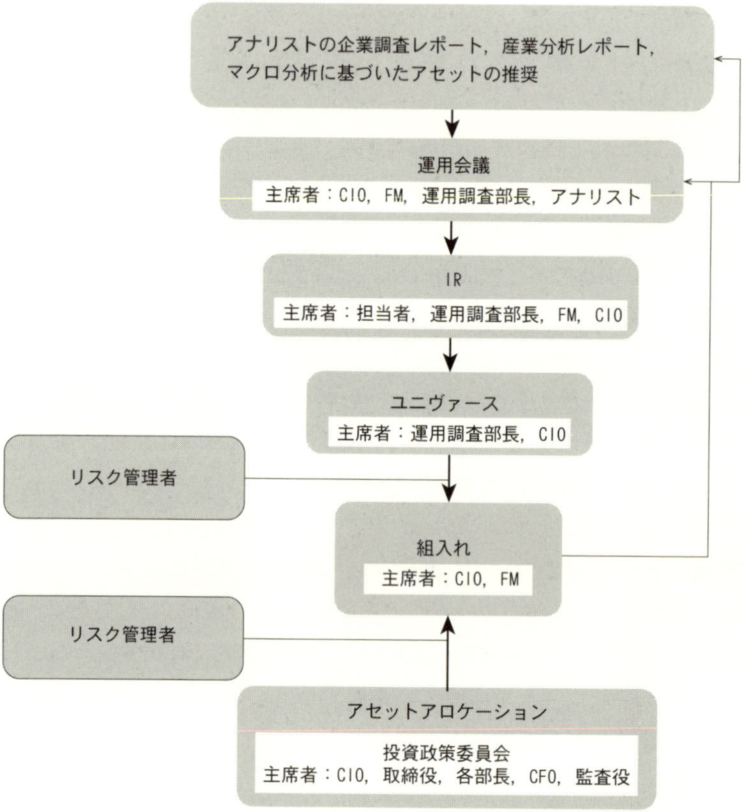

（出所）さわかみ投信作成。

投資対象として企業価値の毀損は限定的である。このような企業の株価は下方硬直性が高いと考えられるので，比較的安全な投資といえるだろう。

　前述したように，株式投資とは「株価ではなく企業を買うこと」だと考えている。当社は投資対象企業の将来価値を算出し，現在の株価と比較して割安であれば投資を行い，割安が解消する過程で利益確定を進めるバリュー投資を行っている。

　なぜ，長期保有を前提とするかについて説明しよう。これは割安が解消するまでの期間が，例え長期であっても待てるという意味である。一般的に株価は「上がりそうだ」，「下がりそうだ」という期待によって動かされる。つまり実質的な価値よりも，ニュースや思惑といったものの影響を受けやすく，企業価値の変化以上に株価は大きく変化する。

　例えば，日本のGDPは毎年上下5%も動かないにもかかわらず，株価は市場平均でも20%以上も大きく上下することがある。株価は，実体経済以上に変動するのである。万が一，投資対象企業の株価が短期的に割高に振れてしまうのであれば，利益確定はいとわない。

　そもそも投資は，リターンを得るために行うことは言うまでもない。しかし，そのリターンを得るために，ゼロサムゲームをしていたのでは参加者の間でお金が動いただけである。これでは，経済の拡大再生産に貢献しているとはいえず，利己的な結果を求めてしまうことになりかねない。

　オプション取引やデリバティブ取引には，そのような要素が強い。また，時間軸という観点からは，投資のリターンは必ず未来から返ってくる。そうであるならば，未来が良いものになるような投資でなければ，価値が無いといえよう。つまり，投資によって自己の利殖だけを考えるのでなく，われわれを取り巻く環境や社会そのものを考えた投資でなければならない。そのために投資家の目線は短期的でなく長期的な視点が必要なのである。

4，なぜ，長期投資は優れているのか

　長期投資という手法を選ぶ理由は，短期的な投資と比較して優れていると考えるからである。言い換えるならば，株価の説明力は，投資期間が長期になる

図表 7-4-4　投資期間と株価の説明要因

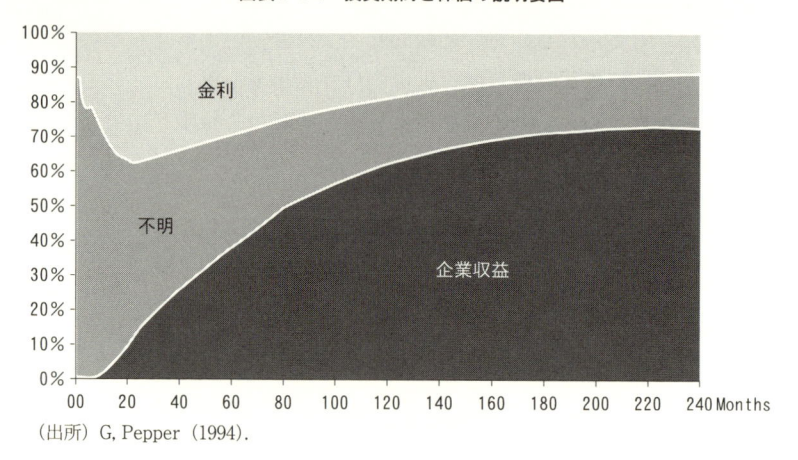

（出所）G, Pepper（1994）.

ほど，企業の収益によって説明できることが分かっているからである。

　これは，G, T. Pepper [4] によれば，株価の説明力は長期になればなるほど企業収益（論文では配当となっているが，配当の原資は企業収益であるのでここでは読み替えて引用している）によって説明力は高まっていく。一方，2〜3年程度であれば金利やその他の要因による影響が大きく，企業収益による説明力は 20% にも満たないという [5]。

　ここで株価について考えてみたい。株価とは株式が市場で取引され，それによって決定した価格である。それ故，株式の源である企業価値が向上すると，株式の価値は上がるので株価は上昇する可能性が高い。企業価値とはその企業が本質的に持つ価値であり，企業活動を通じて社会に必要とされ（＝売上），そこから収益を生み出し（＝利益），株主にそれを還元（配当，もしくは EPS ×PER＝理論株価）するというサイクルを持続的に成長させることで高めることができる。このサイクルを続け，成長を続けている企業は価値の上昇と共に株価も上昇を続けている。

　一方，価値が高まりそうだという期待が先行しても株価は上昇する。世の中を変える画期的な技術，これまでの市場を一変させると考えられる製品，多数の人にコストをかけず提供でき，顧客を囲い込めるサービスを新たに提供できる企業は，将来価値を評価され高騰することがある。

図表 7-4-5　持続的な成長企業の事例（トヨタ自動車）

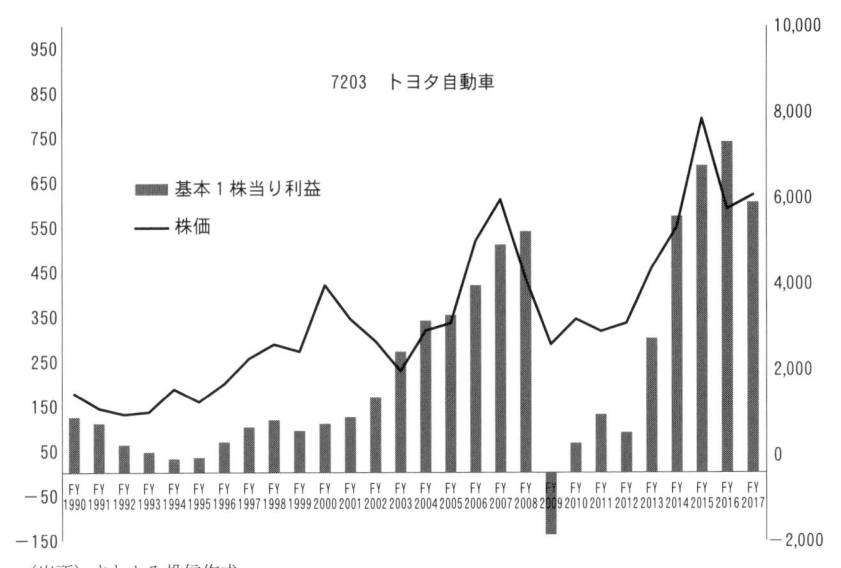

（出所）さわかみ投信作成。

　しかし，その高い評価が永続的に認められることは稀である。何故なら，期待が先行し過ぎると，激しい競争の中で優位性を正当化するだけの収益力が必要であり，それ自体が至難の業であるからだ。それ故に多くの場合，1～2年程度の短期的な上昇に終わってしまう。

　また，世界情勢や天災，規制による業界秩序が激変する可能性や不祥事などが発生した場合もまた然りである。こうした影響を受け，企業収益が悪化し持続的成長が見込めないというリスクがあれば株価は暴落する。

　しかし，株価はあくまで株価であり，その環境の中でも時間をかけて回復させ，収益力を戻すことができれば自ずと株価は戻ると考えられる。つまり，一時的なニュースや情報で株価がどう変動するかを予想することは非常に困難であり，それで投資を成功させることは難しいだろう。

　そもそも会社は，他人資本と株主資本を資産に変え，それを動かすことで利益を得る。企業価値を向上させるためには，資産を効率的に動かすことで収益力を高め，優れた製品やサービスをより多く提供することが必要である。その

為には，当然ながら時間が必要であり，だからこそ，企業価値を突然向上させることは難しい。

　昨今，短期的なリターンを得るために，他者よりも早く情報を手に入れ，他者よりも早く取引することに関心が集まっている。いわゆる，ショートターミズムである。コンピューター技術の発展に伴い，1秒間に1万回近く自動的に取引を繰り返す HFT と呼ばれるシステムが利用されるようになり，市場取引におけるシェアは，約定ベースで米国で5割，日本で4割を超えている。

　これでは短期的な価格変動の中で，コンピュータースキルによっていかに素早く値ざやを稼ぐかということしかなくなってしまう。NASA や研究機関に勤める研究者が，システムを活用した株式取引の開発に従事することで高給を得られることは仕方がないが，人類の進歩という側面から見れば，勿体ないと感じるのは私だけではないだろう。

　短期的な投資では株価変動の根拠が不明であることが多く，予想することは難しい。故に再現性のある投資手段として長期投資の方が有効であり，結果的に資産を増やせると考えている。

5. 長期投資は株主価値ではなく，企業価値・社会価値を見るべきである

　昨今の投資活動が短期化していること，いわゆるショートターミズムに対して様々な方面から問題提起されている。根本的な原因は，これまで述べてきたように，巨額の資金を運用する機関投資家の登場による金融資本の増大と実体経済からの分離，四半期という短期間で企業も運用者も評価するようになった金融業界の問題といえる。

　それに付随して，膨れ上がった金融マネーに群がる様々な業種がこうした流れを正当化し，繰り返すバブル崩壊とその救済がそれを強固にするというループとなっていった。これが，株式市場の主流となっている短期金融資本主義の本質である。

　こうした流れの中で，さまざまな投資手法が生み出されてきた。中でも物言う株主（アクティビスト）と呼ばれる投資家の登場と，その勢力の拡大は株主

価値と企業価値・社会価値がイコールでないことが明白になる例だろう。

　2008年に起こったリーマンショックは，それまでの短期金融資本主義のあり方に大きな疑問を投げ掛けたが，結果的にはそれ以降もその勢いが弱まる気配はなく，むしろ加速している。アクティビストと呼ばれる投資家は，短期的に株主価値の最大化を目指す。投資家として当然の行動なのだが，これが行き過ぎてしまうと企業価値や社会価値の向上との相克を生み出すことになる。

　株主には経営者を選ぶ権利があり，企業の利益処分を決定できる権利も持つ。それ故，せいぜい2〜3年という短期的な株主価値の最大化を目的としている株主が議決の大半を持つと，企業はその方向に進む。

　米経営誌ハーバード・ビジネス・レビューは，最近の米国上場企業のCEOの退任の1／5は解任によるものだと指摘している。株主の意見を聞く人だけが，経営者として採用されるようになる。そのような経営者は，短期的に株主価値の最大化を図るために，様々な手を打つ。普通に考えれば，売り上げの拡大による利益成長という正の循環によって企業価値の増大を図り，結果として株主価値を向上させるようにしなければならない。しかし，短期的にという制約によって，長期的な成長を志向する経営は選択されなくなる。

　画期的な製品やサービスがあるわけでもない中で，売上を短期的に伸ばすこと自体が困難である。そこで選択されるのは，即効性のあるキャンペーンなどの販売促進や価格競争力を持つこと，つまり値下げである。しかし，このような手法では，原価や販売管理費が増えるために短期的な株主価値は高まらず選択されない。また，時間をかけて競争に勝ち抜き，寡占化などから生産者余剰を得るということも考えない。さらに，数年後に画期的な製品やサービスを発売するための開発や投資の優先順位も低くなる。これにはあまりに時間がかかるし，不確実性が高いと考えるからだ。

　短期志向の経営者は，自らがコントロールできるコスト削減と株主還元の2つの手段に注力することになる。具体的には原価削減，人員削減，研究開発費，設備投資の削減，資産の圧縮などである。これらは多くの場合，資金を株主に返してしまうだけで，企業の将来を奪ってしまう。コストを下げることは当然なのだが，行き過ぎると下請け企業や部品サプライヤーにしわ寄せが行き，彼らがいなくなれば供給が途絶えビジネスの継続が難しくなる。

　生産性の向上は必要だが，人員を削減し過ぎると現場の年齢構成に歪みが生まれ，継続性や熟練者の確保が難しくなり，競争力を維持することに悪影響を与える。研究開発や設備投資の取捨選択はもちろん重要だが，絞り過ぎて現状維持が目的化してしまえば競合に負け，新興国企業にあっさり抜かれ数年後には市場から退場させられる。

　そうなってしまえば，サプライチェーンを含めた企業や従業員の消費によって成り立っていた地域経済にも大きな影を落とすことになる。また，遊休資産は見直さなければならないが，保有している現金や資産を株主に返し過ぎると，財務の安定性が問題になる。

　最近は金利が低いために，株主の要求利回りを金利と考えれば借金をする方が負担は小さくなるので，社債を発行し自社株買いを行うことが盛んに行われている。だが金利はコントロールが難しく，景気が悪化によって売り上げが減りキャッシュフローが落ち込み支払が滞ればデフォルト（債務不履行）となってしまう。どちらのケースでも，企業は継続して成長する機会を失っている。

　企業価値・社会価値が株主価値と共に成長するには，長期的視点が欠かせない。マッキンゼー，ブラックロック，カナダ年金計画投資委員会などが設立したNPO「FCLT（Focusing Capital on Long Term）グローバル」の調査では，米国上場のグローバル企業615社の中で真に長期志向のもとで運営された企業は，2001年以降において売上高（＋47%），利益（＋36%），時価総額（＋58%）と，長期志向を持たない企業よりも相対的に優れていたという結果が示されている。

　加えて，それらの企業は2001〜2015年の間に，同業他社よりも1社平均12,000人ほど多く雇用を創出しており，もし米国経済全体が長期志向企業と同程度のパフォーマンスを実現していれば，過去10年間で米国GDPは1兆ドル増加し，500万人の雇用を追加できたと推計している。

　つまり，長期志向で経営された場合は，その企業に直接かかわる人だけでなく，社会や経済全体に大きなリターンをもたらす。その為には，株主が株主価値のみを追い求めるのではなく，長期的視点を持って企業価値・社会価値の増大によるリターンを背景として，株主リターンを得るというプロセスを理解しなければならない。

図表 7-4-6　長期志向とパフォーマンスの関係

長期志向の企業は，強固な財務基盤とパフォーマンスを示している

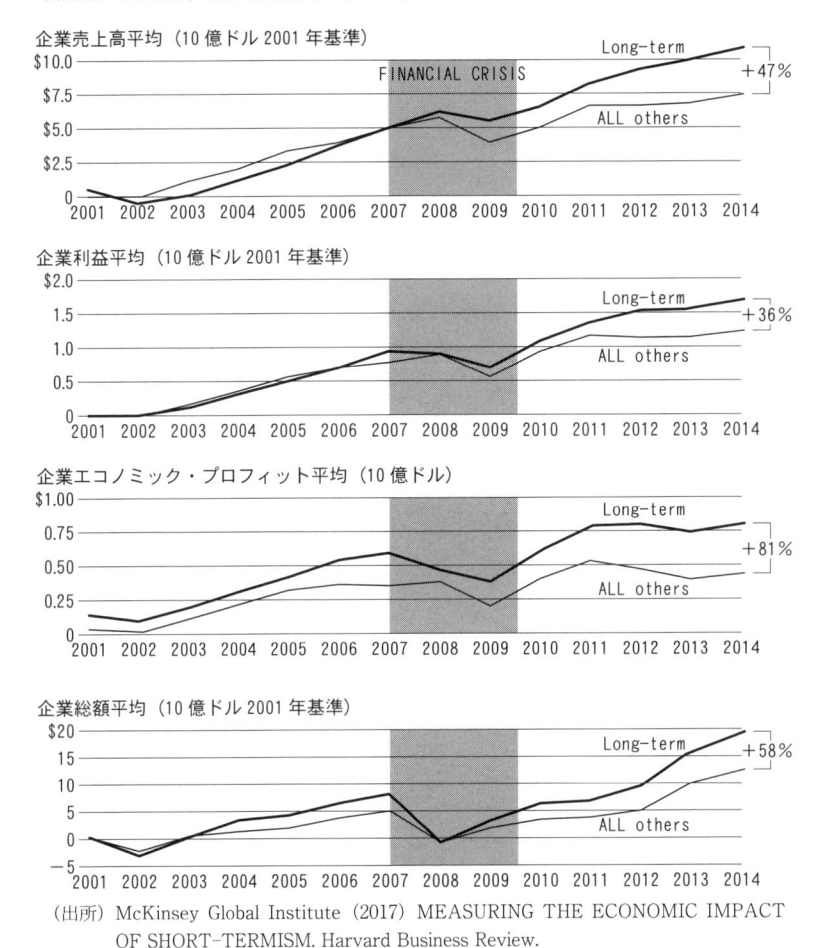

企業売上高平均（10億ドル2001年基準）

企業利益平均（10億ドル2001年基準）

企業エコノミック・プロフィット平均（10億ドル）

企業総額平均（10億ドル2001年基準）

（出所）McKinsey Global Institute（2017）MEASURING THE ECONOMIC IMPACT
OF SHORT-TERMISM. Harvard Business Review.

　さわかみ投信では，通常の財務分析に加えて，従業員の数や平均給与，経営
者の報酬体系や報酬額などを加味し，企業価値の判定や議決権行使を行ってい
る。まだまだ本質的な企業価値をどのように測るべきかは試行錯誤をしている
が，財務的アプローチに留まらず長期的な視点，非財務的データなどによる投
資判断が長期投資に有効であり株主価値，企業価値，社会的価値がパイを奪い

合うゼロサムでなくなる方法であると確信している。

（草刈貴弘）

注
1　IMF World Economic Outlook Database.
2　スウェーデンの付加価値税率は，1983 年には 23% を超えている。
3　データは 2017 年 6 月末現在の日本銀行資金循環統計に基づく。
4　英国シティ大学ビジネススクール（金融部門）名誉客員教授。
5　G. Pepper（1994）Money, Credit and Asset Prices.

参考文献
Barton, D., &Manyika, J., (2017)「マッキンゼーのデータが立証する，長期志向経営の経済的メリット」『DIAMONDO ハーバード・ビジネス・レビュー』ダイヤモンド社。
岩田浩一・関雄太（2014）「米国で注目が集まる高頻度取引（HFT）の功罪をめぐる議論」『野村資本市場クォータリー』2014 Summer。
金融庁（2016）「事務局説明資料（取引の高速化)」。
厚生省（1973）『厚生白書（昭和 48 年版)』。
McGinn, D., (2016) Resisting the Lure of Short-Termism. *Harvard Business Review*.
Mckinsey Global Institute (2017) MEASURING THE ECONOMIC IMPACT OF SHORT-TERMISM.
Pepper, G, T., (1994) Money, Credit and Asset Prices.

第8章

企業と投資家は非財務情報にどう向き合うか

第1節　競争優位の源泉としての社会戦略

　企業の社会戦略とは何か。本稿では企業の社会戦略を，① 社会課題に対するソリューションを提供し社会価値を創造すること，② 社会価値と経済価値を両立させることによって企業価値を向上させていくことと位置づける。前者はいわゆる企業の社会的責任（Corporate Social Responsibility：CSR）を意味しており，後者はマイケル・ポーターが提唱した共通価値の創造（Creating Shared Value：CSV）[1]といわれる概念である。

　アダム・スミスは『道徳感情論』（1759年）及び『国富論』（1776年）において，「公平な観察者」によって「共感」される利己的行為（経済活動）のみが，公共の利益を実現すると説いた。人々の利己的行為（経済活動）は，「公平な観察者」の「共感」が得られる場合にのみ自由に放任されるべきであり，その時，神の見えざる手に導かれて人々の意図しない最大限の公益が生み出されるというのである。ポーターが提示したCSVは，スミスの主張と本質的な部分で共通しているといえよう。長寿企業には，CSV的な経営理念を持つ企業が多いと感じる。1980年代に世界的潮流となった市場原理主義的な経営は，今や社会からの共感を失いつつある。

　スミスの時代，ビジネスの担い手は個人であった。スミスは，経済活動を行おうとする者は，「胸中の公平な観察者」に，その事業に対する共感の有無を問うべきことを求めた。現代企業にとって「公平な観察者」とは，市民社会であろう。社会からの共感なくして，企業が存立し得ないことは言うまでもない。スミスの主張を借りれば，社会から是認されない事業は，「正当性あるビ

ジネス」とは認められないことになる。

　経済成長志向からのパラダイム変革が求められている現代社会において，企業にはあらゆる分野で持続可能性を高めることが求められている。社会からの要求は時代によって変り，それに合わせて「正当性あるビジネス」の定義も変化していく。行き過ぎた成長志向経営が，繰り返される企業不祥事の原因であると指摘されて久しい。この背景には，短期的な投資リターンを追い求める，投資家の存在が影響していることを忘れてはならない。ショートターミズム（Short-termism：短期主義）は，企業価値の形成プロセスを歪め，持続可能な成長を阻害する要因の一つといえよう。

　責任投資原則（Principles for Responsible Investment：PRI）が提唱された2006年以降，企業と投資家を取り巻く環境は大きく変わろうとしている。わが国では，日本版スチュワードシップ・コード［責任ある機関投資家の諸原則］（2014年2月）が導入され，同年8月には伊藤レポート「持続的成長への競争力とインセンティブ～企業と投資家の望ましい関係構築～」が公表された。続いて，2015年3月にコーポレートガバナンス・コード導入され，企業価値の持続的な拡大が企業と投資家の共通テーマとなった。

　ポーターが提起したCSVは，社会が期待する正当性あるビジネスの一つのあり方を示したものである。本稿ではCSVの考え方に沿って，社会価値と企業価値の持続的な拡大を追求する経営モデルを価値共創モデルと呼ぶこととする。図表8-1は，価値共創モデルのフレームワークを示したものである。

　ビジネスの多くが，社会課題の解決というプロセスから生まれている。社会課題とは，ルールや秩序が未整備な状態であったり，社会システムは存在するものの機能不全に陥ったまま放置されている場合がほとんどである。こうした社会課題の中から潜在的な市場性を見極め，課題解決に向けて一見不可能と思

図表8-1　価値共創モデルのフレームワーク

| 対象とする社会課題の特定 | × | 社会課題に対するソリューションの提供 | × | ソリューションのビジネスモデル化 | = | 社会価値・企業価値の持続的拡大 |

（出所）筆者作成。

われる挑戦を試みることによって，新たなビジネスが生まれる。

　社会課題の解決には，新たなルール作りが求められる。新たな秩序やルールを生み出す行為の総称として，イノベーションという言葉が使われる。わが国ではイノベーションを技術革新と訳してきたことから，イノベーションにはハイスペックな技術が欠かせないという誤謬が蔓延している。一方，欧州では，イノベーションには必ずしもハイスペックな技術は必要ないと受けとめられている。

　EU の成長戦略として，2010 年に欧州委員会が策定した「Europe 2020：A strategy for smart, sustainable and inclusive growth」[2] は，賢明で持続可能で包括的な成長のための戦略と題されている。その骨子は，① 賢い成長（smart growth），② 持続可能な成長（sustainable growth），③ 包括的な成長（inclusive growth）の三点で構成されている。賢い成長はナレッジとイノベーションに基づいた経済の発展，持続可能な成長は低炭素，資源効率的かつ競争力のある経済の推進，包括的な成長は社会的結束の強化をもたらす高雇用経済の育成を意味している。

第 2 節　企業の開示情報と機関投資家の投資行動を巡る世界的潮流

　2015 年 9 月，国連で採択された「持続可能な開発目標（Sustainable Development Goals：SDGs）」は，社会課題の解決には企業の存在が欠かせないことを示した。SDGs は貧困の根絶，健康と福祉の増進，ジェンダーの平等，持続可能な生産と消費，気候変動への対策，包摂社会の促進，パートナーシップの強化など，環境や社会に関する広範な課題を対象とし，企業の事業活動とグローバル社会が抱える課題を結び付けることを強く求めている。

　収益至上主義的な経営では，SDGs が求めるソーシャル・インクルージョン（社会的包摂）の実現に寄与することは難しい。今や国内外の企業の多くが，SDGs を意識した事業戦略の再構築に取り組み，そのプロセスの開示に積極的な姿勢を示している。その背景には，社会戦略と事業戦略の統合なくして，企

業価値の持続的拡大を図ることが難しいという共通認識が醸成されているからであろう。

　責任投資原則，英国のスチュワートシップ・コード，日本版スチュワードシップ・コードは，機関投資家（株主）の投資行動の規範を定めたものである。これらの規範は，株式市場に蔓延るショートターミズムを是正することを目指している。ショートターミズムとは，投資家が短期に売買を繰り返すことで，利益を確保しようとする投資行動であり，投資家が企業に対して短期間での収益拡大や増配を要求するため，企業の長期的な成長の阻害要因となると批判されている。昨今，注目を集めている ESG 投資[3] も，ショートターミズムに傾斜した投資家の行動変革を目指したものである。

　ESG 投資は，財務情報とサステナブル報告書等で開示される非財務情報の双方に基づいて投資を行うが，長期投資では非財務情報への依存度が高まると考えられる（図表 8-2）。向こう3年程度であれば，過去の財務データに基づく収益シミュレーションによって，企業業績の予想は可能であろう。こうしたシミュレーション結果に基づき，その発生確率を予想しながら企業業績の方向性を分析するのが，投資手法のメインストリームとなっている。

　一方，未来における企業と社会の関係性を読み解きながら，10 年後，20 年後の企業の姿を予想して投資することが求められる ESG 投資では，サステナブル報告書等で開示された長期ビジョンや事業戦略に関する情報が，投資判断に大きく影響すると考えられる。NPO 法人日本サステナブル投資フォーラム

図表 8-2　長期投資における非財務情報の重要性

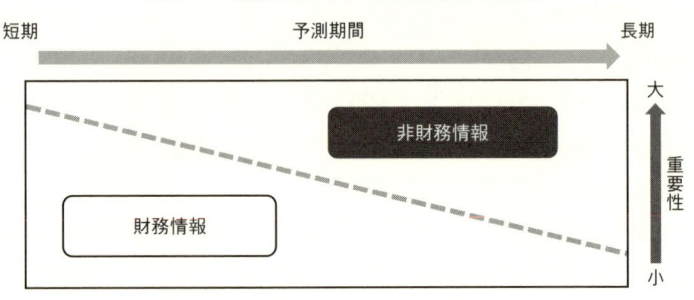

（出所）ニッセイアセットマネジメント（2014），20 頁をもとに筆者作成。

が実施した，サステナブル投資に関する調査によれば，2016 年のわが国機関投資家によるサステナブル投資残高は，56 兆 2,566 億円と昨年比 2.1 倍となった[4]。責任投資原則や日本版スチュワードシップ・コードが浸透するにつれて，企業価値の構成要素としての非財務情報の重要性は確実に高まるといえよう。

　さらに，欧米を中心とした統合報告を巡る動きが，企業の長期戦略を重視する流れを加速している。統合報告とは，企業の長期にわたる価値創造に関するコミュニケーション・ツールである。統合報告の基盤となる統合思考について，国際統合報告評議会（以下，IIRC）は「統合思考は，組織内の様々な事業単位及び機能単位と，組織が利用し影響を与える資本との間の関係について，組織が能動的に考えることである。統合思考は短，中，長期の価値創造を考慮した，統合的な意思決定と行動につながる」[5]と述べている。

　企業を取り巻く社会課題及び環境課題は，これまで経営上のリスクとして認識されてきた。一方，社会価値の拡大と経済的成果の両立こそが，企業の生き残りにとって不可欠な戦略であると指摘した CSV の登場によって，社会及び環境課題と向き合う社会戦略を事業戦略のフレームワークに組み込むことに関心が集まっている。こうした背景から，価値創造プロセスとビジネスモデルの関係性をステークホルダーに発信するツールとして，統合報告書を発行する企業が拡大している。

　図表 8-3 は，2011 年に IIRC がディスカッションペーパーで提示した，企業の市場価値に占める有形資産（物的・財務要素）と無形資産（非財務要素）の関係を示したグラフである。市場価値の構成要素に占める無形資産の割合は年々拡大している。この図は，株式市場のメインストリームとなっている有形資産に依拠した手法のみでは，企業価値を正確に捕捉できないことを示している。

　責任投資原則によって，財務要素（有形資産）に非財務要素（無形資産）を加えた ESG 投資が世界的な潮流となりつつあり，非財務情報の開示は企業価値を左右する要因として存在価値を高めている。環境（E），社会（S），ガバナンス（G）の各要因を事業戦略やビジネスモデルにビルトインしていくことが，企業価値の持続的拡大の鍵を握ることになるといえよう。

図表8-3　企業価値に占める財務要素と非財務要素の関係

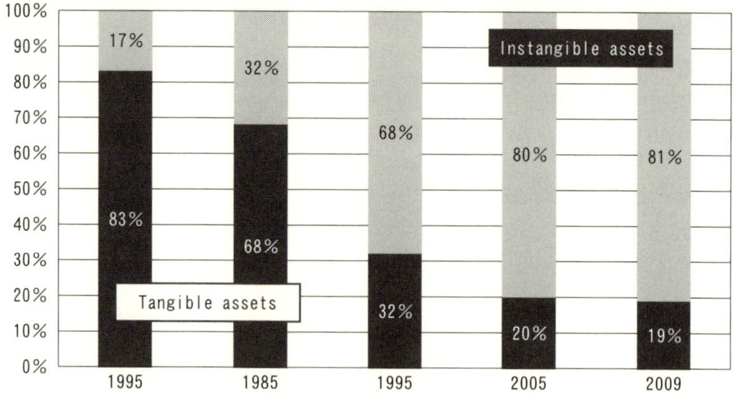

（出所）The International Integrated Reporting Council (IIRC) "TOWARDS INTEGRATED REPORTING－Communicating Value in the 21st Century," Discussion Paper, 2011.

第3節　サステナビリティを巡る政策の変化とその背景

　日本企業の多くが，戦略的 CSR という発想の下で，自社の経営資源を活用して社会課題に取り組んでいる。わが国でも「社会課題の認識⇒自社の経営資源・ナレッジの活用⇒社会課題の解決⇒情報開示」というサイクルが，企業価値の向上に資するという認識が浸透してきたといえよう。

　2010年以降，2つの要因が，日本企業の CSR 戦略に大きな影響をもたらした。それは，ISO26000 と CSV である。ISO26000 は，国際標準化機構が2010年に発行した組織の社会的責任（SR：social responsibility）に関する国際規格である。この規格において，社会的責任は「組織の決定及び活動が社会環境に及ぼす影響に対して，次のような透明かつ倫理的行動を通じて組織が担う責任。① 健康及び社会の繁栄を含む持続可能な発展に貢献する。② ステークホルダーの期待に配慮する。③ 関連法令を順守し，国際行動規範と整合している。④ その組織全体に統合され，組織の関係の中で実践される」と定義されている。

この定義に基づき，① 組織統治，② 人権，③ 労働慣行，④ 環境，⑤ 公正な事業慣行，⑥ 消費者課題，⑦ コミュニティ参画及び開発の7つの領域が，社会的責任の中核主題と位置づけられた。この中核主題は，組織に求められる社会的責任を包括的に網羅しており，各項目は相互に関連し補完し合いながら，事業活動のプロセスにビルトインされることが求められている。

社会的責任の基盤と位置づけられた組織統治では，組織能力の向上，透明性の確保，説明責任の遂行，リーダーのコミットメント，組織文化の醸成，ステークホルダーとの双方向コミュニケーションの確立が重視されている。

人権については，人権デューディリジェンスが重視されており，人権侵害を未然に防止するための枠組みを組織内に築くことが求められている。労働慣行では，人間らしいディーセント・ワーク，ワーク・ライフ・バランスへの配慮，雇用主と労働者の相互理解の深化，個人の就業能力の向上が重視されている。

日本企業が得意とする環境分野では，① 環境責任，② 予防的アプローチ，③ 環境リスクマネジメント，④ 汚染者負担という4つの原則と7つの考慮点（a. ライフサイクルへのアプローチ，b. 環境影響アセスメント，c. クリーナープロダクション及び環境効率，d. 製品サービスシステムアプローチ，e. 環境にやさしい技術及び慣行の採用，f. 持続可能な調達，g. 学習及び啓発）が組み込まれている。

日本企業が発行するサステナビリティ報告書からは，多くの企業がISO26000の7つの中核主題の枠組みに基づいて組織の現状や課題を把握・整理し，CSRマネジメントシステムにその要素を取り入れようとしていることがうかがえる。

社会戦略と事業戦略と切り離すのではなく，一体のものとして扱うというCSVの概念は，日本企業の経営に大きな影響を与えた。ISO26000の発効によって，企業が社会的課題の解決に取り組むことは，企業と社会双方のサステナビリティに資するという認識がステークホルダー間に醸成されつつあり，持続可能な社会を築く重要な担い手として，企業には社会価値と経済価値の双方を同時に実現することが期待されるようになった。

詳細は後述するが，社会問題に対処することが企業にとってコスト増だけに

図表8-4　サステナビリティを巡る潮流

	2010年	2011年	2012年	2013年	2014年	2015年
CSR関連社会事象	ISO26000 発効	COP17「ダーバン合意」温暖化対策「2℃目標」を盛り込む	再生可能エネルギーの固定価格買取制度開始	京都議定書第二約束期間開始 国内最高気温更新（41.0℃）	スチュワードシップ・コード導入	コーポレートガバナンス・コード導入 COP21「パリ協定」全会一致で「2℃目標」採択
	生物多様性条約名古屋議定書採択	東京電力福島第一原発事故 国連生物多様性の10年（2011-20年）	京都議定書第一約束期間終了	IPCC評価報告書大気中CO_2濃度400ppm超	「燃料電池自動車」世界初の一般向け販売	SDGs採択（持続可能な開発目標） 年金積立金管理運用独立行政法人（GPIF）が責任投資原則に署名
	国際森林年	M.ポーター「共通価値の創造」発表	国連持続可能な開発会議（リオ+20）開催	中国でPM2.5による大気汚染発生		

（出所）筆者作成。

終わるとは限らず，社会課題の解決に向けた取り組みがイノベーションを生み出すと，ポーターは主張している。つまり，CSVとは企業が生み出した富をCSR活動によって社会に再配分するのではなく，経済価値と社会価値の総量を拡大するためにあるというのである。CSVは日本の企業社会でブームとなっており，総合飲料メーカーのキリン株式会社は，2013年にCSV本部を設置しCSRを進化させた活動を目指している。

　図表8-4は，主要なCSR関連事象（2010～15年）を整理したものである。図表8-3で示したように，企業価値の構成要素に占める非財務要素の割合が急速に拡大しており，環境（E），社会（S），ガバナンス（G）に関する情報は，機関投資家の投資行動を左右するようになりつつある。サステナビリティ報告書は，組織の社会戦略に対する理解と共感や内外ステークホルダー間の価値観の共有を深化させていく上で，欠くことのできないツールといえよう。

第4節　非財務情報の開示を巡る政策動向

　過去の財務データに基づく分析手法の確立によって，短期的（3〜5年程度）な業績予想を行うことは容易になった。セルサイド，バイサイドを問わず，アナリストは企業の成長性や収益性をもとに理論的な企業価値を推計し，これが実際の株価に対して割高か割安かを判断する。アナリストは理論的な企業価値を株価として数値化する必要があるため，有価証券報告書，決算短信，決算説明会での説明資料等から，定量評価に落とし込むことができる財務情報を主に活用している。企業の長期戦略や将来動向を把握する上で必要な情報であっても，数値に落とし込むことが難しい非財務情報は，理論的な企業価値の分析には十分に活用されていないのが実態である。

　従来の情報開示では，機関投資家が持続的な企業価値を評価する上で必要とする情報が不足しているとの認識を背景に発足したIIRCは，統合報告フレームワークにおいて，「長期的な視点に基づく価値創造（Value creation over time)」，「フレキシビリティ」，「鳥瞰的な視点（Holistic View)」という3つの要素を強く意識している。

　IIRCの考え方を踏まえれば，ESGに代表される非財務情報は，長期的な事業戦略やビジネスモデルを評価する要素として欠かせない。何故なら，投資家は事業戦略やビジネスモデルを理解せずして，長期的な企業価値の評価・分析はできないからである。非財務情報は，企業経営の長期的なベクトルと社会の関係性を評価・分析するために活用されるべきなのである。財務情報のみによる評価と，長期的な企業のファンダメンタルズに基づく評価では，企業価値に乖離が生じる可能性がある。これを防ぐことに統合思考（Integrated Thinking）の意義があるといえよう。

図表 8-5　英国・EU における非財務情報開示に関する政策動向

	～2013 年	2014 年	2015 年	2016 年～
英国	英国政府	英国 FRC	英国 FRC 財務報告ラボ	英国 FRC 財務報告ラボ
	会社法改正 戦略報告書 の義務化	企業向け戦略報告書 ガイダンスの公表	企業・投資家 アナリストに 対する調査	ビジネスモデル レポーティング 報告書の公表
EU	欧州委員会	欧州議会・理事会	EU 加盟国	EU 加盟国
	非財務情報 開示指令案 提示	非財務情報 開示指令 承認・施行	非財務情報 開示の 法制化準備	非財務情報 開示の 法制化

(注) 1) 英国 FRC（Financial Reporting Council）は，投資促進に向けたコーポレートガバナンス
や企業開示の改善に向けた取り組みを行う独立機関。
2) 英国 FRC 財務報告ラボ（Financial Reporting Lab）は，英国 FRC に設置された企業報告
の効果を改善するための調査研究機関。同組織は情報開示の規則を定めるのではなく，投
資家やアナリストも関与しつつ，望ましい企業情報開示のあり方を調査研究することを目
的としている。
(出所) 経済産業省（2017）「持続的成長に向けた長期投資（ESG・無形資産投資）研究会」資料。

第5節　ポーター仮説からみた経営パラダイムの変革

1. 戦略的 CSR の提唱

　ポーターが提唱した，価値共創仮説に対する日本企業の関心は高い。既述し
たように，キリンは，2013 年に実施したグループ会社の統合再編を機に，
CSV を経営コンセプトの中心に据えた。さらに，企業価値の再構築を目的と
した推進組織として，CSV 推進部を新設している。

　CSV の概念に関心を寄せる企業は多いが，同社の事例は，トップマネジメ
ントが自ら CSV を経営コンセプトに取り入れた稀なケースである。では，
ポーターの CSR 仮説がどのような変遷を経て CSV に至ったのかを振り返って
おこう。

　2006 年に発表した「競争優位の CSR 戦略」[6]において，ポーターは従来の
CSR が「企業と社会の相互依存関係ではなく，対立関係に注目している」[7]と

図表 8-6　戦略的 CSR と受動的 CSR

	一般的な社会問題	バリューチェーンの社会的影響	競争環境の社会的側面
カテゴリーの内容	社会的には重要でも、事業活動から大きな影響を受けない社会問題。企業の長期的な競争力に影響を及ぼさない社会問題。	通常の事業活動によって、少なからぬ影響を蒙ると考えられる社会問題。	外部環境要因のうち、事業展開する国での競争力に大きな影響を及ぼす社会問題。
戦略的 CSR		バリューチェーンの活動を社会と戦略の両方に役立つものに変える。	戦略的フィランソロピー自社のケイパビリティをテコに、競争環境の重要部分を改善する。
受動的 CSR	善良な企業市民活動。	バリューチェーンの活動から生じる悪影響を緩和する。	

（出所）Porter, M. E. and M. R. Kramer（2008）をもとに筆者作成。

批判し、「企業の戦略とは全く無関係な CSR 活動や慈善活動が選ばれ、社会的意義ある成果も得られず、長期的な企業競争力にも貢献しない」[8] と指摘した。彼は企業が社会と密接な相互依存的関係にあり、健全な社会の存在が企業の存続には欠かせないという立場をとっている。

　図表 8-6 で示したように、社会問題は、① 一般的な社会問題、② バリューチェーンの社会的影響、③ 競争環境の社会的側面に分類される。さらに、この 3 カテゴリーを戦略的 CSR と受動的 CSR に区分し、企業はその経営資源を優先度の高い戦略的 CSR に投入するべきであると指摘している。

　戦略的 CSR とは、「CSR 活動は社会的価値と経済的価値の実現において、地域と社会の期待を上回るものでなければならず、周囲への迷惑を減らすというレベルにとどまらず、社会をよくすることで戦略を強化するレベルを目指すべき」[9] という、ポーターの価値観を背景とした概念である。

2.　価値共創仮説の展開

　2011 年、ポーターは、戦略的 CSR を発展させた「共通価値の創造（Creating Shared Value）」[10] を発表した。この論文で提起された共通価値は、「社会と経

済の双方を同時に発展させることを前提としたものであり，コストを意識した便益を意味する。この定義に基づく共通価値の創造とは，企業が社会的ニーズや課題に取り組むことで社会的価値を生み出し，その結果，経済的価値が創造される」[11]と定義されている。

　社会的価値とは環境及び社会側面のサステナビリティを意味し，経済的価値とは企業の存在に不可欠な利潤である。共通価値の創造とは，環境及び社会双方のサステナビリティを高めつつ，自社の利益も併せて実現するというビジネスモデルである。

　2010年，ISO26000が発効し，組織の社会的責任や責任ある行動への期待感から，CSRに対する意識や取組内容に変化が生じた。企業が市民社会の一員として様々な課題に取り組むことで社会価値が創出されると，企業のビジネスチャンスも広がる。その結果，社会と企業双方のサステナビリティが向上する，という認識が企業社会に醸成されつつある。社会変革の担い手として期待される企業には，社会価値と経済価値の双方を同時に実現することが求められているといえよう。

　図表8-7はCSRとCSVに関する，ポーターの主張を俯瞰したものである。ポーターは，CSRの多くが外圧を受けた結果であると主張する。地球温暖化や環境汚染など，社会が負担を強いられる費用（社会的費用）が発生すると，社会はこのような外部不経済を内部化するよう企業に対して求める。このような社会問題（外部不経済）に対処することがCSRであり，企業は評判を高め

図表8-7　CSRとCSVの差異

	CSR	CSV
目的・価値	善行	コストと比較した経済的便益と社会的便益
態様	シチズンシップ，フィランソロピー	企業とコミュニティが共同で価値を創出
動機	任意あるいは外圧	競争に不可欠
利益との関係	利益の最大化とは別物	利益の最大化に不可欠
テーマ	個人の嗜好によって決まる	企業毎に異なり内発的
制約条件	企業業績や予算的制約を受ける	企業の予算全体を再編成する
具体例	フェアトレード	調達方法の変革で品質と収穫量を向上させる

（出所）Porter, M. E. and M. R. Kramer（2011），29頁をもとに筆者作成。

るためにコストをかけて CSR に取り組んできたと指摘する[12]。

　一方，ポーターは社会問題に対処することは，企業にとって必ずしもコスト要因だけに終わるとは限らず，社会問題の解決に向けた取り組みがイノベーションを生み出し，併せて生産性の向上と市場の拡大を実現できると述べている。

　ポーターの主張は，CSR を通じて企業が生み出した経済価値を再配分するのではなく，経済価値と社会価値のパイを拡大することが大切であり，これが共通価値の本質だというのである。確かに，共通価値は CSR やフィランソロピーとは本質的に異なる概念であり，企業が生み出した価値を社会に対して再配分することでもない。ポーターは国内外で普及しているフェア・トレードは共通価値の創造ではなく，企業が生み出した価値の再配分に過ぎないと批判している[13]。

3. 欧州連合の新たな CSR 戦略（2011〜14 年）

　欧州委員会が新たに提唱した CSR の定義は，「企業の社会への影響に対する責任」である。その内容は次の二点に集約される。
①株主と広く社会やその他のステークホルダーとの間で，共通価値の創造を最大化する。
②企業の潜在的悪影響を特定・防止・軽減する。

　新たな定義に込められた意図は，企業が事業と CSR の統合を推進し，CSR に対する長期的な戦略アプローチを採ることで，マルチステークホルダーの要求を満たす革新的な製品，サービス，ビジネスモデルを創造することにある。これによって経済価値を創造しつつ，社会的にニーズに対応するという共通価値の最大化が図られるというのである。

　欧州連合は多国籍企業に対する OECD ガイドライン，国連グローバル・コンパクト，ISO26000 などに沿って，CSR 政策を推進する方針を示しているが，その目的は中長期にわたって成長と雇用の持続的拡大を実現し得る社会基盤を構築することにある。新たな CSR 戦略を推進するため，次のようなアジェンダの推進が図られている。

ⅰ）CSR の見える化とグットプラクティスの普及

ⅱ）ビジネスの信頼性レベルの改善

ⅲ）自主規制，共同規制のプロセスの改善

ⅳ）CSR の市場報酬の拡大（消費，公共調達[14]，投資[15]）

ⅴ）企業の社会・環境に関する情報開示の改善

ⅵ）CSR の教育・訓練・研究へのさらなる統合

ⅶ）加盟国における CSR 政策の重要性の強調

ⅷ）CSR に対する欧州と世界のアプローチの調整

図表 8-8　CSR からサステナビリティへの展開

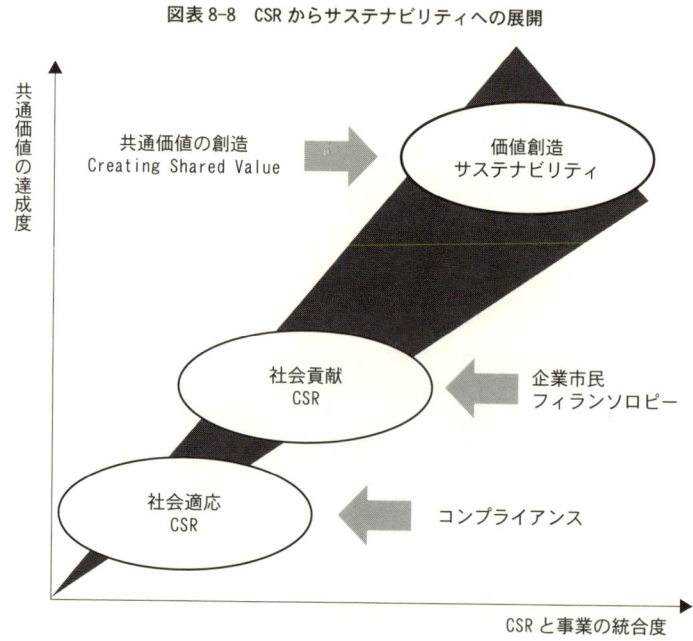

（出所）筆者作成。

第6節　経営パラダイムと企業価値概念の変革

1. 企業価値を左右する経営構想力

　業界を問わず日本企業の多くは，技術・ノウハウと事業プロセスを磨くことで，機能，品質，価格をコア・コンピタンスとするビジネスモデルを確立してきた。企業を取り巻く制約条件が少なかった 20 世紀社会では，機能，品質，価格の三要素を兼ね備えた製品とサービスを提供することで，企業価値の拡大は可能となった。

　昨今，ROE や株価を経営目標に掲げる企業は少なくない。企業の経営幹部を育てるビジネススクールでは，ROE や株価を引き上げる術を学ぶことはできるかもしれないが，企業は何のために存在するのか，経営者は何をなすべきかなど，企業と社会の本質的な課題を議論する機会は少ないのではあるまいか。

　日本企業の技術力や品質に対する世界からの評価は極めて高い。しかし，高い技術力を有しているにもかかわらず，日本企業はグローバル社会で埋没しつつある。ハイスペックな製品を開発しても，社会に潜在する課題の解決に貢献できなければ，人々から信頼と共感は得られない。

　わが国の企業社会では，「イノベーション＝技術革新」と捉える傾向が強い。これは，イノベーションの一面を捉えているに過ぎない。イノベーションの本質は，技術革新だけではなく，社会や顧客にとって新しい価値を創造し，広く普及・浸透させていくことにある。現代社会が求めるイノベーションは，企業が生み出すプロダクトを通じて，持続可能な社会への変革をリードする経営構想力から創出されるといえよう。

　日本企業の課題は，技術的なイノベーションを偏重するあまり，社会と企業の関係性を見失ったことである。企業が内包する多様なナレッジの組み合わせによって，あるべき未来社会の構築に向けて変革をリードする価値観や文化を作りだせなければ，社会から共感されるビジネスとはいえないだろう。

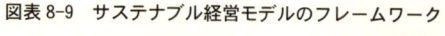

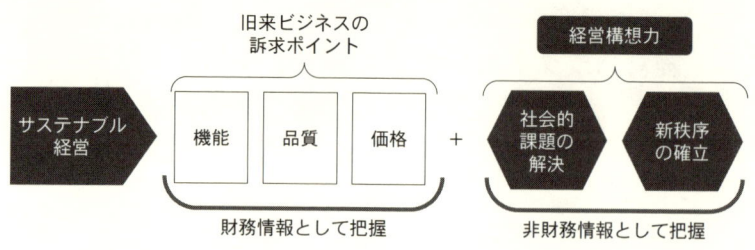

図表8-9　サステナブル経営モデルのフレームワーク

（出所）藤井（2014），37頁を参考に筆者作成。

　図表8-9で示したように，旧来のビジネス（機能・品質・価格）から生み出される利潤は，財務情報として把握可能である。わが国の高度成長期のように，基盤技術に基づく連続的なイノベーションが創出可能な時代には，機能・品質・価格面でのイノベーションに注力することで企業価値は安定的に向上してきた。投資家もビジネスモデルの連続性を拠り所として，財務情報に基づく短中期の業績予想をベースに投資判断を下してきた。しかし，今や人工知能（AI）やIoTによる技術の急進化によって，非連続的なイノベーションが企業の将来を左右する時代が到来しようとしている。長期投資の下で企業価値を推計するには，非財務情報を通じて，サステナブル経営の中核となる経営構想力を読み解く能力が欠かせないのである。

　1908（明治41）年にT型フォードが発売されて以来，自動車産業は「ガソリン・軽油」，「内燃機関」，「鉄」を主体とする連続的イノベーションによって進化してきた。しかし，「水素・電気」「鉄以外の素材（炭素繊維等）」「情報通信技術（AI・IoT）」を主体とする非連続イノベーションの急進化によって，既存のビジネスモデルが大きく変容しつつある。

　長期的な視点での企業価値の推計に欠かせない情報とは，「誰に価値を提供し，誰からその対価を受け取るのか，必要不可欠な経営資源が何で，それをどのように確保し，どのような価値を創造して持続していくのか」という価値創造のビジョンとプロセスである。

図表 8-10　非連続イノベーション（自動車産業のケース）

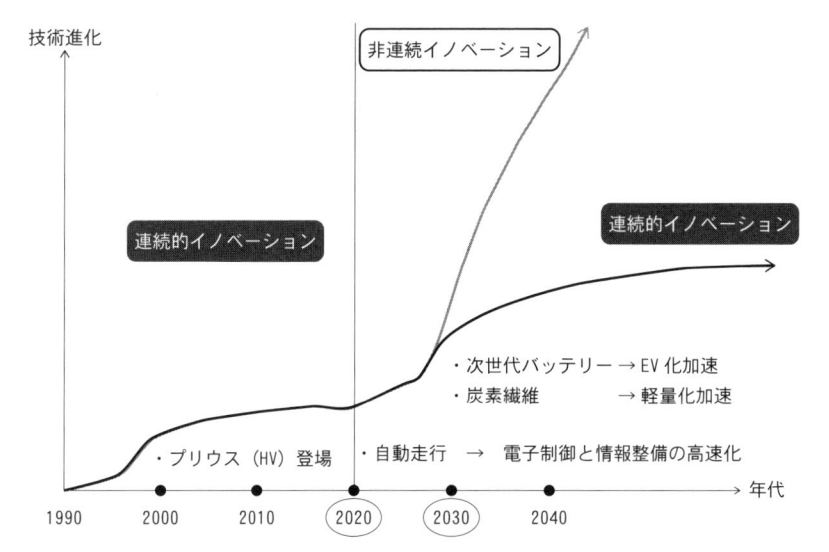

（出所）三菱 UFJ・モルガンスタンレー証券（2016）「第 1 回持続的成長に向けた長期投資（ESG・無形資産投資）研究会資料」をもとに筆者加筆。

2. 英国におけるビジネスモデル開示の義務化

　2013 年，英国では 2006 年会社法が改正され，英国国内企業に対して戦略報告書の作成と開示が義務づけられた [16]。戦略報告書では，① 事業戦略に関する記述，② ビジネスモデルに関する記述，③ 取締役，シニアマネジメント，従業員の男女別人数を開示することが求められている。

　Financial Reporting Council（英国）が公開した戦略報告書ガイダンス [17] は，① 企業活動の内容・背景は何か，② 長期にわたって企業価値をどのように創出していくのか，③ 企業価値を創出するうえで最も重要なビジネスプロセスは何か，についての記述方法を解説している。

　図表 8-11 は，Financial Reporting Council の財務報告ラボが公表した『ビジネスモデルレポーティング』と題する報告書で提示された，企業の開示情報と機関投資家の関心度を示したものである。この報告書では，機関投資家の関

図表 8-11　企業の開示情報に対する投資家の関心度

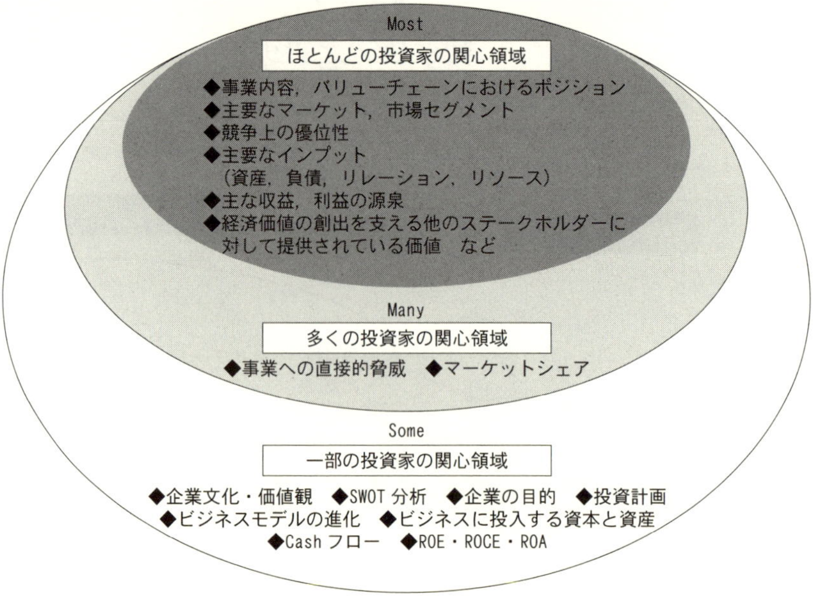

Most

ほとんどの投資家の関心領域

◆事業内容，バリューチェーンにおけるポジション
◆主要なマーケット，市場セグメント
◆競争上の優位性
◆主要なインプット
　（資産，負債，リレーション，リソース）
◆主な収益，利益の源泉
◆経済価値の創出を支える他のステークホルダーに
　対して提供されている価値　など

Many

多くの投資家の関心領域

◆事業への直接的脅威　◆マーケットシェア

Some

一部の投資家の関心領域

◆企業文化・価値観　◆SWOT 分析　◆企業の目的　◆投資計画
◆ビジネスモデルの進化　◆ビジネスに投入する資本と資産
◆Cash フロー　◆ROE・ROCE・ROA

（出所）Financial Reporting Council (2016)"Lab project report：Business model reporting"を
　　　　もとに筆者作成。

心度に合わせて，情報を「Most（ほとんどの投資家の関心領域）」，「Many（多
くの投資家の関心領域）」，「Some（一部の投資家の関心領域）」に分類してい
る。

　さらに，同報告書は，「ビジネスモデルに関する情報は，投資家が企業のパ
フォーマンスや長期的な成長戦略を分析・理解するためのファンダメンタルと
して重要である」[18] と指摘している。

第7節　企業価値向上の鍵を握るクロスバリュー・エクステンション戦略

1. 非財務情報から読み解く経営構想力

　企業は経営効率を追求し，企業価値を高めなければならないプレッシャーに晒されている。その背景には，ショートターミズムに傾斜した機関投資家の存在がある。受託者責任という名の下に繰り広げられる，機関投資家からの収益拡大要求を前に，経営者は最もリスクが少ないという思い込みから，過去の成功体験に過度に依存してしまう。その結果，経営者の多くが企業を取り巻く社会環境の変化から目をそらし，組織に染み込んだ価値観や行動様式を無批判に受け入れてしまう傾向が強い。残念ながら，時間と教養を必要とする経営構想力を磨くことには，あまり関心を向けてこなかったようである。

　社会課題は企業にとってイノベーションの源泉となる。ポーターはこれをCSV という視点で捉えた。企業は社会課題の中から潜在市場の存在を見極め，ハイレベルな水準の目標を設定して果敢に挑戦していかねばならない。難解な社会課題への挑戦が求心力となって，生み出される社会価値が顧客の共感を呼び起こすのである。社会課題を見出し，自社のビジネスを通じて社会にソリューションを提供する能力こそが経営構想力なのである[19]。

　現代企業の経営者に欠落しているのは，企業と社会の関係性をインサイドとアウトサイド双方の視点から捉えようという意識ではないだろうか。最近，営利・非営利を問わず，多様な組織と企業の協働が注目されている。経営効率を追求する企業にとって，目先の利益に結びつかない NPO との協働はコスト要因でしかなかった。しかし，CSR や CSV という概念が提唱される過程で，非営利組織との協働が着目されるようになった。SDGs の目標 17 には「パートナーシップで目標を達成しよう」と記載されており，組織の垣根を越えた強力なパートナーシップの必要性を説いている。

　企業が価値観や文化の異なる社会集団と協働することは，多様性を理解する

のみならず，別の視点で組織を見つめ直す機会にもなるだろう。柔軟性に欠け，内向き姿勢が強い日本企業は，価値観の異なる外部組織との交流を避ける傾向が強い。これでは，社会ニーズからビジネスオポチュニティを掴み取る企業は育たない。イノベーションとは新しい技術を追い求めるだけではなく，アウトサイド・インの視点を持った複眼的な目で，社会と企業を捉えることから生み出されるといえよう。こうした複眼的な目が経営構想力そのものであり，企業価値の持続的な向上のドライバーとなる要素なのである。経営構想力は，財務情報だけでは看取することは難しい。非財務情報が長期的な企業価値を分析するうえで欠かせない理由がここにある。

2. クロスバリュー・エクステンション経営

　伊丹（2003）は，「カニは己の甲羅に合わせて穴を掘る」が「企業は自社の器よりも大きな穴を掘れ」という事業戦略（オーバーエクステンション戦略）を提唱した。自社が保有するナレッジや能力を超えた事業に挑むという，いわば背伸びの戦略である。高度成長期の日本企業は，機能，品質，価格面でこの戦略を追求することで成功を収めてきた。経営効率の向上を目指すこの戦略は，右肩上がりの成長が続く時代には非常に有効だったといえよう。

　しかし，20世紀末に顕在化した地球温暖化，少子高齢化，新興国の台頭，価値観の多様化等の変化は，企業が培ってきた過去の成功体験では適応できない状況を生み出している。

　もはや，技術やナレッジの獲得によって，経営効率の改善を図る戦略は限界にきている。企業に求められる経営は，多様性に富む社会の価値観と企業のDNA（ナレッジ，技術，文化）をクロスさせる経営モデル，すなわちクロスバリュー・エクステンション戦略である。この戦略は，経済価値と社会価値を同時に実現する統合的な思考に基づく経営である（図表8-12）。

　社会環境や自然環境の変化から生じた様々な課題に対して，企業はビジネスモデルを通じて新たな秩序を形成してきた。そこで提示されたソリューションはモノ・サービスとして，永続的に社会に供給されている。

図表 8-12 クロスバリュー・エクステンション戦略への転換

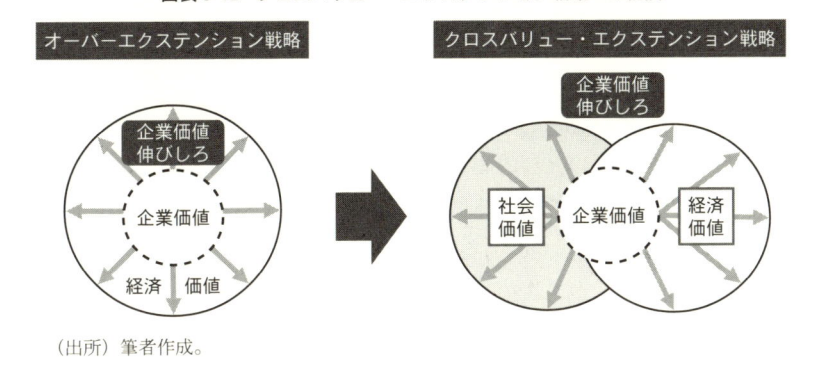

（出所）筆者作成。

図表 8-13 サステナブル経営と企業価値形成プロセス

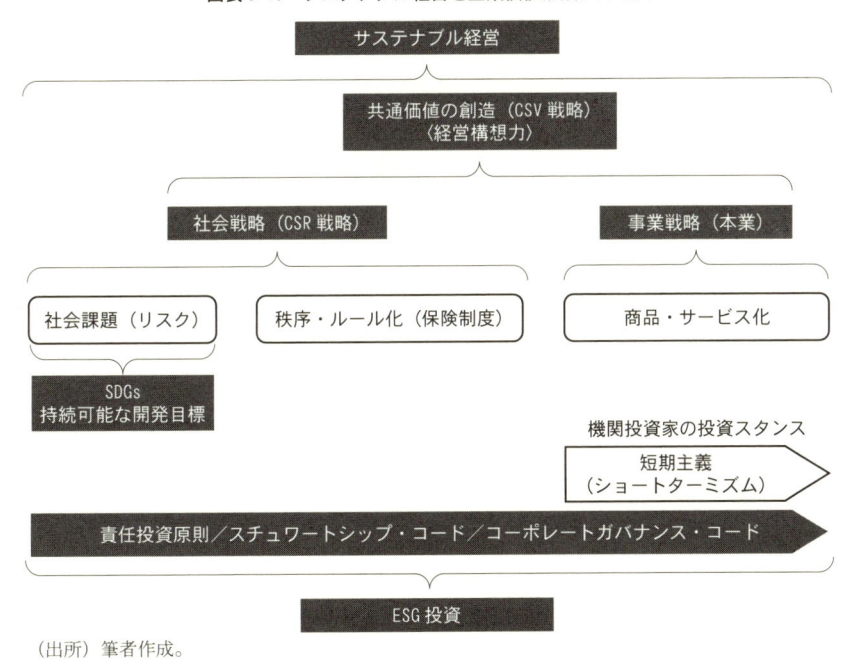

（出所）筆者作成。

　図表 8-13 は，サステナブル経営と企業価値形成プロセスの関係性を示したものである。企業には，これまで以上に社会との相補関係を築いていくことが

求められており，企業経営に占める社会戦略の位置づけは，これまでになく高まっている。そのため，企業の社会戦略に関する開示情報は，投資家のみならず市民社会にとっても大きな関心領域になるといえよう。

　企業価値の持続的な向上は，「クロスバリュー・イノベーションに基づく成長戦略」と「ビジネスの社会的正当性」から創出されるであろう。つまり，長期的な視点で企業価値を評価するには，非財務情報と財務情報のリンケージが欠かせないといえよう。

（長谷川直哉）

注

1　Michael E. Porter, Mark R. Kramer（2011）「共通価値の戦略」『DIAMONDO ハーバード・ビジネス・レビュー 2011 年 6 月号』ダイヤモンド社，8-31 頁。
2　詳細については下記を参照されたい。
　　Europe 2020 A European Strategy for Smart Sustainable and Inclusive Growth.pdf
3　国連が 2006 年に提唱した「責任投資原則（PRI：Principles for Responsible Investment）」を背景とした投資手法。財務情報に加え，環境（Environment），社会（Social），企業統治（Governance）に対する企業の取組み姿勢（非財務情報）をもとに投資判断を行う運用手法。
4　NPO 法人日本サステナブル投資フォーラム（2016）『サステナブル投資残高調査 2016』，2 頁。同法人では，サステナブル投資を次のように定義している。
　1）地球と社会の持続可能性に配慮した投資であること。
　2）原則 1 の投資プロセスや社会的な効果を資金の供給者に対して開示していること。
5　The International Integrated Reporting Council（2013）*THE INTERNATIONAL <IR> FRAMEWORK*.
6　Porter, Michael E. and Kramer, Mark R, (2008), pp.36-52.
7　同前，p.41.
8　同前，p.41.
9　同前，p.47.
10　Porter, M. E. and M. R. Kramer（2011），pp.8-31.
11　同前，p.10.
12　同前，p.12.
13　同前，pp.12-13.
14　社会的責任公共調達ガイドの発行（2011 年）。
15　欧州委員会は，機関投資家が責任投資原則へ署名することが望ましいという認識を持っており，非財務情報を投資判断に組み込むための能力構築を支援している。
16　The Companies Act 2006（Strategic Report and Director's Report Regulations 2013）2006 年会社法の 2013 年規則によると，アニュアルレポートの一部として，ビジネスモデルの開示が義務化された。
17　Financial Reporting Council（2014）*Guidance on the Strategic Report.*
18　Financial Reporting Council（2016）*Lab project report: Business model reporting.*, p.3.

19　1975 年，本田技研工業が CVCC エンジンの開発によって，当時不可能と思われたマスキー法の
　　排ガス基準をクリアした事例は，経営構想力のベストプラクティスの一つである。

参考文献

Carroll, A, B. and A. K. Buchholtz（2011）*Business & Society: Ethics, Sustainability, and Stakeholder Management.* South-Western Pub.

Carroll, A, B. and K. J. Lipartito（eds.）（2012）"*Corporate Responsibility: The American Experience.* Cambridge University Press.

コーポレートガバナンス・コードの策定に関する有識者会議（2015）『コーポレートガバナンス・コード原案』金融庁。

Financial Reporting Council（2014）*Guidance on the Strategic Report.*

Financial Reporting Council（2016）*Lab project report: Business model reporting.*

Freeman, R, E（1983）*Strategic Management.* Cambridge University Press.

藤井剛（2014）『CSV 時代のイノベーション』ファーストプレス。

GRI, UNGC, WBCSD（2015）*SDG Compass.*

IPCC（2007）*Contribution of Working Group I to the Fourth Assessment Report of the Intergovernmental Panel on Climate Change.* Cambridge University Press.

伊丹敬之（2003）『経営戦略の論理』日本経済新聞社。

加護野忠男（2010）『経営の精神』生産性出版。

川村雅彦（2004）『ニッセイ基礎研 REPORT 86 号』ニッセイ基礎研究所。

川村雅彦（2015）『CSR 経営パーフェクトガイド』ウィズワークス。

経済産業省（2016〜17）「持続的成長に向けた長期投資（ESG・無形資産投資）研究会」配布資料。

経済同友会（2003）『第 15 回企業白書「市場の進化」と社会的責任経営―企業の信頼構築と持続的な価値創造に向けて―』。

北川哲雄（2015）『スチュワードシップとコーポレートガバナンス』東洋経済新報社。

国連グローバル・コンパクト（2010）『サプライチェーンの持続可能性―継続的改善のための実践的ガイド』。

Krosinsky, C. and S. Prurdon（2017）*Sustainable Investing―Revolutions in Theory and Pracice.* Routledge.

Laasch, O. And R, N. Conaway（2014）*Principles of Responsible Management: Global Sustainability, Responsibility, and Ethics, 1st Edition.* Cengage Learning.

松野弘・堀越芳昭・合力知工編著（2006）『企業の社会的責任論の生成と展開』ミネルヴァ書房。

日本サステナブル投資フォーラム（2016）『サステナブル投資残高調査 2016』。

ニッセイアセットマネジメント（2014）『企業価値を高める経営戦略―企業と投資家の共生に向けて』中央経済社。

Pedersen, P, D,（2009）『第 5 の競争軸』朝日新聞出版。

Porter, M. E.,& Kramer, M. R.,（2008）「競争優位の CSR 戦略」『DIAMONDO ハーバード・ビジネス・レビュー 2008 年 1 月号』ダイヤモンド社。

Porter, M. E.,& Kramer, M. R.,（2011）「共通価値の戦略」『DIAMONDO ハーバード・ビジネス・レビュー 2011 年 6 月号』ダイヤモンド社。

Porter, M. E.,（2013）「これからの競争優位」『DIAMONDO ハーバード・ビジネス・レビュー 2013 年 3 月号』ダイヤモンド社。

Smith, A,［村井章子, 北川知子訳］（2014）『道徳感情論』日経 BP 社。

Smith, A. [山岡洋一訳] (2007) 『国富論—国の豊かさの本質と原因についての研究（上）（下）』日本経済新聞社出版局。

Stead, J. G. and W. E. Stead [柏樹外次郎・小林綾子訳] (2014) 『サステナビリティ経営戦略』日本経済新聞社。

The International Integrated Reporting Council (2011) *TOWARDS INTEGRATED REPORTING—Communicating Value in the 21st Century*. Discussion Paper.

第 9 章

SDGs と ESG 投資

第 1 節　ESG 投資の実像

　NPO 法人日本サステナブル投資フォーラム（Japan Sustainable Investment Forum：JSIF）が実施した「サステナブル投資残高調査 2016」[1] をもとに，わが国の ESG 投資を振り返ってみよう。JISF は，図表 9-1 に示した 2 つの要件を備えた投資をサステナブル投資と位置づけている。

　アンケートに回答した年金基金，投資運用会社のサステナブル投資残高は，図表 9-2 に示したとおりである。回答があった 31 機関のサステナブル投資の運用残高の合計は，56 兆 2,566 億円に達し，前回の調査に比べて 30 兆円弱増加している。また，31 機関の運用総額に占めるサステナブル投資の割合は 16.8% となった。

　集計結果はあくまでも自己申告ベースの数値を集計したものである。運用機

図表 9-1　サステナブル投資の定義

原則 1：地球と社会の持続可能性に配慮した投資であること。 原則 2：原則 1 の投資プロセスや社会的な効果を資金の供給者に対して開示していること。

（出所）NPO 法人日本サステナブル投資フォーラム（2016）『サステナブル投資残高調査 2016』1 頁。

図表 9-2　サステナブル投資総額（2015 年・2016 年）

	2015 年	2016 年	伸び率
サステナブル投資額合計	26 兆 6,872 億円	56 兆 2,566 億円	110.7%
運用資産に占める割合	16.8%	11.4%	+5.4%

（出所）同前，3 頁。

関毎にサステナブル投資の内容を精査している訳ではないため，この結果のすべてを単純に受け入れることは難しい。しかし，わが国のアセットオーナー（年金基金等）やインベストメント・マネージャー（投資運用会社等）が，ESG 投資に向き合おうとしている姿は看取できよう。

　図表 9-3 は，図表 9-2 で示したサステナブル投資額合計を ESG 手法ごとに分類したものである。ESG インテグレーションとネガティブ・スクリーニングは投資残高が減少しているものの，ポジティブ（ベスト・イン・クラス）スクリーニングとインパクト・コミュニティ投資は大幅に増加している。運用手法の内容について，簡単に説明しておこう。

　ESG インテグレーション（ESG integration）は，財務情報と ESG 情報（非財務情報）の双方に基づいて，ポートフォリオに組み入れる企業を選定していこうという手法であり，ESG 投資の中核をなすものである。

　ポジティブ（ベスト・イン・クラス）スクリーニング（Positive / best-in-class screening）とは，ESG に関する評価基準を設定し，総合評価が高い企業を選定して投資する手法。スクリーニング基準は，環境，人権，消費者対応，地域コミュニティ参画など，投資主体の価値観によって異なっている。

　サステナビリティ・テーマ投資（Sustainability-themed investing）の代表例は，エコファンドである。環境（E）や社会（S）の領域で，特定のテーマや評価基準を設定し，評価スコアが高い企業に投資する手法。わが国の第 1 次

図表 9-3　サステナブル投資残高（運用手法別）

サステナブル投資の運用手法	2015 年	2016 年	増減率
ESG インテグレーション	17 兆 5,557 億円	14 兆 2,404 億円	▲ 18.9%
ポジティブ（ベスト・イン・クラス）スクリーニング	3,270 億円	3 兆 202 億円	823.6%
サステナビリティ・テーマ投資	7,857 億円	1 兆 361 億円	31.9%
インパクト・コミュニティ投資	876 億円	3,697 億円	322.0%
エンゲージメント / 議決権行使	11 兆 7,099 億円	19 兆 1,800 億円	63.8%
ネガティブ・スクリーニング	4 兆 5,734 億円	2 兆 2,500 億円	▲ 50.8%
国際規範スクリーニング	6 兆 752 億円	6 兆 7,419 億円	11.0%

（出所）NPO 法人日本サステナブル投資フォーラム『サステナブル投資残高調査 2016』及び『日本サステナブル投資白書 2015』をもとに筆者作成。

及び第 2 次 SRI ブーム時には，この手法を取り入れた SRI ファンドが数多く設定された。

インパクト・コミュニティ投資（Impact / community investing）は，コミュニティの発展を目指すための投資であり，インパクト投資の一種と位置づけられている。インパクト投資には，投資パフォーマンスを犠牲にしても社会・環境へのインパクトを重視する手法と，投資パフォーマンスと社会・環境へのインパクトの両立を目指す手法がある。

エンゲージメント・議決権行使（Corporate engagement and shareholder action）は，物言う株主（アクティビスト）として企業に働きかける手法。エンゲージメントとは，株主として経営者の行動や意思決定に働きかけることをいう。議決権行使は，株主の権利である議決権を行使し，企業の意思決定に直接的な影響を及ぼすことを指す。エンゲージメントや議決権行使は，SRI を通じて積極的に利用されるようになった手法である。

ネガティブ・スクリーニング（Negative / exclusionary screening）は，初期の SRI で活用された手法。投資家が設定した特定業種・企業の株式や債券を，投資対象から除外するものである。最近は，地球温暖化によって炭素依存度の高い企業の株式を投資対象から除外するダイベストメントの動きが活発化している。

国際規範スクリーニング（Norms-based screening）とは，条約など国際的な規範をスクリーニング基準とする手法。基準に満たない企業の株や債券を投資対象から除外する[2]。

第 2 節　ESG 投資と SRI の投資手法

実務界では，ESG 投資と SRI は違うという論調が支配的である。果たして，その違いとはどのようなものなのであろうか。ESG 投資と SRI の投資手法について，確認しておこう。

SRI の投資手法は，① ソーシャル・スクリーニング（Positive Screening ／ Negative Screening），② 株主行動（Shareholder Advocacy），③ コミュニティ

投資（Community Investing）で構成されている。

　図表 9-4 は，米国における SRI の残高推移を示したものである。Social Investment Forum Foundation が作成した "2003 Report on Socially Responsible Investing Trends in the United States"（2003 年 11 月）では，「ESG Incorporation」の項目は SRI 残高として表示されていた。2010 年版レポート以降，タイトルのみ「ESG Incorporation」と変更され，「ESG に含まれる資産は，社会的及び環境的に選別された資産に限られるという」注釈がつけられた。米国の Social Investment Forum Foundation は，データ集計上は SRI と ESG 投資を区別していないようである。

　既述のとおり，SRI はソーシャルスクリーニング，株主行動，コミュニティ投資によって構成されている。なかでも，投資対象企業の事業内容を環境側面や社会側面から評価して，投資先を選別するソーシャルスクリーニングは SRI の中心的な手法である。

　ソーシャルスクリーニングは，「ネガティブスクリーニング」と「ポジティブスクリーニング」の 2 つに分類される。ネガティブスクリーニングとは，投資家が望ましくないと考える領域を設定し，当該領域に関わる企業を投資対象から除外する手法である。これまで，アルコール，タバコ，ギャンブル，兵器，原子力発電などがネガティブスクリーニングの対象として取り上げられてきた。パリ協定以降は，炭素依存度の多寡がネガティブスクリーニングのテーマとして注目されるようになり，ダイベストメント（投資撤収）の対象とされた[3]。

　一方，ポジティブスクリーニングとは特定の問題に関して企業を評価し，評

図表 9-4　米国における社会的責任投資 1995－2010 年

（単位：億ドル）

	1995 年	1997 年	1999 年	2001 年	2003 年	2005 年	2007 年	2010 年
ESG Incorporation	1,620	5,290	14,970	20,100	24,130	16,850	20,980	25,120
Shareholder Advocacy	4,730	7,360	9,220	8,970	4,480	7,030	7,390	14,970
Community Investing	40	40	50	80	140	200	250	417
Overlapping Stratagies	N/A	(840)	(2,650)	(5,920)	(4,410)	(1,170)	(1,510)	(9,812)

（出所）Social Investment Forum Foundation（2010）*Report on Socially Responsible Investing Trends in the United States.*

価の高い企業を投資対象とするという手法である。ポジティブスクリーニングのポイントは，環境・社会分野で特定問題に関する評価が必要になる点である。評価主体の価値観や評価基準が投資先企業の選別に大きな意味を持つことになる。

　歴史的にみるとソーシャルスクリーニングは，ネガティブスクリーニングからスタートしており，特定の企業活動に対する反対運動の性格が強かった。1999年のエコファンドからスタートした日本のSRIは，ポジティブスクリーニングを活用してきた。

　SRIでは，投資方針の決定，ソーシャルスクリーニングによる評価，ポートフォリオの構築という一連の投資プロセスにおいて，運用主体の独自の価値判断が投資先企業の選別に大きな意味を持つことは否定できない。そのため，伝統的な投資手法の立場からは，ソーシャルスクリーニングは運用パフォーマンスの制約条件となるという根強い批判がある。

　ESG投資とSRIの差異を主張する立場の人々も，SRIのソーシャルスクリーニングの限界を指摘している。ESG投資のメイン手法であるESGインテグレーションは，SRIのソーシャルスクリーニングとは違うというのである。SRIのソーシャルスクリーニングは，企業の環境側面や社会側面を切り離して評価しているが，ESGインテグレーションは環境側面と社会側面を経営と統合して評価しており，そこに違いがあるという。図表9-5は，ESG投資とSRIの運用手法の関係を示したものである。

図表 9-5　ESG 投資と SRI の運用手法比較

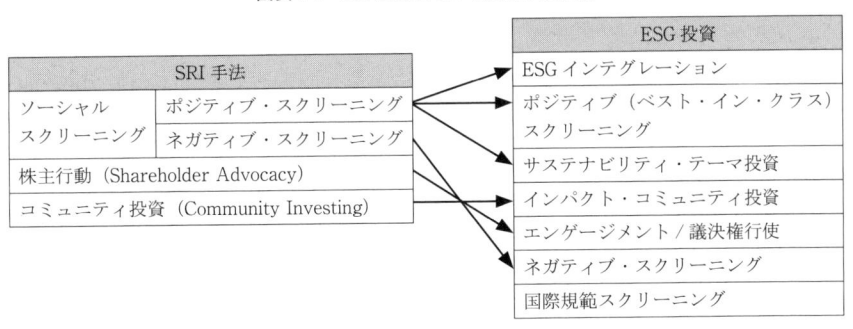

（出所）筆者作成。

　SRI の運用手法は，ESG 投資にも受け継がれている。勿論，評価項目や評価基準が変化していることは言うまでもない。SRI の初期段階では，道徳的または倫理的理由に基づくネガティブスクリーニングを活用して，特定の業界や企業をから除外することが中心だった。しかし，道徳的な価値観に傾斜した SRI は，運用パフォーマンスの悪化をもたらした。時間の経過とともに，SRI はより洗練されたソーシャルスクリーニングを活用したテーマ投資となり，最終的に ESG 投資に統合されたのである。

第3節　ESG 投資と SRI の違いとは何か

　わが国で設定された SRI ファンドは，環境（E）や社会（S）を切り離して評価しているだけなのであろうか。本節では，わが国の SRI ファンドの嚆矢となった，日興エコファンド（1999 年 8 月設定）[4]と損保ジャパングリーンオープン（1999 年 9 月設定）[5]の投資プロセスを比較してみよう。両ファンドとも，第 1 次 SRI ブームに設定されたファンドであり，現在の運用残高はいずれも 100 億円を超えている[6]。

　図表 9-6 は，設定当時の日興エコファンドの投資プロセスである。当時のエコファンドの運用プロセスは，「財務スクリーニング優先タイプ」と「環境スクリーニング優先タイプ」に分かれていた。「日興エコファンド」は前者のタイプに属し，損保ジャパン・グリーンオープンは後者のタイプであった。

　「日興エコファンド」は，設定当初の純資産残高が約 300 億円に達し，国内のエコファンドでは最大規模となった。同ファンドの投資コンセプトは，「環境問題への対応が優れた企業」と「環境に関連した企業」を「エコ・エクセレントカンパニー」[7]と位置づけ，エコノミックスクリーニングとエコロジカルスクリーニングによって，投資対象企業の選別を行っていた。環境問題への対応が優れた企業に投資することが，高い運用パフォーマンスを実現するというのが投資コンセプトである。

　同ファンドでは，投資候補企業の母集団であるポジティブリストが大きな意味を持っていた。ポジティブリストの選定は，財務スクリーニングによって行

図表9-6　日興エコファンドの投資プロセス

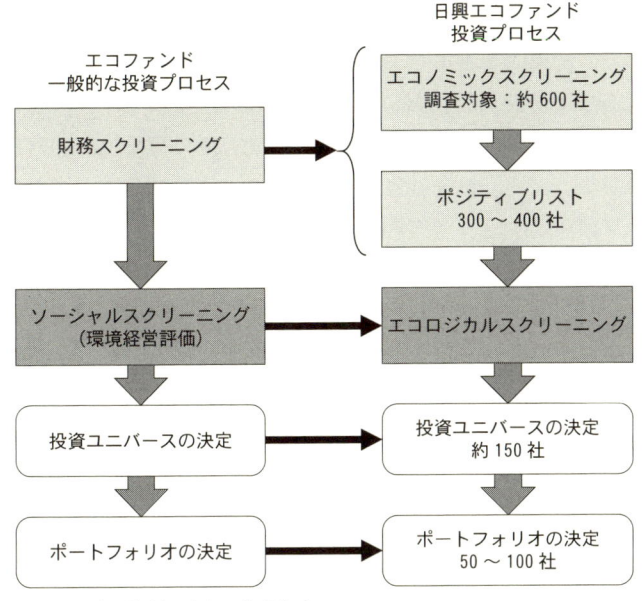

（出所）各種資料をもとに筆者作成。

われており，この段階ではソーシャルスクリーニングは適用されていない。

　財務スクリーニングでの評価が高くなければ投資候補とはなり得ないのであり，このファンドでは，財務的な評価であるエコノミックスクリーニングが超過収益の源泉として重視されていた。したがって，エコロジカルスクリーニングは，エコノミックスクリーニングを通過した企業のみを対象としていた。

　日興エコファンドは，環境という非財務情報を評価スクリーニングに導入した点は評価できるものの，銘柄を選別するスクリーニングの主体は，伝統的な財務スクリーニングが担っており，環境スクリーニングは補完的機能にとどまっていると言わざるを得ない。

　こうした点を踏まえれば，同ファンドは環境（E）や社会（S）を切り離して評価してするという方法を採用したSRIファンドの典型例といえよう。

　次に損保ジャパン・グリーンオープンの運用プロセスを見ていこう。同ファンドの特長は，運用プロセスにおいてソーシャルスクリーニング（環境スク

リーニング）を重視している点にある[8]。

　損保ジャパン・グリーンオープンは，ソーシャルスクリーニングによって投資ユニバースの母集団を選定し，企業毎に環境格付を付与している。伝統的な投資スタイルでは，非財務情報に基づくソーシャルスクリーニングによって，ユニバースの母集団を選定することはなかった。その理由は，非財務情報は超過収益の源泉ではなく，投資対象を制限することとなり，運用パフォーマンスにネガティブに作用すると考えられていたからである。

　しかし，SRI の運用パフォーマンスに関する実証研究が進むにつれて，ソーシャルスクリーニングと運用パフォーマンスが，必ずしもトレードオフの関係にあるとは限らないという研究結果が示されるようになった。その結果，ソーシャルスクリーニングは運用の制約条件ではなく，むしろ，運用パフォーマンスにプラスの影響をもたらす可能性があると考えられるようになったのである。

　同ファンドは，ソーシャルスクリーニングで環境格付を付与した銘柄群の中長期的な事業戦略を分析することで，投資ユニバースを選定している。中長期的な事業戦略の分析とは，環境要因が当該企業の中長期的な事業活動において，どのようなリスクとなって現れるのか，また，どのようなビジネスオポチュニティ（収益機会）を生み出すのかを評価することである。

　ファンド設定当初の投資理念は，「本業を通じて環境問題に取り組む企業の価値は，中長期的に拡大していく」というものであった。ソーシャルスクリーニングと中長期的な事業戦略の視点から環境情報を読み解くことで，事業リスクとビジネスオポチュニティを予想し投資先を選定する投資手法は，ファンドが掲げた投資理念を体現するものと位置づけられていた。

　図表 9-7 は，損保ジャパン・グリーンオープンの投資プロセスを示している。ESG 投資の中核である ESG インテグレーションは，伝統的な財務スクリーニングと平行して ESG を考慮すると定義[9]されているが，この視点に立てば SRI ファンドの代表的なファンドである損保ジャパン・グリーンオープンの投資手法は，ESG インテグレーションと位置づけられるのではないだろうか。

　投資期間の長期化によって，運用パフォーマンスにも差が生じている。損保

図表 9-7　損保ジャパン・グリーンオープンの投資プロセス

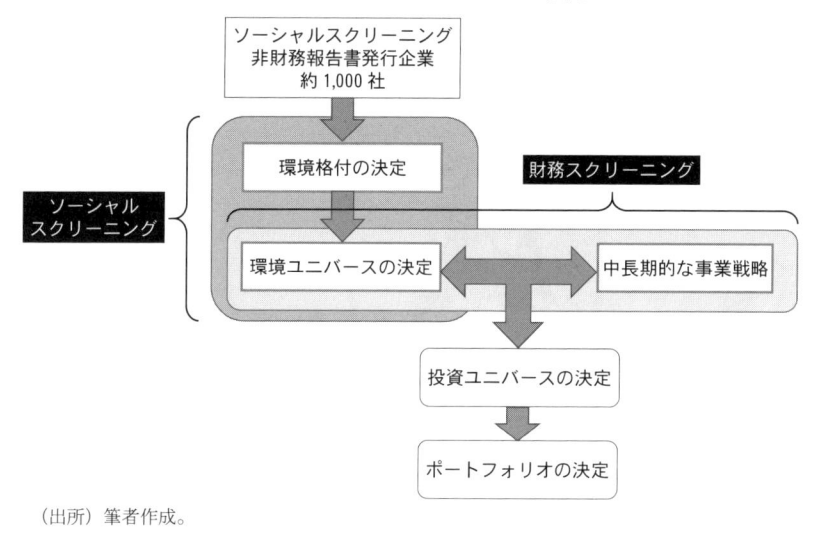

ジャパングリーオープンと日興エコファンドは設定から18年が経過したが，10年ほど前から運用パフォーマンスには明らかに格差が生じた。事業戦略とは切り離したソーシャルスクリーニングで投資先を選別する旧来のSRIと，ESGインテグレーションの要素を内包したSRIとの投資手法の違いが運用パフォーマンスに現れているとも考えられる。

　結局，ESG投資はSRIの発展型と位置づけることができよう。それ故，ESG投資とSRIは違うという議論はあまり意味がない。既存のSRIファンドの中には，ESGインテグレーションと本質的な差異がないファンドも存在しているということである。

　米国のSocial Investment Forum Foundationや日本サステナブル投資フォーラムの調査で示されたように，SRIからESG投資（サステナブル投資）へカテゴリーが変更されてから，投資残高は飛躍的に拡大した。

　わが国のインベストメント・マネージャーたちが，ESG投資と真摯に向き合っている結果であると素直に評価したいと思う反面，ESG投資の中身が開示されていないため，その実態はブラックボックスとなっている。日本サステナブル投資フォーラムの調査は，投資運用会社の自己申告ベースの数値を集計

図表 9-8　日興エコファンドと損保ジャパン・グリーンオープンの運用パフォーマンス

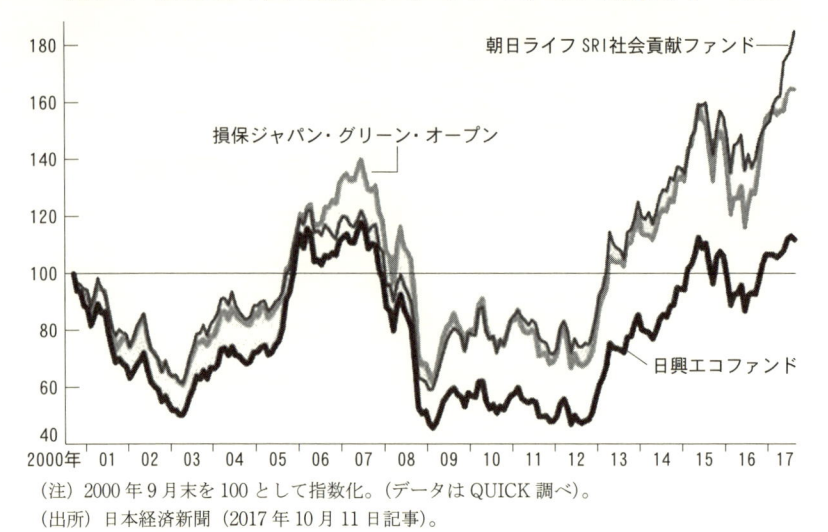

（注）2000 年 9 月末を 100 として指数化。（データは QUICK 調べ）。
（出所）日本経済新聞（2017 年 10 月 11 日記事）。

したものであるが，ESG 投資の実態についてはかなりバラツキがあるのではないだろうか。

第 4 節　ハーミーズ・エクイティ・オーナーシップ・サービス

2014 年 7 月，筆者はハーミーズ・エクイティ・オーナーシップ・サービスにおいて，ESG 投資に関するヒアリング調査を実施した [10]。本節では，同社の ESG 投資の実態や運用の意思決定プロセスにおける ESG 情報の位置づけについて紹介しよう。

1.　ハーミーズ・エクイティ・オーナーシップ・サービスの概要

同社は，British Telecom の年金基金（British Telecom Pension Scheme）の運用・管理を担当する会社として，30 年ほど前に設立された。ハーミーズは，British Telecom 以外の年金基金運用も受託しており，2014 年 3 月末時点

での受託資産残高は 269 億英ポンドである。

　同社は，長期的な視点に立って運用を行うという責任を負っており，2004年に設立された，ハーミーズ・エクイティー・オーナーシップ・サービス（Hermes Equity Ownership Services：HEOS）という組織がその責任を担っている。ハーミーズで責任投資の活動が始まったのは 1990 年代初期であり，PRI への署名も 2006 年に行っている。

　責任投資に特化した HEOS には，25 名のスタッフが在籍している（2014 年7 月当時）。母体である British Telecom 以外に，35 のクライアント（欧州，北米，オーストラリア）から年金関連の業務を受託している。責任投資に関するアドバイスを行っている資産総額は，約 17 兆円（2014 年 3 月末）である。ハーミーズ内での責任投資のみならず，社外で運用されている資産に対するアドバイザリーも実施している。

2.　企業との対話（エンゲージメント）

　アドバイザリーの活動内容は，投資先企業と投資家（ハーミーズまたは外部組織）の間に立って，1 対 1 での対話（エンゲージメントと呼ぶ）を行い，投資先企業に対して問題点の改善を依頼する。エンゲージメントを通じて得た非公開情報は，クライアントに報告し，それが投資に影響する場合もある。但し，投資先企業の株式の購入や売却についての直接的な助言は行わない。

　年金運用は長期に及ぶ。日本はデフレの状況にあるが。大抵の国ではインフレ傾向にあるため，資産価値が増えないと意味がない。したがって，長期的に投資先企業の価値が上昇することを目指して，エンゲージメントを行っている。

　HEOS は，ヘッジファンドや短期的な視野で投資を行っている投資家とは違った視点を持っているため，環境（E），社会（S），ガバナンス（G）の各分野に関心を持っている。環境対策に力を入れても，赤字を出していては仕方がないので，本業の改善についても触れる。しかし，収益に関する話は一般のファンドマネージャーも企業と頻繁に対話を行っているので，ファンドマネージャーとは違った視点，今年いかにシェアを伸ばすかではなく，中長期的な成

長の可能性などについて対話を行う。企業との対話では，環境問題，社会問題，ガバナンスの問題についても触れている。

3.　ESG 情報との向き合い方

責任投資という言葉にはいろいろな意味がある。ハーミーズが行っている責任投資は，年金などの受託者責任に近い意味であり，必ずしも CSR などの社会的責任とは同じ意味を持たない。また，不祥事を起した企業から投資を引き上げ，外部機関の評価が高い企業に積極的に投資をするというような Ethical 投資とも異なっている。顧客である年金基金の中には，長期にわたって改善が見られない企業には投資しないという判断を下すこともあるが，HEOS は投資を引き上げる前に問題点を解決しようというスタンスを持っている。

環境（E），社会（S），ガバナンス（G）が重要と考える理由の一つに，レピュテーション・リスクがある。これは短期的な要因ではあるが，著名企業の場合，メディアや NGO を通じて環境汚染や児童労働などに関する情報が流れると社会的な評価は急落する。その結果，顧客離れが進み業績悪化が懸念されるようになると，投資を控える動きにつながりかねない。また，北欧のクライアント（年金基金）は，環境，社会，人権などに対する市民の関心が非常に高く，ESG 情報は，投資判断の重要な要素となっている。問題が発生しないように，リスクの高い業種や実際に問題が発生した企業に注意を喚起している。レピュテーション・マネジメントで，ESG 要因を重視する理由がここにある[11]。

ESG 要因を重視するもう一つの理由は，長期的にみると必ず経済面で影響が現れるからである。環境問題や社会問題は，明日の企業業績に影響があるものではない。企業が劣悪な環境汚染を引き起こし，労働者を酷使しても，おそらく業績には直ちに影響することはないだろう。しかし，10 年，20 年というタームでみていくと，必ず企業業績や社会面で影響が出てくるものである。こうした問題認識の下で，HEOS は ESG 要因を重視したエンゲージメント実施している。HEOS が慈善事業としてではなく，企業の長期的なパフォーマンスの視点から ESG に関する対話の必要性を求めていること理解されると，企業

も前向きに受け止めるようになる。

　例えば，製薬品や半導体などは製造過程で多量の水を使用する。日本は水が豊富にあるので問題として認識されないが，中国，インドなどでは水が希少な資源である。両国に製造拠点があれば，工業用水の確保と浄化処理が非常に重要となる。この問題を放置すれば，数年後には水が不足し，地域住民と争いが起こりうる。水不足で生産が不可能となれば事業にも影響する。製造業での労働問題として長期的なストライキが起きた場合には，生産にも影響する。このように，ESG 問題に関するエンゲージメントは，企業と社会の持続的成長には欠かせないのである。

　エンゲージメントも地域に合わせたスタイルをとっている。例えば欧米でよく見られるような，企業を攻撃するような投資家は日本では好まれない。一方，ドイツでは1対1で話し合うほうが効果的である。アメリカでは株主総会で株主提案をすると，経営者との対話の道が開かれるが，日本で株主提案すると経営陣から危険視され対話を拒絶されてしまうことが多い。エンゲージメントに対する企業側の認識の差が大きく影響しているようである。

　ヒアリングを通じて，ESG 情報は財務的な重要性（materiality）が高いという認識を持っていることが確認できた。ビジネスの持続可能性を考えると，ESG はリスク要因とビジネスオポチュニティ（収益機会）の両面を併せ持っている。したがって，経営者が長期的な成長戦略の中で ESG をどのように捉えているのかを知ることは，投資家にとって非常に関心があるといえよう。

　HEOS は，クライアントの責任投資の方針，資産規模，リスクのマテリアリティ，エンゲージメントにより変化を生じさせる実現性について検討し，エン

図表 9-9　HEOS のマイルストーン・システム

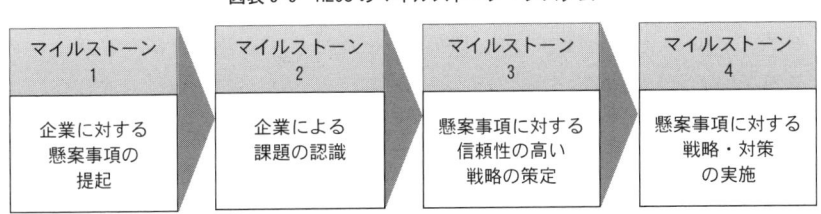

（出所）Hermes Equity Ownership Services Limited（2016）「スチュワードシップ」をもとに筆者作成。

ゲージメントの対象企業を選定している。独自に開発したマイルストーン・システムを活用して，エンゲージメント開始時に設定した目標に対する進捗状況を把握している[12]。

第5節　SDGs と ESG 投資：企業価値のパラダイムシフト

　企業を取り巻く環境は大きく変わろうとしている。その中心は地温暖化と人口動態の変化である。産業革命以降，先進国を中心に人口増加と経済成長による消費の増大が続いた。人間は地球の生態系が提供するさまざまな資源を利用して，大量生産・大量消費・大量廃棄を中心とする社会経済システムを築いてきた。

　しかし，「気候変動に関する政府間パネル」（IPCC：Intergovernmental Panel on Climate Change）が公表した第4次評価報告書（2007年）によって，地球温暖化の主因である二酸化炭素の増加は，人間による化石燃料の使用が原因であるという結論が示された。二酸化炭素の大量排出で中心的な役割を担ってきたのは，事業規模の拡大を通じてより多くの富を追求してきた企業である。収益至上主義に傾斜する企業と，それを支える市場経済メカニズムへの批判が強まったのである。

　Meadows（1992）は，サステナビリティ社会の構築を目指した技術開発，法規制・環境政策の強化，環境意識の高揚などの努力がみられるにもかかわらず，多くの資源や汚染のフローが持続可能な限界を既に超えてしまっていると指摘している。「消費」を基軸とする20世紀型価値観に基づく社会経済システムは，限界に到達してしまったようである。21世紀社会の中核理念はサステナビリティであり，「消費」から「循環」を基軸とする社会経済システムへの変革が喫緊の課題である。

　EU は，これまで CSR の定義を「企業が社会及び環境への配慮を自主的に事業活動及びステークホルダーとの関係構築の中に組み入れること」（2006年）としてきた。その後，EU 全体のサステナビリティ戦略を構想する過程で，CSR の定義を「企業の社会への影響に対する責任」（2011年）に修正した。

　新たな定義から，EU が求めるサステナビリティ社会のあるべき姿が浮かび上がってくる。企業は特定のステークホルダーとの部分最適をめざすのではなく，マルチステークホルダー間の全体最適を意識した，共通価値の創造にチャレンジすることが求められている。

　では，企業はマルチステークホルダー間の全体最適の具体像をどこに求めたらよいのであろうか。また，機関投資家は，何を拠りどころとして企業活動のサステナビリティを評価すればよいのだろうか。

　企業と機関投資家の双方が，社会の全体最適化あるいは社会と経済の持続的成長のベンチマークとすべきは，SDGs（Sustainable Development Goals：持続可能な開発目標）」であろう。2015 年 9 月に国連で採択された SDGs は，17 の目標と 169 のターゲットで構成されており，「誰も取り残されない（NO one will be left behind）」世界の実現を目指している。SDGs は，貧困の根絶，健康と福祉の増進，ジェンダーの平等，持続可能な生産と消費，気候変動への対策，包摂社会の促進，パートナーシップの強化など，環境や社会に関する広範な課題を対象としており，企業の事業戦略とグローバル社会が抱える課題を結び付けることを目指している。

　図表 9-10 は，MDGs（ミレニアム開発目標）と SDGs 関係を示したものである。SDGs は 2015 年を目標年とした MDGs の後を受けて，2030 年までに国際社会が達成すべき目標を提示している。SDGs のポイントは，次の二点に集約される。

　①途上国だけでなく先進国にも適用され，グローバル社会の「共通言語」となった。

　②SDGs の達成には，企業の果すべき役割が大きい。

　SDGs は企業による貢献を期待しているが。SDGs は企業にとってリスク要因とビジネスオポチュニティ（収益機会）の両面を持っている。SDGs は社会課題にフォーカスした目標を掲げており，企業は事業活動を通じてソリューションを提供することで，収益機会を見出すであろう。一方，SDGs に対してネガティブなインパクトを与えれば，それはリスク要因となって企業価値を毀損することになる。

　企業は事業活動が SDGs に及ぼすあらゆる影響を考慮して，事業戦略や社会

図表 9-10　MDGs と SDGs 関係

MDGs（ミレニアム開発目標）		SDGs（持続可能な開発目標）	
目標1	貧困と飢餓の撲滅	目標1	貧困根絶
目標2	初等教育の完全普及	目標2	飢餓撲滅
目標3	ジェンダー平等と女性の地位向上	目標3	健康と福祉
目標4	乳幼児死亡率の削減	目標4	質の高い教育
目標5	妊産婦の健康の改善	目標5	ジェンダー平等
目標6	HIV／エイズ，結核，感染症蔓延防止	目標6	水と衛生
目標7	環境の持続可能性	目標7	クリーンエネルギー
目標8	パートナーシップ	目標8	適切な雇用・経済成長
		目標9	産業，技術革新，社会基盤
		目標10	格差是正
		目標11	持続可能な都市，コミュニティ
		目標12	責任ある生産と消費
		目標13	気候変動への対応
		目標14	海洋資源の保全
		目標15	陸域生態系の保全
		目標16	平和，法の正義，有効な制度
		目標17	パートナーシップ

（出所）生田孝史（2016）「国連 SDGs の企業戦略への活用」『富士通総研ニュースレター』（http://www.fujitsu.com/jp/group/fri/report/newsletter/2016/no16-006.html）。

戦略を策定しなければならない。また，投資家等の外部評価を踏まえて，戦略の見直しも必要となるだろう。図表 9-11 で示したように，持続可能性をターゲットにした SDGs の目標は，目標 12〜15 である。また，持続可能性を意識した目標は，目標 1〜7，10，11，16 である。目標 8，9，17 は，持続可能性を実現するためのツールと位置づけられよう。

　先進企業の間では，イノベーション，投資，協働を通じて，企業が責任あるビジネスを実践することで，新たなオポチュニティの獲得につながるという期待が芽生えている。そのため，持続的成長に向けて，企業は SDGs に関与すべきであるという認識が浸透しつつある[13]。また，SDGs は企業の成功を支える環境を改善し，新たな方向性を与えることで，企業のビジネスオポチュニティを拡大させることができるとも考えられている[14]。

　アダム・スミスは『道徳感情論』（1759 年）及び『国富論』（1776 年）にお

図表 9-11　SDGs 個別目標の位置づけ

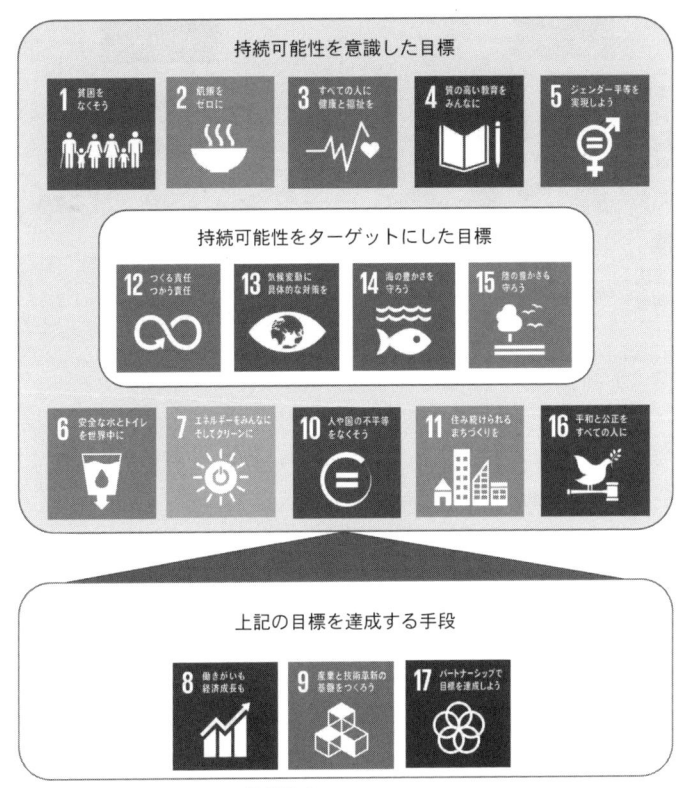

（出所）各種資料をもとに筆者作成。

いて，「公平な観察者」によって「共感」される経済行為のみが，公共の利益を実現すると述べた。つまり，人々の経済行為は，「公平な観察者」の「共感」が得られる場合にのみ自由に放任されるべきであり，その時，神の見えざる手に導かれて，人々の意図しない公共の利益が生み出されると説いた。

　スミスの時代，ビジネスの担い手は個人であった。スミスは事業を起こそうとする者は，胸中の公平な観察者に，その行為に対する共感の有無を問うべきことを求めた。現代社会おいて「公平な観察者」とは，市民社会であろう。市民社会からの共感なくして企業は存立しえないことは言うまでもない。市民社会の声を形にしたものが，SDGs といえるだろう。企業が市民社会の声を直接

図表 9-12　サステナビリティが求める企業と投資家の関係

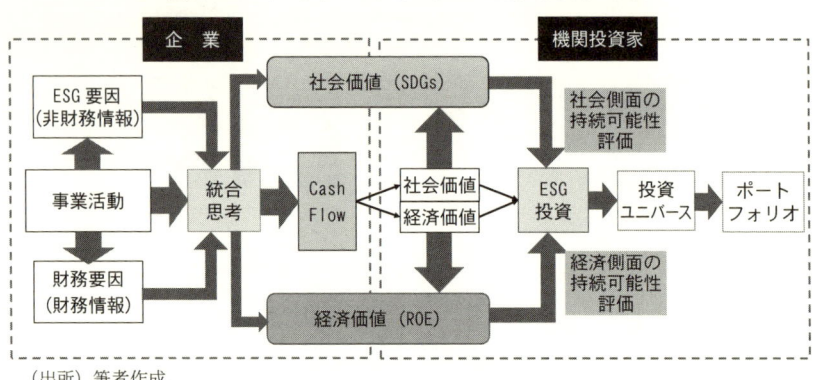

（出所）筆者作成。

看取すること難しい。しかし，市民社会の声に代わる SDGs を経営にビルトインすることは，経営者の意思にかかっている。

　図表 9-12 は，企業と機関投資家の関係を示したものである。企業は統合思考をツールとして，経済価値（ROE）と社会価値（SDGs）の向上を両立させる経営を目指す。機関投資家は，ESG 投資をツールとして，統合思考経営から生み出された経済価値と社会価値に対する評価を行い，投資先企業を選択していく。つまり，事業戦略に SDGs の要素をビルトインさせることが統合思考であり，事業活動のプロセスと成果の中から SDGs へのインパクトを評価することが，ESG 投資の本質的な意義なのではあるまいか。SDGs の実現という共通の目標に向けて，企業には統合思考の実践，機関投資家は ESG 投資の実践が求められているといえよう。

（長谷川直哉）

注
1　JSIF によるサステナブル投資残高調査は 2015 年にスタートし，年金基金や投資運用会社に対するアンケート調査形式でサステナブル投資についての実態を調査している。各回の調査概要は以下のとおりである。カッコ内はサステナブル投資残高の回答数である。
　第 1 回調査：2015 年 11〜12 月，回答数：28 機関（24 機関）
　第 2 回調査：2016 年 9〜10 月，回答数：34 機関（31 機関）
2　クラスター弾の使用，保有，製造を禁止するオスロ条約（2008 年）によって，クラスター弾に関連する企業を投資対象から除外する動きがみられた。

3　2015年ノルウェー政府は政府年金ファンド法に基づき，年金基金（時価総額約9,000億ドル）に対して、収入の30%以上を石炭関連の事業から得ている企業を投資先リストから除くよう指示した。投資引き揚げリストには中国電力，北陸電力，四国電力，沖縄電力，Jパワーの5社が含まれ，九州電力と東北電力が観察対象となった。（日経産業新聞2017年3月3日記事）

4　ファンドの詳細については，下記を参照されたい。
　（http://www.nikkoam.com/products/detail/252263/basic）

5　ファンドの詳細については，下記を参照されたい。
　（http://www.sjnk-am.co.jp/fund/0878/）

6　両ファンドの投資残高，運用パフォーマンスについては，本書第5章を参照されたい。

7　「環境問題への対応が優れた企業」とは，事業が環境保全に直接関連していない場合においても，環境保全に配慮し事業を行っている企業。
　「環境に関連した企業」とは，環境保全に直接関連する事業を行っている企業。

8　第1次SRIブーム時に設定されたエコファンドでは，UBS投信投資顧問「UBS日本株エコファンド」と三菱UFJ投信「エコ・ファンドパートナーズ」が環境スクリーニングを重視した運用手法を採っていた。

9　PRI（2011）Report on Progress 2011, p.8.

10　訪問日時：2014年7月11日（金）13：30～15：30
　面談者：Sachi Suzuki, Sector Lead Industrials

11　ESGがレピュテーション・リスクとなった事例は少なくない。タイでのエビ漁で奴隷的な労働問題が発生しているというニュースが英国紙ガーディアンに掲載され，エビを販売している英国のスーパーマーケットが実名で報道された。その際，当該企業に投資をしている年金基金の情報も流れた。デンマークなどのメディアが，ハーミーズのクライアントである年金基金に対して，投資先企業の問題についてどのように対処しているのかという質問を受けた。また，カタールでのワールドカップに向けた建設現場で，移民労働者が過酷な状況で働かされているということが問題になった際に，オランダのコンサルティング会社がレポートを出し，投資先の年金基金の名前を挙げて批判をした。

12　Hermes Equity Ownership Services Limited（2016）「スチュワードシップ」（https://www.hermes-investment.com/wp-content/uploads/2016/07/Hermes-EOS-Stewardship-2016-JAPANESE.pdf#search=%27Hermes+Equity+Ownership%27）

13　PWC（2016）「ビジネスと持続可能な開発目標（SDGs）」4頁。

14　同前，5頁。

参考文献

Environmental Finance（2017）*Environmental Finance Autumn 2017.*

GRI, UNGC, WBCSD（2015）*SDG Compass.*

長谷川直哉（2017）「責任投資の視点からみた損害保険会社の社会戦略」『損害保険研究』第79巻第3号，損害保険事業総合研究所。

長谷川直哉（2016）『企業家活動でたどるサステイナブル経営史―CSR経営の先駆者に学ぶ―』文眞堂。

長谷川直哉（2014）「企業社会の変容と共通価値の創造」『損害保険研究』第76巻3号，損害保険事業総合研究所。

長谷川直哉（2013）「利益の質保証―企業価値評価を巡る投資家の責任―」『日本経営倫理学会誌』第20号，日本経営倫理学会。

Hermes Equity Ownership Services Limited（2016）「スチュワードシップ」。
Japan Sustainable Investment Forum（2015）『日本サステナブル投資白書 2015』。
Japan Sustainable Investment Forum（2016）『サステナブル投資残高調査 2016』。
水口剛（2011）『環境と金融・投資の潮流』中央経済社。
水口剛（2013）『責任ある投資―資金の流れで未来を変える』岩波書店。
水口剛（2017）『ESG 投資―新しい資本主義の形』日本経済新聞社
NATIXIS（2016）*2016 GLOBAL SURVEY OF INSTITUTIONAL INVESTORS*.
McKinsey Global Institute（2017）*Measuring the economic impact of short-termism.*
PRI（2011）*Report on Progress 2011.*
PWC（2016）「ビジネスと持続可能な開発目標（SDGs）」
USSIF（2010）*Report on Socially Responsible Investing Trends in the United States.*
USSIF（2014）*REPORT ON US Sustainable, Responsible and Impact Investing Trends 2014.*

索　引

■執筆者紹介 （執筆順, ☆は編著者）

☆長谷川　直哉　　　　　　　　　　　担当：序章, 第5章, 第8章, 第9章
　　法政大学人間環境学部
　　法政大学大学院 公共政策研究科サステイナビリティ学専攻　教授

　村井　秀樹　　　　　　　　　　　　　　　　担当：第1章第1節
　　日本大学商学部　教授

　宮崎　正浩　　　　　　　　　　　　　　　　担当：第1章第2節
　　跡見学園女子大学マネジメント学部　教授

　山吹　善彦　　　　　　　　　　　　　　　　担当：第2章
　　株式会社YUIDEA デジタル×グローバル兼CSR革新室　フェロー

　長谷川　浩司　　　　　　　　　　　　　　　担当：第3章
　　関西大学大学院 社会安全研究科博士後期課程

　川村　雅彦　　　　　　　　　　　　　　　　担当：第4章
　　株式会社オルタナ オルタナ総研　所長・首席研究員

　竹原　正篤　　　　　　　　　　　　　　　　担当：第6章
　　法政大学人間環境学部　特任准教授

　井口　譲二　　　　　　　　　　　　　　　　担当：第7章第1節
　　ニッセイアセットマネジメント株式会社
　　株式運用部　担当部長, チーフ・コーポレート・ガバナンス・オフィサー

　今村　敏之　　　　　　　　　　　　　　　　担当：第7章第2節
　　野村アセットマネジメント株式会社　責任投資調査部長

　角田　成宏　　　　　　　　　　　　　　　　担当：第7章第3節
　　損保ジャパン日本興亜アセットマネジメント株式会社
　　株式運用部　シニア・インベストメントマネージャー

　草刈　貴弘　　　　　　　　　　　　　　　　担当：第7章第4節
　　さわかみ投信株式会社　取締役最高投資責任者

法政大学イノベーション・マネジメント研究センター叢書 15

統合思考と ESG 投資

—長期的な企業価値創出メカニズムを求めて—

2018 年 3 月 31 日　第 1 版第 1 刷発行　　　　　　検印省略

編 著 者	長 谷 川 　 直 　 哉
著　　者	宮 　 崎 　 正 　 浩
	村 　 井 　 秀 　 樹
	環境経営学会 統合思考・
	Ｅ Ｓ Ｇ 投 資 研 究 会
発 行 者	前 　 野 　 　 　 隆

東京都新宿区早稲田鶴巻町 533

発 行 所　　株式会社　**文 眞 堂**

電 話 0 3 （3 2 0 2）8 4 8 0
FAX 0 3 （3 2 0 3）2 6 3 8
http://www.bunshin-do.co.jp
郵便番号 $\binom{162-}{0041}$ 振替00120-2-96437

印刷・モリモト印刷／製本・イマヰ製本所

©Naoya Hasegawa 2018 Printed in Japan

定価はカバー裏に表示してあります

ISBN978-4-8309-4988-3 C3034